有戏的"荟"生涯

全迅 徐娟 著

上海三联书店

前　　言

　　2018 年的 9 月，作为虹口区教育学院的一名德研员，本人有幸被选派到虹口区教育学院实验中学担任学校的德育顾问，同时在虹口区教育局党工委统一安排下组建了由学校德育骨干教师组成的"种子计划"中学德育团队。作为上海市第四期"双名工程"虹口区"种子计划"中学德育团队的领衔人，本人肩负着一个重要任务，那就是要帮助被列为"上海市百所加强初中建设实验校"的虹口区教育学院实验中学从操作和实践的角度不断推进德育工作，从而促进学校整体的发展、教育品牌的形成以及社会影响力的彰显。

　　虹口区教育学院实验中学位于四川北路，曾是上海戏剧学院的旧址，是一所历史悠久并有着戏剧文化底蕴的学校。近年来，由于区域建设不断深化，学校生源结构发生了较大的改变，超过 60% 的学生来自外来务工人员家庭，因为户籍的原因，许多学生不能参加上海市的普通高中入学考试，所以超过半数的学生在第二、第三学年会转回户籍地就读，同时很多家庭因为忙于生计，亲子沟通不足，教养方式简单，这些导致了很多学生对未来感到迷茫、焦虑，学习和成长的价值感不强，面对外界环境带来的改变更倾向于逃避的态度，自信心不足、缺乏对人生的长远规划和目标定位。综合以上的现实问题，本人又多次参与了学校各个层面的德育工作会议，在与校级领导、中层干部、年级组长、班主任、学科教师的对话中，更清晰地了解到学校的历史传承、发展特点、现实困境和未来需求。

　　如何让学生正确认识自己的知识、技能和才干？如何面对复杂的家庭、社会环境带来的挑战，主动调整心态，在不可预测与不确定的环境中找寻更多自我发展的可能和路径？如何有目的、有针对性地建立实现自我人生设计的信心，获得自我成长与发展的掌控感？这里有一个重要的起点，那就是"生涯适应力"，生涯适应力是个体对于可预测的生涯任务、所参与的生涯角色与面对生涯变化或不可预测的生涯问题的准备程度与应对能力,更加突出了个体和不确定的现实环境之间的交互作用。生涯适应力与综合素质在本质上不谋而合,都凸显协调和适应、应对环境变化的能力和品质,生涯适应力的培养将有效促进初中生综合素质的全面提升。

由此我们"种子计划"中学德育团队立足学校的特点需求以及新时代德育发展的态势,在对学校全面而深入的实地调研的基础上,创新性地提出以"生涯适应力"培养为引领,教育、教学齐头并进通过生涯教育促进学校德育工作发展的"强校工程"推进策略,制定了《生涯适应力:新时代初中学校德育工作的新视野》的项目研究规划,在新时代初中生综合素质培养的视野下,深入了解初中生生涯适应力的特点和发展方向,探索生涯适应力培养的有效方法和路径,逐步丰富、完善和构建初中生生涯适应力培养体系,并形成了初中生生涯适应力提升的系列可操作、可推广的实效成果。

《有戏的"荟"生涯》系团队三年实践研究成果,包括四个系列,分别为:系列一:相得益彰的"体验体现"生涯适应力课程设计——《汇生涯》;系列二:创新实施的"一到无穷"生涯适应力校园、年级、班级活动——《慧生涯》;系列三:匠心独运的"绘声绘色"生涯适应力特色辅导方法——《绘生涯》;系列四:聚焦本源的"看见孩子"生涯适应力家庭教育指导——《会生涯》。这四个系列体现了对初中学校生涯适应力培养体系的全面构思,也凝聚了实践中的有效经验和难得的智慧结晶。

本书内容具有以下特点:1、本书既有专业的理论阐述又有创新的实践操作,每一系列的首章都是对于本系列的起源与设计进行理论联系实际的阐述与分析,其后是具有代表性的创新设计范例的生动展示。2、本书既有个体性又有通用性,书中有关课程、活动、辅导及家庭教育指导的创新设计虽然是基于一所学校的实践探索,但是经实践检验、科学数据对比及多方反馈证明对学生生涯适应力提升具有较显著的成效,所以对于其他类中学也具有可借鉴、可复制、可推广的价值。3、本书既可供学校德育工作者使用,又可为其他教育工作者(如学科教师、班主任、导师、管理者等)所用,启发和促进教育者对于教育教学工作更加深入的思考。

在三年的强校种子项目行走之路中有太多精彩的故事发生,无论是成员个人的成长,还是团队的前进,亦或是学校的发展,都在闪烁着积极改变的能量和光芒。学校的德育工作案例被收录为全国社科重大课题"立德树人落实机制"的优秀案例,并在全国学生发展指导论坛上进行主题汇报,学校荣获全国上海市关心下一代先进集体,本人的种子项目研究论文在全国中文核心期刊上发表,种子团队教育案例荣获2021年"黄浦杯"长三角城市群"教育的活力"征文一等奖……。荣誉的获得固然令人可喜,但更重要的是,团队中每位老师本着惠及更多的教育情怀,不断思考实践、不断创新优化、不断归纳整理,无私贡献出为更多教育者、更多学校所参考借鉴的实效成果,这是教育者的精彩与价值,更是不断前进的美好未来……。

——虹口区教育学院德研员、高级教师、区学科带头人

上海市第四期"双名工程"虹口区"种子计划"中学德育团队领衔人

徐　娟

目　　录

第一部分　汇生涯

第二部分　慧生涯

第三部分　绘生涯

第四部分　会生涯

汇生涯

第一章 "体验体现"生涯适应力课程相得益彰

中学开展生涯课程常常会面临两大核心问题,一是课程的内容比较单薄零散不深入,体验活动过于传统。二是专门的生涯课程开设时间以及授课教师常常无法确保。这两大问题是阻碍生涯教育有效推进、实效发挥的关键,构建和开展"体验"、"体现"型生涯适应力课程是化解这两大难题的重要举措,可逐步将顽固阻碍化为无限动力。

一、以"情绪力"为主线的生涯适应力体验型课程

初中生在自我同一性和情绪发展方面常出现较为混乱的情况,从而带来自我认识、人际交往、价值信念迷茫的问题,其中情绪对行为表现和能力的形成具有重要的影响作用。生涯适应力体验型课程是从初中生现实发展特点和需求进行定位,以情绪为切入口,聚焦生活和学习的具体情境,注重学生的内心感受和真实体验,以"参与体验激发感受——自我觉察启动认知——分享讨论深度思考——反馈整合形成概念——应用演练获得能力"为推进路线,摆脱以往就生涯论生涯的传统型模式,在全面提升学生情绪力的同时也促进了学生自我同一性的整合和自我效能的增强,从而更好地发展了在自我认知、人际互动及社会理解的生涯适应能力。由此形成了以"情绪力"为主线,递进式的《情绪与自我》、《情绪与他人》、《情绪与价值观》的生涯适应力体验型系列课程。

以下选取的两个活动设计,分别来自于《情绪与自我》和《情绪与他人》系列中的两个主题课,在此活动的设计中就深刻体现了以"情绪力"为主线的生涯适应力体验型课程的特色推进路线。

◆ "羞愧和内疚"的自由联想活动——选自主题课《被老师批评,我觉得很丢人》

1. 教师引导语:(轻柔)请用最舒适的坐姿,坐椅子的二分子一,挺直腰背,全身放松,把眼睛闭上,深深的吸气,缓缓的呼气,带出了身体中所有的废气。逐渐放慢我们的呼吸节奏,放松我们的面部表情,放松双臂,可以把手放在桌子上,也可以把手放在膝盖上,挑你们舒服的姿势,把注意力放在你们的呼吸上。下面我们将进入一个情境,请真实地体会你的身体的感受和想法:(以下情境根据需求二选一,或根据达成目标需求进行针对性设计)

(人际)情境1:今天,因为某件事,班主任老师当着全班同学的面,严厉地批评了你。当时,你身体的感受是怎样的,它有温度吗? 是热的还是冷的? 它有颜色吗? 是什么颜色? 它有形状吗? 是什么形状?(注意语速,让学生有体会和感受的时间)

(学业)情境2:拿到试卷的题目,你发现题目好像是老师讲过的,但是自己却怎么也做不出来。当时,你身体的感受是怎样的,它有温度吗? 是热的还是冷的? 它有颜色吗? 是什么颜色? 它有形状吗? 是什么形状?(注意语速,让学生有体会和感受的时间)

2. 请大家慢慢睁开眼睛,用手中的彩笔在纸上画出你刚才的感受,然后再用一两句话写一写当时你心中的想法。

教师小结:从刚刚几位分享的同学中,我们发现当我们对于这个事情的想法偏向在个人特质的归因时,我们的感受会更强烈,更厌恶更不喜欢自己,当我们对事情偏向在个人行为的归因时,我们会发现,这个事情还有转变的契机,自己还有变得更好的可能。

情绪强化:出示情绪生理图。

教师总结:从这幅图中,我们可以清晰地看到各种情绪带给我们人体的影响。如果我们总是报以"我就是学不好","我就不是学这个的料""我怎么这么笨,老师说了几遍我还不会"……这样的想法的话,那么羞愧的情绪就会一直严重地干扰我们的身体,我们会产生更多的愤怒,对自己的厌恶也越来越强烈,当然也越来越不想学习此学科,如此恶性循环。所以不是我们没有能力学好,而是羞愧的情绪阻碍了我们学习。逆境中我们可以有情绪的产生,但老师更希望你们能从行为归因,这样任何问题都可以有解!

【设计思路】

初中学生在人际交往以及学科学习中,遇到逆境时,最常产生的就是羞愧和内疚的情绪,但学生对于这两种情绪往往停留在表现和承受的阶段,还不能很好地觉察、理解和区分,所以常常是直接承受了情绪所带来的负面影响,严重影响了生涯自信,还可能形成在未来生活和学习的逆境中逃避和消极的思维和行为模式。

所以借助这样一个简短、实效又便于全体实施的活动,首先能够让学生通过亲身的觉察体验,感受羞愧、内疚的情绪特点以及给自我身心带来的影响,同时激发深入了解情绪的动力。接着通过回顾自己当时的想法,引导学生发现,不同的归因会导致不同的情绪,羞愧和内疚的负向能量不同关键在于自己的想法,即对于事情的归因,倾向于对人特质的归因,会产生羞愧,从而带来更多的自我厌恶、愤怒;而倾向于对行为的归因,会产生内疚,从而带来较少的自我厌恶、愤怒。最后通过画和写的表达方式,让学生在自我梳理中清晰地了解羞愧和内疚产生原因的同时,也在强化未来积极的思维和行动模式,促动更多生涯自信的产生。

◆ 我心中的"绅士和淑女"——选自主题课《我很欣赏你》

1. 分组破冰:报数分组重新组合,打破刻板思维,寻找新的队友,选出小组长,实现初步突破。

2. 寻找心中的绅士和淑女:借用萨提亚的家谱图理论,静心思考,从自己熟悉的异性中进行梳理,这些异性的范围不限于异性同学,包括自己的长辈、老师、伙伴、邻居、偶像等等,每位同学梳理出三条淑女行为或三条绅士行为。(注意语速,表达清晰,让学生有充分的时间进行梳理,同时分发工具一:小彩纸。)

3. 组内分享形成共识:写好之后大家先组内交流分享,并集体投票选出组内公认的两个绅士行为和两个淑女行为。并用水彩笔写在大的卡纸上。(注意时间,让学生有足够的时间进行分享,以便选出最有代表性的行为。同时分发工具二和三:大卡纸和水彩笔。)

4. 我说你听分组分享:每组派一位代表上来本组认为在异性交往中最绅士或最淑女的行为,或者在异性交往中最得体的行为,并说一说其中的理由,其他同学认真倾听!(同学代表分享的时候,老师适时帮助澄清。)

5. 大家来挑战:其他小组的观点有没有你不认同的,有的话请你来挑战,(请学生表达不同观点,培养学生的质疑思辨精神。)

6. 老师有话说:在异性同学的相处中,得体的行为主要包括哪些方面呢?我们来总结一下:尊重彼此身体的权利,我们的身体是不允许被冒犯的。其次我们要尊重彼此的差异,我们每个人都有自己的个性,因为我们彼此的不同,这个世界才非常精彩,所以我们不但要尊重彼此的不同,更要满心欢喜地接纳这种不同。也是因为这种差异,我们可能会有冲突,那我们要学会妥善地处理,并且要大方的表达对彼此的欣赏,就像我们今天的课题一样,我很欣赏你,因为我们如此不同,因为我们不同,世界才如此精彩。

【设计思路】

青春期来了,学生们会发现自己的生理和心理都在发生着微妙的变化,学生们思考的问题也会发生变化,在日常的学习与生活中,与异性同伴的相处沟通是学生健康成长的必然需求。恰当的异性交往可以带给学生许多能力上的成长。在异性交往过程中出现的常规状况和心理波动,是学生在进入青春期后一种自我性别意识的觉醒,是对自己身心成长及相关活动的察觉,也是对异性伙伴的一种探索。

自我认识对学生身心发展有着重要的影响,学会认识自己的思想与行为,学会认识自己和异性伙伴的关系,学会调节和异性伙伴的关系,有助于学生在青春期学会自我觉察、自我调节、自我管理,更加有利于我们中学生身心的健康成长。

本活动采用自我剖析、小组讨论、心灵对话、分享倾听等形式展开。通过互动交流、纸笔描白等方式,在讨论交流、实践参与、亲身感受中增进对异性同伴交往得体行为的认识与理解,了解在异性沟通交往中的得体行为,学会自我成长,学会恰当地表达自己,学会与他人相处。

1. 通过个人梳理、小组讨论整理、小组代表分享交流,让同学们初步了解异性之间沟通交流的得体行为,学会辩证地看待"绅士和淑女"行为,并思考其中的性别问题。

2. 在思考、分享、倾听的过程中,让同学们认识到,在异性同学的相处中得体的行为包括多个方面,同时学会恰当接纳和欣赏彼此的不同,并学会初步探索自己心目中理想的异性形象。

二、以"学生需求"为中心的生涯适应力体现型课程

学科教育是学校实施教育的主要途径,如何最大化地实现学生生涯适应力的引导和培养,学科课堂是一个不可忽视的重要路径。这也是在学校现有

条件下解决生涯教育课程时间不足、专业生涯授课人员缺乏的最好办法。

生涯适应力体现型课程即立足学科课堂,学科教师在完成学科教学的同时也体现着对学生生涯适应力的引导。首先深入挖掘学科课堂中学生需求呈现的典型情境并进行类型化分析,接着从理解、把握、回应、引导学生的心理动态和需求出发,设计有针对性、灵活性、实效性的情境活动并进行实施,最终让学生真正融入课堂,促发内心感悟,获得更多自我改变的力量。以学科课堂为载体的生涯适应力体现型课程,便于实施,影响范围广泛,效果持久深入,既促进了学科教学的效果,又让课堂真正成为了学生生涯能量的激发源,这是学科教学与生涯引导"一体共在"的生动体现,同时这也是未来学科课堂发展的重要趋势。

以下列举的六个情境活动设计都是来自于一线学科教师的实践体验,并且收效颇佳,虽然它们设计于某一学科课堂,但也适用于有着类似情境的其他学科课堂。

1. 针对"权利"需求的情境活动举隅

(1) "角色担当"情境活动

A. 课堂情境:课堂中,总有一些学生等不及别人把话说完,就要表达自己的意见,还有的一开口,就滔滔不绝,无法停止,占用了大量的课堂时间。

B. 活动设计:根据小组的人数赋予小组不同的角色身份,如组长、记录员、观察员、代言人等,每人每天选择一个新角色,大家互不相同,每个人都要担当好自己当日的角色,否则将扣除小组当日的积分。

C. 实施效果:在让学生自主选择角色、行使角色身份的过程中充分满足了学生对于权利的需求,让学生动力满满,同时在不同角色的体验及团队互动的过程中学生获得了更多内心的感受,在认知和行为的双重带动下能够更好地换位思考,更积极的主动行动、更有效的自我调控。

(2) "KWL 号起航"情境活动

A. 课堂情境:疫情期间,线上网络学习,有的同学因为没有家长监督、伙伴陪伴,变得越来越颓废,经常是登录在线,但心却不知在何方。

B. 活动设计:告诉学生现在老师是"KWL"号的船长,即将开启全球航行的征程,每位同学根据"KWL"的要求带上想带的东西上船。(K＝know(知道),W＝want to know(想知道),L＝learned(已学过)),请学生线上分享和展示自己要带的 KWL。

C. 实施效果:生动形象的航行作比,充分激发了学生的好奇和兴趣,同时把知识变为学生自主选择要带的东西,充分满足了他们对于权利的需求,在需求满足的同时主动对自己的学习进行梳理,发现自己的学习状态,激发更多网络学习的动力。

2. 针对"乐趣"需求的情境活动举隅

(1)"趣味猜猜猜"情境活动

A. 课堂情境:教师讲授知识时,总有学生出现讲话、回头、打哈欠等小动作。特别是当讲授内容难度较高或较为理论时,课堂氛围更是沉闷。

B. 活动设计:教师将所授内容知识点变为关键词写在小卡片上,请一名学生上台来做小老师,描述所看到卡片上的关键词,但不能直接说出关键词,其他同学猜,猜中的同学接替这位小老师,继续让大家猜,如果没人猜中,小老师将被替换,由新的同学重新上任小老师。

C. 实施效果:将知识点变成"互动趣猜"的方式,充分增加了学习的趣味性,满足了学生对于课堂乐趣的需求。同时在担任小老师的过程中,又让学生有了角色责任的意识,希望自己的描述让更多同学理解和认同。因此,学生课堂的倾听效果会大大提升,对于一些较难的内容也会主动琢磨,甚至会主动设想哪一个知识点将成为下一次活动的关键词,创新思维和主动探究的精神不断提升。

(2)"我的立场"情境活动

A. 课堂情境:练习课和复习课氛围总是沉闷、尴尬,教师一个问题下去,基本无人回应,学生昏昏欲睡。

B. 活动设计:将教室的四个墙角分别贴上"A"、"B"、"C"、"D"的醒目卡片。教师呈现选择题及四个选项,学生不用语言回答,只需快速移动到教室四角相应选项的区域。教师公布答案和讲解,选错的同学回到自己的座位倾听,接着出示下一题,学生再走到选项的相应区域,如此循环。

C. 实施效果:原本沉闷尴尬的课堂变得欢声笑语,生动无比,调动了学生多种感官参与,学生的积极性和参与度迅速提升,充分满足了学生对于课堂乐趣的需求。选错的同学回到座位倾听也更加深入了对于知识的理解,同时激发了对于下一题的积极思考。同时一些人云亦云的学生也逐渐学会独立思考、坚持自己的正确选择。

3. 针对"归属感"需求的情境活动举隅

(1)"组织寻觅"情境活动

A. 课堂情境:课堂小组讨论或活动时,总是有一些同学处于基本不参与的状态,有时甚至就坐在自己座位上对小组的召唤熟视无睹。

B. 活动设计:全体学生都蒙住眼睛,用自己小组商量好的辨认方式找齐全组成员,一个都不能落下,所有成员到齐后排好一字纵队,教师记录完成时间,其间不能摘下眼罩也不能发出声音,最后根据完成度评选最有效率小组。

C. 实施效果:蒙眼睛、不说话,还要又快又好地找齐组员,这对小组每个成员来说是挑战也是契机,在这个过程中,暗号和辨认方式的商量、蒙上眼睛后的互认都需要所有成员的全身心投入和细细感受。蒙上眼后肢体的接纳和包容能够让之前不愿、不敢、不知如何融入团队的组员更快地打破内心的壁垒,增强内心的勇气和行动力,感受到团体对自己的需要、认可和接纳,自我内心的归属感在不断强化,由此激发更多对团队的热忱、对课堂的积极参与。

(2)"串出五彩缤纷"情境活动

A. 课堂情境:课堂上一旦老师讲授较难的内容或提出较难的问题时,不少同学会马上低下头逃避回答,或是觉得这个问题与己无关,老师肯定不会叫自己。

B. 活动设计:将要讲授或提问知识变成由简单到难的问题串,告诉学生每个问题串的解决需要大家的倾力配合,如回答完其中一个问题的同学就不能回答串中的其他问题,所以不同层次的问题由最适合的同学来回答,问题串的解决会更高效。

C. 实施效果:这个活动让原本因为学习成绩较落后而不在状态没有归属感的学生感受到自我的重要性,自己的回答与学习优秀的同学的回答对问题串的完成是同等的重要,缺一不可。同时在这种问题串的引导下也营造了更多解决问题的积极互动磁场,激发了团体的动能,增强了个人的归属感,也带动了学生对于自我的更多认可,将更加积极投入到接下来的学习中。

体现型生涯适应力课程中的情境活动设计并无固定模板可循,因为每一个课堂都是鲜活动态的,学生个体也是在不断发展变化的。最为关键的要点在于教师要有一颗主动观察和积极感应的敏锐之心,通过对课堂情境的观察,全面而客观地了解学生的需求,并根据学科课堂特点及学生特性灵活地进行情境活动的设计和实施,有时是即兴而为,有时是深思熟虑后的全盘谋划,也有时是阶段性的不断调整和完善,无论是何种情况,发现情境、理解需求、因地因时设计是情境活动能否发挥效用的关键。同时情境活动的效用并不是单一独立的,有时优秀的情境活动设计可能实现学生多种需求的满足,还能够促进学生更高的需求产生和行动力,情境活动的智慧设计和运用真正实现了"点亮"学科课堂生涯教育的功效,驱散了以往学科课堂中很多的阻力和困境,学生倾心参与,成长其中,既让学科的推进更加顺畅,又让育人的功效更加彰显!

——《汇生涯》规划设计负责人:徐娟

第二章　生涯适应力体验型课程设计范例

以"情绪力"为主线的生涯适应力体验型课程在现实的推进中,并没有仅仅局限于专门的生涯教育课堂,而是拓展出了班会课堂和心理课堂两个主渠道,班会课堂的渠道既丰富了原有班会课的内容和形式,又增强了班会课的意义和实效,同时还提升了班主任的生涯教育意识和能力,这也是现今全员导师制背景下班主任能力发展的一个重要方向。心理课堂的渠道让心理与生涯内容进行了完美融合,起到互为增效的作用。本章共选取了相关学生学材内容及相应的教师课程设计共十六篇。

在通过班会课渠道实施的内容中选取了涉及人际管理和学习管理两个模块部分的学生学材内容及相应的教师课程设计,共八篇:

人际管理模块:1—1　你好,新同学(学生版)

1—2　你好,新同学(教师版)

2—1　做个好朋友　(学生版)

2—2　做个好朋友　(教师版)

学习管理模块:3—1　我为什么要学习(学生版)

3—2　我为什么要学习(教师版)

4—1　克服学习中的困难(学生版)

4—2　克服学习中的困难(教师版)

在通过心理课渠道实施的内容中选取了涉及认识自我和认识能力两个模块部分的学生学材内容及相应的教师课程设计,共八篇:

认识自我模块:5—1　我喜欢我的样子(学生版)

5—2　我喜欢我的样子(教师版)

6—1　我独特的性格(学生版)

6—2　我独特的性格（教师版)

1—1　你好, 新同学(学生版)

第⑬课　你好，新同学

跟你一样，小轩刚刚升入初中。他知道自己会在一个新的地方开始学习和生活，也会认识许多新的同学。他很期待这一切的发生，但当他真的站在教室里，看到一个个陌生的面孔时，却还是有些不知所措。你觉得他在想什么呢？

Umm…。
有点紧张不好意思，还是勉强打个招呼吧（　）

哎呀！真的好尴尬！
很想说些什么但不知道如何开口（　）

我要表现热情一些啊！
赶紧打个招呼问问 TA 喜欢玩什么吧（　）

以上都不是，我有其他想法 / 做法
（　　　　　　　　　　　　　　　　）

一件重要的事

不管你最终选择了圈了哪个选项，它都不仅仅是小轩的想法，还可能代表了你自己的一部分想法。升入初中，进入一个新的班级，这对我们每个人来说，都是一个重要的新开始。你内心一定都很希望在新的集体里很快就能交到朋友吧。其实我们每天都在和不同的人打交道，从父母、老师、同学到邻居、门卫甚至外卖小哥。我们的生活被各种各样的人际关系包围着。我们是自己，也是父母的孩子，是老师的学生，是同学的好友，我们也是别人重要的人。

封闭房间实验——

你知道这样的人际关系对我们来说有多么的重要吗？有个叫沙赫特的心理学家早在 1959 年就做了一项实验来说明人际关系的重要性：参加实验的人将进入一个封闭的房间，这个房间与世隔绝，没有报纸，没有电话，不准写信，每日三餐通过一个小洞口送进去。参加实验的人可以获得很高的报酬，并且呆的时间越长报酬越高。猜猜看参加实验的人在里面呆了多久？你觉得你能呆多久？

现在我要替沙赫特老先生来公布答案了。在这次的实验中，在房间内独自呆时间最短的人只有两小时；而最久的一个人也只坚持了八天，当人们让他评价一下自己感受时，他说："如果让我在里面继续多呆一分钟，我就要发疯了。"

也许你有些奇怪，为什么这些人无法呆得更久呢？他们有食物，有住的地方，却只能在里面生活几天，甚至只有几个小时？这是因为他们缺少一个非常重要的东西，就是人际沟通，他们不能见朋友，也不能打电话，生活中完全全只剩下了自己。

"SHUT UP" 大挑战：

你可能并不相信沙赫特先生的研究，那不妨和同桌或其他同学一起来完成下面这个 "SHUT UP" 大挑战：以在学校的一整天为单位，不可以跟任何人说话，也不可以使用短信、微信或任何聊天工具与其他人联系，传字条也不行哦。看看你可以坚持多久，在这个 "无法交流" 的过程中，你的感受又是什么？

"生涯认识力"维度
人际关系阅读卡

姓　名	坚持时间	最大的感受	游戏结束后第一件做的事

社会性是人类的基本属性之一，人际关系对我们每一个人来说都至关重要。在我们的身边围绕着许许多多重要的人，这些人就像是人生旅途中的加油站，在我们前进的道路上随时为我们补给能量，让我们能够闲适惬意地奔跑在实现自己梦想的道路上。

我想交朋友

沙赫特的实验和"SHUT UP"大挑战都向我们证明了人际关系的重要性。但在我们不同的年龄阶段，不同的人际关系带来的重要性也有所不同，比如幼儿阶段的你可能会更依赖父母，因为你需要他们的照料。科学家研究发现，在初中阶段，相比较父母和老师，人们会更在意同伴的看法。特别是在进入到青春期后，同伴关系会变得尤为重要。你希望花更多的时间和朋友们在一起写作业、一起去食堂排队吃饭、一起去操场拍球、一起聊聊自己的爱豆……当自己遇到"麻烦"的时候也会更愿意告诉朋友，因为你觉得他们更能理解你，你也更意愿听取他们的意见。

人际关系对我们每个人来说都至关重要。我们的生活被各种各样的人际关系包围着，我们也是别人的重要他人。

当进入到青春期后，同伴交往往往就会会变得尤为重要。你觉得同伴更能理解你的想法，你也更愿意听取他们的意见。

既然朋友对我们来说如此重要，那么，如何才能够交到好朋友呢？想知道这个问题的答案，也许最好的方式就是从我们自己入手，想知道，你喜欢跟什么样的人交朋友呢？

好朋友大搜索

你喜欢和什么样的同学做朋友？如果让你用3个词语来形容，你会选哪三个呢？请在形容词旁边的空格里打钩。

尊重他人	真诚	信守承诺
勇敢	乐于助人	热情开朗
热爱集体	友善	责任心强
有耐心	忠厚老实	聪明
有想法	成绩好	谦虚
兴趣广泛	幽默	善于沟通
有礼貌	漂亮或帅	整洁干净

除了上面这些之外，还有哪些你认为是好朋友应该具备的品质吗？

_____
_____
_____

做个好朋友

在"好朋友大搜索"中，你选择了哪三个形容词呢？看看你的同桌和其他同学，他们又是如何选择的呢？比较一下，大家的选项有什么相同或不同

"生涯认识力"维度
人际关系阅读卡

的地方。不难发现，虽然大家的答案各有不同，但有些形容词却人气极高，总是会频繁出现，比如下面这么几个。

真诚友善，不管在任何时候，跟任何人玩"好朋友大搜索"这个游戏，你都会发现，真诚和友善往往是我们最在乎的好朋友品质。它意味着我们彼此信任、不欺骗，并且友好而善良地对待对方，这毫无疑问是坚固友谊的基础。

校园"星"行动

"友善"是社会主义核心价值观之一，是公民优秀的个人品质，也是中华民族千百年来形成的传统美德。友善即与人为善，要求人们善待亲友、他人、社会、自然。善待亲人以构建和谐家庭关系，善待朋友以凝结牢固的友谊，善待他人以构建和谐的人际关系，善待自然以形成和谐的自然生态。我们虹教实验中学的校园"星"行动正在热烈展开，同学们快行动！争当友好待人、与人为善的"友善之星"吧。

尊重欣赏。朋友之间需要相互平等地对待彼此，这就意味着我们要尊重对方、尊重对方的感受，也尊重对方的想法，即使有些想法和自己不同。此外，每个朋友身上都有值得我们欣赏和学习的地方，带着一双发现美的眼睛去朋友身边吧！当你看到对方身上的闪光点时，记得称赞和鼓励TA，这也可以帮助你们共同进步。

坦诚沟通。要友谊长久，沟通必不可少。朋友之间也会发生矛盾或冲突，如果只会相互闷气，或冷战到底，显然起不到任何作用。沟通可以让我们打开心结，想到对方的想法，是友谊必不可少的保鲜剂。

现在你知道如何交到好朋友了吗？记住，我们希望别人做的事，往往也是别人希望我们做到的。当我们思考喜欢什么样的朋友时，其实也就知道了自己如何当个好朋友的秘诀。当然，除了上面提到的品质，幽默感、谦虚、勇敢……这些品质也都很棒。所以，从现在开始，做个好朋友吧！

沟通可以让我们了解对方的想法，打开心结，同时更好地了解彼此，是友谊必不可少的保鲜剂。

阅读练习：

1、回忆一下，在你生命中有哪些重要的人，在爱心里写出对你来说重要的人（名字或角色），自己也可以动手画出更多的爱心哦！

我

2. 在完成"好朋友大搜索"的过程中，你有没有想到哪个好朋友呢？不管 TA 是你的老朋友，还是新朋友，请写一张感谢卡送给 TA，送给你心中这个最棒的好朋友。别忘了，写上你愿谢 TA 的原因哦。

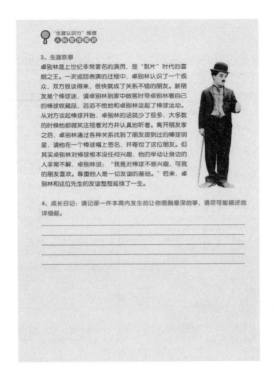

1—2　你好，新同学(教师版)

一、设计背景

初中生处于人生发展的关键期，学生在这一时期需经历从小学到初中的重要过渡阶段，进入一个全新陌生的环境。这一时期其生理心理的发展特点会在其人际交往中体现出来，而人际关系的发展对青少年的自我意识、生涯规划和心理健康有重要的影响。进入初中阶段，如何去和新同学认识、相处，如何择友，如何维系和朋友间的友谊对于青少年来说都是需要和值得学习的方面。

班级氛围是由整个班级同学在相处过程中形成的，同学之间和谐的人际关系对于良好班集体的建立是至关重要的。班主任是与班级学生接触最多的指导老师，除了学科知识教学以外，班主任也是给予孩子生活和心理成长最多的导师，班主任有更多地时间去了解班级，在与学生建立感情基础的条件上，能够对班级学生间人际关系的建立起到积极的调和作用。所以本主题内容由班主任来实施具有较大的优势。

二、教学设计与实施

【教学目标】

1. 了解人际关系对个人的重要性。

2. 了解如何择友。

3. 学会对朋友表达感恩。

【教学过程】

（一）热身环节：观看《寻梦环游记》视频片段 remember me

1. 目标：能够在活动中认识到人际关系的重要性。

2. 教师提问：在影片中米格曾祖父的亡灵差点消失是为何？

如何不被遗忘呢？

教师总结：影片中提到一个人真正的死亡是当他被所有人遗忘的时候。因此人际关系对我们很重要，我们要在日常生活中建立起和他人的联结。

（二）课堂活动＋讲解：抱团游戏＋社会性

1. 目标：能够在活动中感受到同伴的重要性

2. 游戏规则：所有人围成一个大圈，老师喊出数字，几的时候几个人抱团

3. 教师提问：除了我们人类是有群体属性外，大家还知道哪些生物是群体合作劳动的呢？（蜜蜂、蚂蚁、狮群等等）

4. 教师总结：我们生活中许多的任务都需要同伴合作。这就是我们所说的社会性。社会性是个体不能脱离社会而孤立生存的属性。生物体生来就有的一种合群或交往的倾向，人并不是自然界中唯一具有社会性的生物。

（三）课堂讨论：品质树

1. 目标：在活动当中了解如何择友

2. 讨论内容：想想自己最好的朋友是谁，在苹果贴纸上写下他/她身上你最欣赏的三个品质，贴到品质树上并说说理由。

3. 教师引导：能针对其中某个品质跟大家分享一个关于他/她的小故事吗？

4. 教师总结：我们刚刚一起发掘了许多大家眼中好朋友具备的理想品质，有许多品质是有共性的。我们希望别人做的事，往往也是别人希望我们做

到的。当我们思考喜欢什么样的朋友时,其实也就知道了自己如何当个好朋友的秘诀。

(四) 课堂讨论:感恩的心

1. 目标:学会对朋友表达感恩。

2. 教师引导:我给大家讲个故事。2002 年,费德勒的老师也是最好的朋友卡特因车祸意外身亡,当时费德勒 21 岁,悲痛欲绝,因为他没能让卡特看到他成功的那一刻。之后每年澳网,费德勒都会为卡特的父母鲍勃和戴安娜,提供从努瑞乌特帕飞往墨尔本的机票,并负责他们的衣食住行。这也是为什么我们如今总能在瑞士人的球员包厢里,见到这样一对神情专注也非常懂球的老夫妇。毫无疑问,邀请他们到场观赛代表着费德勒对卡特的哀思和感激。

(年轻的球王和他的良师益友皮特卡特的故事)

3. 教师提问:有没有同学能分享一下你知道的关于感恩的故事呢?(请同学分享关于感恩的小故事)

4. 教师总结:尝试着把内心的情感表达出来,可以通过许多的方式比如当面说、发信息或者写卡片都是很好的选择。懂得朋友的陪伴是珍贵的,因为他/她给予你的是最宝贵金钱也换不来的东西:时间。所以,试着去表达你的感激吧。

(五) 课堂活动:感恩卡片

1. 目标:学会对朋友表达感恩。

2. 教师引导：让我们来思考一下，我们身边是不是有许多朋友，我们彼此陪伴一起度过许多时光，让我们写一张卡片来表达一下我们的感谢之情吧。

3. 活动规则：学生写下感恩卡片。

（六）课堂总结

请两位学生小结这节课的收获。教师补充。

我们每个人都不是一座孤岛，朋友在我们的生活学习中是很重要的。选择朋友、付出努力去经营我们的友情是需要我们学习的。对于朋友的陪伴，我们也应当充满感激。

（七）巩固拓展

课后完成一篇成长日记：

请联系感恩的心这个主题，写一件身边同学、朋友和你之间发生的另你难忘的事情。

三、班主任心语

中学阶段青少年经历从童年向成年发展的过渡时期，这段时期中学生的思想意识和心理行为都不稳定。到了青春期他们比起与家长交流更喜欢与同伴交流，因此择友对于青少年的成长来说是很关键的。良友益友能够促进学生一同成长进步，反之则会影响学生本身价值观和世界观的走向。班主任通过班会课来实施此生涯适应力主题课程，帮助学生认识到人际关系的重要性，并且引导学生择友时应该关注什么，这是一个值得探讨的、对学生发展有益的话题。

在生涯认识力的学生校本教材内容中，给的例子是卓别林的小故事，游戏Shut up 需要学生一天内在学校进行尝试，考虑到是一节班会课的内容，本班的学生比起卓别林更熟悉现代的明星，因此以学生熟知的《寻梦环游记》作为引入，以网球明星费德勒的故事为例子，游戏环节采取抱团游戏更符合学生好动的性格特质，课堂效果会更加良好。作为班主任可以根据自己班级的特征选择不同的故事和影片，会有很好的代入感。

2—1　做个好朋友　（学生版）

2—2 做个好朋友 （教师版）

一、设计背景

初中阶段青少年的心理生理都处在一个高速发展期,这是青少年心理品质形成、巩固和发展的时期。在这段时期中,比起家长的唠叨,青少年更愿意去听同伴的意见,更愿意和同伴去诉说内心的酸甜苦辣,因此,这个阶段朋友对于青少年的发展起到至关重要的作用。然而,牙齿和舌头也有打架的时候,当同伴间遇到冲突的时候如何应对和解决是青少年这一时期要思考的问题。

班主任是与班集体接触最多的教师,在班级中,学生之间的相处难免会产生一些冲突。班主任对班级学生的了解是最多最全面的,清楚每个学生的性格特征,也了解以何种相处模式与不同的学生交流,因此在调和班级同学人际关系、减少冲突矛盾这一方面是具有较大的优势条件的。

二、教学设计与实施

【教学目标】

1. 了解朋友的重要性。

2. 了解如何正确处理与朋友之间发生的冲突。

3. 学会正确处理同伴压力。

【教学过程】

一、热身环节:课堂小调查

1. 目标:让学生了解到朋友的重要性。

2. 教师提问:进入初中后,同学们在遇到问题和困难的时候通常会想到先和谁分享倾诉呢? A. 老师   B. 父母   C. 同学或朋友

3. 教师总结:进入初中后,我们都开始拥有了自己的小秘密,也开始有了自主意识。很多事情同学们比起告诉家长跟老师更愿意寻求同伴朋友的帮助,因此朋友在这个时期显得尤为重要。

二、课堂活动:礼品包装

1. 目标:能够在活动中感受到同伴的重要性和沟通的重要性。

2. 游戏规则:每组三位同学,需要完成"包装礼物"的任务,在用包装纸包装礼物的过程当中,每一位同学只能用一只手进行活动,第一组过程中不允许沟通,第二组同学过程中允许沟通,老师计时。

3. 教师提问:我们分别来请第一组和第二组的同学来说说感受。

4. 教师总结:我们在与他人相处的过程当中需要进行沟通,沟通增进我们彼此理解,也是我们在遇到问题是解决问题的一大法宝。

三、课堂活动:猜猜下一句

1. 目标:学会去倾听对方,不只是关注自己想说的,也要注意到对方的感受,不能断章取义。

2. 活动内容:请学生上来念前半句话,让学生猜猜下半句话可能是什么。得到的结果又会有何区别?

1) 小明数学成绩真的糟,让我们想办法帮帮他吧。

2) 小黄总是丢三落四,但是他总能在班级活动后主动留下打扫卫生。

3) 小琳长得很可爱,她唱歌也很好听。

3. 教师总结:同样的前半句话,同学们对后半句话的猜测确是五花八门。一句话只听一半我们可能对别人的意图产生误解,这时候矛盾冲突就产生了。因此,解决冲突的第一步是沟通,第二步是认真倾听,不轻易下结论。

四、课堂活动:视觉测试

1. 目标:发现同理心在生活中的重要作用。

2. 请在出示的 3 条比较线段中找出与标准线段长度相等的那条线段。

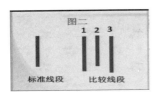  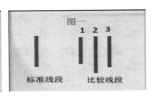

教师引导:你选择的是什么? 当你前面都说是 2 的时候,你心里的想法有没有受到他们的影响?

3. 教师总结:很多时候当我们周围绝大多数的人做出同样的反应的时候,我们个人的判断很容易动摇。有的时候我们就会去跟随大多数人的意见,而放弃自己的想法。

五、课堂讨论＋讲解

1. 目标:了解什么是同伴压力

播放短视频《中国式过马路》

2. 教师讲解:尽管很多人知道我闯红灯,容易造成交通事故,可能对我们的生命安全造成危险。看到马路上这么多人,大家都过去了,所以我也就跟着过去了。这就是我们所说的同伴压力。它是指当个人的想法、行为与群体发生冲突时,个体为了保持与他人的关系,而违背自己的意愿所产生的心理压力。

六、课堂讨论

1. 目标:认识到同伴压力在生活学习中是经常伴随左右的。

2. 教师提问 1:在你的成长过程中曾经经历了哪些同伴压力呢? 请大家进行小组讨论后分享。

预设答案:1. 成绩方面,竞争压力。别人进步我没进步,失落。

2. 金钱方面,有些同学比较有钱,产生自卑感。

3. 交友方面,别的同学聊得很开心,我说不上话,有压力。

4. 游戏方面,同伴邀约一起打怪,但是会占用学习时间。

教师提问 2:那么在遇到以上情况后,我们的选择不同会带来不同的结果。如果是你,你接下来会怎么行动呢?

预设答案:以第 4 条游戏举例,有些同学会选择拒绝,以学习为重。有些同学会选择迎合朋友,一起去打游戏。

教师总结:同伴压力给我们带来的影响可以是积极的,促使我们自身的发展,共同进步。它也可以是消极的,让我们做出错误的决定和行为,使我们退步。

教师提问 3:当我们遇到消极伙伴时,我们如何应对呢?

同学们讨论,老师板书大家的建议。

第一:同伴是一种选择,选择合适的同伴。

第二:明确自我定位,不忘记自己是谁。

第三:眼光长远,用发展性眼光评价自己。

第四:挖掘积极因素,摄取正能量。

七、课堂总结

请两位学生小结这节课的收获。教师补充。

通过今天这节课,我们知道了朋友对我们是很重要的,当我们与朋友同伴发生冲突时,我们要积极沟通、时刻带着同理心去倾听对方并且不轻易下结论。我们还知道了对于同伴的选择我们也要抱有自己的评判标准,时刻保持自我。

三、班主任心语

择友是初中阶段很重要的一个话题。如何选择朋友会影响学生对于外界事物的看法,从而影响学生今后的发展道路。当然,择友后如何去经营友谊也是初中生需要学习的一个课题。每一段情感的维系都是需要付出时间和精力的,如何在产生矛盾时正确处理矛盾并且化解矛盾是需要在同伴相处中学习的。

本节课结合学生生涯认识力校本教材主题设计了礼品包装的游戏环节,学生参与感强,在游戏过程中也能体会到同伴沟通的重要性。在猜猜下一句的环节设置学生熟悉的场景,让学生了解到学会倾听,不断章取义的重要性。讨论环节提出大家比较常见的现象进行讨论,让学生充分了解何为同伴式压力。这样类似的社会现象班主任可根据时事进行调整,合作式游戏也可以借鉴。

《你好,新同学》、《做个好朋友》教师课程设计:金艳雯

3—1 我们为什么要学习(学生版)

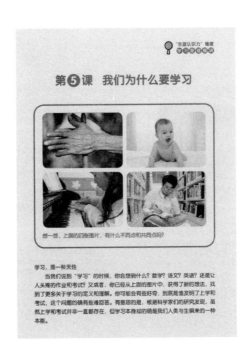

虽然上学和考试这样事一直都存在，但学习本身却是伴随我们人类与生俱来的一种本能。

大东是个初中一年级的学生，他很喜欢看关于原始人的故事，甚至很向往可以穿越到那个时代，这样他就不用上学，也不用参考试了。如果大东真的回到原始社会，他真的可以什么都不用学吗？

显然，大东的想法过于理想化了。生活在原始社会虽然不需要上学读书，但需要学习的事情却一点都不少。大东需要学会采摘果实和狩猎，这样才能让自己吃饱肚子，不至于饿死；他还需要学会用毛皮或树叶做衣服，抵御夜晚和冬季的寒冷。对于我们现代人来说，这些走趟超市或上个淘宝就能轻松搞定的事情，对原始人来说简直是天大的难题。其实，为了可以生存，原始人每天都在学习中成长。除了狩猎和御寒，他们还需要想办法建造住所，躲避自然灾害或敌人的攻击。对原始人来说，学习是关乎生死存亡的大事！

成长就是不断学习的过程

现在的我们虽然已经不用再像原始人那样学习如何钻木取火，但学习的本能却依然伴在我们的身体里，从我们出生的那一刻起，就不断伴随着我们的成长，帮助我们积累越来越多的知识和技能。

学习卡片

从我们出生的第一刻起，学习的本能就存在于我们的身体中，不断伴随着我们的成长、帮助我们积累越来越多的知识和技能。

上面的这个成长轨迹，记录着我们每个人从出生到现在都经历过的学习过程。从努力爬行，到蹒跚走路，到自己穿衣服系鞋带，到坐在课堂里跟同学一起上课……这些都是我们在不知不觉中完成的学习，显然，我们天生就热爱学习。

找到学习中的价值感

学习是一种天性和本能，但不代表任何时候学习都是件开心的事。相反，当你发现今天作业太多压力山大的时候，或者拿到一张分数不太理想的考试卷的时候，又或者因为上课开小差被老师当众批评的时候，你都可能因为烦闷、沮丧和羞愧，而产生讨厌学习的想法。你可能会希望快点长大，因为大人们好像就不用上学，也不用考试，但如果你真的了解下来跟爸爸妈妈聊一聊，就会发现，他们也会有很多工作中的难题和问题，像我们一样。

大人们可以克服困难，努力工作的原因有很多。有的可能是因为对工作本身的热爱，有些可能是为了有能力照顾家人，这些目标会帮助他们克服工作中一时的不快，继续努力。同样地，学习中我们也需要这样的目标感和价值感。幸运的是，作为初中生的我们对此非常擅长。还记得我们在"认识自我"模块中学习的关于自我探索一性的内容吗？对自我同一性的追求，是青春期阶段最重要的心理发展任务。我们渴望为自己做的每件事找到意义感和价值感，这其中当然也包括占据我们生活中核心位置的——学习。

纪录片《翻山涉水上学路》讲述了世界各国各民族的孩子，在上学路上充满艰辛和阻挠，但依旧充满希望和坚持的故事。

非洲女孩妮卡
每天要步行 20 公里去上学

尼泊尔男孩阿吉特每天和他的同学通过危险的钢索渡河去上学

课堂讨论：既然上学的路这么艰难，这些孩子为什么还要坚持去上学呢？上学对他们来说到底意味着什么？

尼泊尔男孩阿吉特说，他的梦想是长大后当一名飞行员，但如果能有一座桥让他和同学们不用每天冒险乘坐危险的钢索去上学，他愿意放弃自己的梦想。科坦卡和阿吉特的生活虽然离我们很遥远，但他们却是我们的同龄人，跟我们一样，希望坐在课堂里，渴望平等的受教育的权利。不管是从我们自己的成长经历中，还是从别人的故事中，我们都能找到学习对我们的价值所在，你找到了吗？

校园"星"行动——

　"敬业"是社会主义核心价值观之一，它是对公民职业行为准则的价值评价，要求公民忠于职守、克己奉公、服务人民、服务社会，充分体现了社会主义职业精神。作为一名中华人民共和国公民，学习是学生的天职。身为青少年的我们同样可以践行敬业价值观，做一名敬业的初中生。我们让教乐实中学的校园"星"行动正在热烈展开，同学们快行动！争当热爱学习，乐在学习的"敬业之星"吧！

在校学习让我们成为更好的自己

虽然学习的定义比我们想象得要广泛很多，但对学生来说，最直接的学习就是在校学习。它包括各种学科学习，比如语文、数学、英语、历史、政治、体育等。这些学科知识和技能看似跟未来的工作没有什么直接的相关性，但却能帮助我们培养应对社会生活，从事任何工作的基本技能。比如语文可以锻炼我们的沟通和表达能力；数学可以训练我们的理性和逻辑思维；英语可以帮助我们了解他国文化，更好地跟其他国家的朋友交流；体育可以帮助我们强身健体，拥有更健康的体魄。这些对我们的成长来说都必不可少。有时，我们会因为考试成绩不理想而沮丧，但其实考试的目的是为了帮助我们检验学习成果和学习漏洞，如果我们可以认识到考试的这个作用，就可以把它变成帮助我们查缺补漏，提升不足的工具，从而更好地学习和成长。这样想想，考试是不是就没那么可怕了呢？

学习卡片

考试的目的是为了帮助我们检验学习成果和学习漏洞。认识到考试的价值，可以将压力为助力，帮助我们在学习中查缺补漏，提升不足。

在我们祖先的早期生活中，学习让人类得以生存和繁衍，而现在，学习让我们每个人更好地生活，并成为更好的自己。其实，找到学习的目的和价值只是一个开始，关于学习，我们还有很多有趣的话题可以讨论，让我们一起拭目以待吧！

3—2　我们为什么要学习(教师版)

一、设计背景

初中阶段学生的学习压力较大,很多学生处在被动学习的状态,觉得是为了上学而上学,上学之外也没有主动学习的品质。甚至还因为学业压力产生逃避、厌学情绪,更甚的是影响到心理健康。对于很多学习比较认真的同学而言,上课做作业就是一种职责,但学习的目的是什么,他们也回答不出来,本质上其实也是被动学习。而对于学习态度不够端正的学生而言,他们更连学习的义务都不想尽,上课不认真,作业甚至都不能完成,如果没有家长和老师的施压,几乎无法主动学习。

本节课通过一系列的活动,挖掘学生对于学习的理解力,认识学习对生活的意义,了解学习的普遍存在性,以次激发学习的兴趣,端正学习的态度,用新的眼光重新看待学习。在"假如我是原始人"这一环节中,让学生充分展开想象,相信会有不小的收获。

二、教学设计与实施

【教学目标】

1. 了解学习的重要性;

2. 了解各年龄阶段学习的意义;

3. 帮助学生树立学习目标找到学习的动力。

【教学过程】

(一) 课前小调查

1. 目标:通过对于特殊时期的学习行为的回忆,初步探索"学习"的认识。

2. 教师提问

(1) 你还记得在新型冠状病毒爆发的那段时间吗,宅在家里的同学们都在做些什么呢? 回忆一下,你在疫情期间,都有哪些收获? 比如,你掌握的新技能,可以是你自己一个人独立学习的,也可以是你和家人一起共同完成的。在这个过程中,你有哪些感受? 请同学们讨论,并请 2 - 3 位同学分享。

(2) 看来我们还是在无意识的状态下进行了很多的学习活动,而且学习的形式丰富多样,不局限于校园生活的时候单纯的课堂学习了。看来,生活中学习是无处不在的。请同学们说说对"学习"这个概念的理解。

3. 教师总结:

学习的"新"定义:广义的学习是人在生活过程中,获得一切新的经验、技能、能力或行为潜能的过程。我们目前学校的学习,是一种狭义的学习,即指可以通过听、说、读、写来获得知识或技能的过程。

(二) 课堂活动:穿越时空的我

1. 目标:寻找不同时间学习的不同含义,初步探索学习的价值。

2. 活动内容:大东是个初中一年级的学生,他很喜欢看关于原始人的故事,甚至很向往可以穿越到那个时代,这样他就不用上学,也不用参考考试了。如果大东真的回到原始社会,他真的可以什么都不用学吗?

3. 教师引导:就像书里说到的一样,小明说,如果我是原始人多好啊,就不会有考试和学习了,你们觉得是这样吗? 下面我们玩一个活动,叫做"穿越时空的我",将大家分为 3 组,分别穿越到原始社会、你 1 岁的时候、你 6 岁的时候。

——请同学们分组讨论,并分享讨论结果。

(1) 为了让自己更好地生存或者生活下去,你需要学习什么?

（2）你在其中克服了哪些困难？

（3）这个过程对你来说有哪些的价值呢？

4. 教师总结：学习是人类天生的本能，没有学习，我们将不可能生存也不可能成长。不同时期，学习都是随时随地发生的；只是不同时期，我们学习的内容有所不同。

（三）课堂活动：接龙畅想

1. 目标：引导孩子们将目前的在校学习和自己的未来相结合，引发学生对学习价值的深入探索。

2. 活动规则：请同学们用"现在我学到的……（能力或技能），可以让我将来……（做什么事）"这样的句式造句，以小组接龙的形式进行。鼓励同学们的答案更多元化，可以尽可能畅想，但需经过认真思考。

3. 教师总结：刚刚我们已经知道了广义的学习不但是我们天生的本能，还对于我们的生存有着重要的意义。

（四）延伸讨论：学习在未来……

1. 目标：畅想和探讨未来学习的多种形式及内容，把现在的学习和未来科技变革、社会发展相联系，引导孩子们面向未来学习，进一步促发对学习的追求和目标感。

2. 教师引导：在疫情期间，我们已经体会了一把"在家上学"了，这在十年前几乎是不可能的事。

3. 活动内容：纪录片《翻山涉水上学路》讲述了世界各国各民族的孩子，在上学路上充满艰辛和阻挠，但依旧充满希望和坚持的故事。

4. 教师总结：虽然学习的定义比我们想象得要广泛很多，但对学生来说，最直接的学习就是在校学习。它包括各种学科学习，比如语文、数学、英语、历史、政治、体育等。这些学科知识和技能看似跟未来的工作没有什么直接的相关性，但却能帮助我们培养应对社会生活，从事任何工作的基本技能。

5. 教师提问：未来，随着科技发展，我们的学习，还会出现哪些形式？需要掌握的技能，学习的内容可能会有哪些？

6. 教师补充：可提供一些目前"在线学习"的资源，例如 TED、网易公开课、可汗学院等。

（五）课堂总结

1. 学习，不仅仅是学校学习，还有着更广的涵义，无论是哪种学习，对我们都很重要。

2. 我们每个人天生都具有学习的能力。不同时期,学习都是随时随地发生的,只是不同时期,我们学习的内容发生了改变。

3. 学习不仅仅是现在的学校学习,学习是我们过去的成长道路,也是面向未来的。那些学习中的"高光时刻"会引导我们找到学习中的意义感和价值感。

三、班主任话语

现代社会中,生活即学习。时代将以几何级数发展,我们的课堂学习只是传统学习,我们在基础教育阶段学到的更多的是学习的能力,用以将来更好地进行更现代的学习。所以这是这节课对于学生发展的意义所在。

学生生涯认识力的校本教材上有关于大东的故事设计了一个"穿越时空的我"的活动,并且再加上一个接龙畅想,让学生认识到学习对于现代生活方式和社会发展的意义。因为近来穿越题材的小说和影视剧比较流行,利用这个热点可以更好调动学生的课堂学习兴趣。而从《跋山涉水上学路》引出的现代学习方式也正好贴合我们疫情期间的网课方式,加上我本人也有很多慕课学习的体验。班主任老师也可以结合当下流行的社会现象和个人体验,进行自己的创意活动设计。

4—1   克服学习中的困难(学生版)

"生涯认识力"维度

亚辉的故事是不是也经常发生在你身上呢？影响亚辉学习的这个困难是什么？请你给它取个名字吧！

让人伤不起的学习拖延

我国明代诗人钱福在《明日歌》中的名句"明日复明日，明日何其多？我生待明日，万事成蹉跎。"应该算是对拖延的真实写照了。看来拖延症并非咱们现代人的专利，连古人也有呢。而好消息就是正因为它由来已久，所以人们也找到了一些不错的应对方法。

方法一：先苦后甜

对亚辉来说，做作业显然不如玩手机、看电视那么有吸引力。想想看，似乎也不能全怪亚辉，毕竟每个人都会有趋乐避苦的本能嘛。但作业同样需要完成，该怎么办呢？我们不妨试试反过来利用下趋乐避苦的本能。你可以尝试在做作业的任务后面安排一些让你感觉快乐的事，比如在完成作业后，就可以奖励自己打一局游戏，又或者看着看一集电视剧。这样你就会有动力去完成作业啦。怎么样？和趋乐避苦比起来，先苦后甜是不是也不错呢？

如果让你从下面的四个情境中选出两个作为每天回家的缓冲时间，你觉得哪些比较合适？哪些不合适？为什么？

打游戏　踢足球　听轻音乐　吃水果

方法二：给自己一个缓冲时间

有时候，我们做事情没办法马上立刻去执行，是因为你可能还没有做好心理准备。你需要给自己一些时间，作为缓冲期。比如你可以和家人约定好，刚到家的半小时，是缓冲时间，做点让自己放松的事，然后再开始写作业。当然爸妈也就不会一直催你去做作业了，你也能清楚地知道，这段时间自己是可以不受打扰的，之后再去做作业。

拖延并不是亚辉遇到的唯一一个学习困难。在克服学习困难这条道路上，亚辉是需要不断升级打怪呢。这不，刚刚解决了拖延症的难题，亚辉又遇到了另一个麻烦。

上课走神怎么办？

上周上英语课时，亚辉听着听着就走了神，脑子完全神游在了外太空。结果一下就被火眼金睛的英语老师发现了，叫他起来回答问题，可他完全不知道刚才老师讲了什么，只能傻站在那里不说话，场面一度很尴尬。

身为同龄人，你当然很清楚亚辉这次遇到的麻烦是什么啦。没错，就是开小差了！显然，想要上课时保持专注，你可以使用一个有趣的游戏法：专注力超人。简单来说，就是你想象来你的身体里住着一个专注力超人，它特别擅长保持注意力，每当你特别需要它的时候，他就会出现并帮助你。这样下次上课的时候，你就可以把你的专注力超人请出来，不会开小差啦！

"生涯认识力"维度

学习卡片

有时候，我们做事情没办法马上立刻去执行，是因为你可能还没有做好心理准备。你需要给自己一些时间，作为缓冲期。

学习卡片

每个人的注意力稳定性都不同，也就是保持注意力的时间或长或短。你可以根据自己注意力稳定性的特点来进行任务分配。

我们每个人的注意力稳定性都不同，也就是保持注意力的时间长短不同。如果开小差发生在做作业时，你可以根据自己注意力稳定性的特点来进行任务分配。比如一个小时或半小时休息一下，适度起来活动下身体，再继续进行。

现在，压在亚辉身上的三座学习苦难的大山已经卸掉了两个，那第三个又是什么呢？还是继续看亚辉的故事吧。

今天是数学测验的日子，身为数学课代表的亚辉本来信心满满，前面的填空和选择题倒也还好，可是应用题上来的第一道就把他难住了。亚辉想了半天也没想出解题思路，本来信心十足的亚辉突然就像泄了气的气球一样，连后面的题也不想做了。

你遇到过类似的情况吗？比如因为一件事很难，所以不想去做或是做到中途一半，便放弃了？如果有，请把它写下来，并与你的同桌或其他同学分享下来。

被畏难拖扯了学习的后腿

最后一个我们要聊的学习困难是畏难，也就是害怕困难。畏难情况的

"生涯认识力"维度

发生有时可能是因为我们定的学习目标太高，比如妈妈要求你期末考试考全班前三名，但其实你期中考试时是全班倒数前三名，这个目标显然有些不切实际。当然，你可以先树立一个小目标，比如每个科目平均提高10分左右的成绩。适中难度的目标会让你更有动力去挑战和实现。另外，像亚辉的这种情况，最重要的是要能及时调整心态，不要纠结于那些难度过高的题，可以先完成后面的题目，最后再来做难题。

现在如果我再来问你是否知道学习中的三大困难是什么。你是不是已经可以轻松给出答案了呢？但其实学习中的困难还有很多。但只要我们不断的保持学习热情、创造学习乐趣，同时寻找学习方法，就可以克服困难，继续地快乐的学习吧！

阅读练习：

1、最常困扰你的学习困难是什么？当它发生时，你通常会怎么做？请举一个你曾经遇到过的例子。

_____
_____

2、生涯快事——达·芬奇也有拖延症

文艺复兴时期最著名的画家达·芬奇据说是一个特别喜欢拖延的人。众所周知的蒙娜丽莎他画了四年时间才完成，最后的晚餐他画了三年。这让请他作画的客户非常抓狂。也正是因为这样的原因，达·芬奇最终的传世画作不超过20幅。可是，这并不是因为

"生涯认识力"维度
学习策略辅读

达·芬奇懒惰或讨厌画画,相反,是因为他对艺术的完美追求,所以总是对每一次动笔都十分慎重。对于自己的拖延症,达·芬奇也很郁闷,他甚至曾经在日记中写道:"告诉我,告诉我,有哪样事情到底是完成了的?"不过,不画画的达·芬奇也并没有闲着,事实上,他爱好广泛,才华出众,除了是画家,还是非常有名的天文学家、解剖学家、数学家……所以,在拖延症犯了,无法继续作画的时候,他也做了很多其他的事,而且都相当出色。

3、成长日记:请记录一件本周内发生的让你感触最深的事,请尽可能描述的详细些。

_____

_____

_____

_____

4—2　克服学习中的困难(教师版)

一、设计背景

初二的学习内容越来越多,学习任务越来越重,加上步入青春期的学生生理变化带来的心理转折,很多中学生因为学习中的困难而松懈了学习甚至心生放弃。

有的学生一上课就睡觉,睡到口水沾湿了书本,叫醒后人都迷糊得发抖。有的学生回家不愿自主复习,背默内容几乎都要在学校里同学和老师的督促之下才肯做。各种学习困难使得学习成绩落后,且恶性循环导致越来越落后。

本节课想通过集体活动找到一些解锁这些困难,找到一些可行性改进方法的探索。班主任比较了解本班学生,活动中可以适当帮助学生结合自身情况出谋划策。

二、教学设计与实施

【教学目标】

1. 了解学习中遇到的拖延、注意力分散和畏难这三大困难。

2. 探索并应用克服三大问题的方法。

3. 正确认识我和学习的关系,了解每个人都会遇到困难,促进学生更加积极地面对学习困难,增强学习中的自我效能感。

【教学过程】

(一) 课堂导入:亚辉的故事

1. 目标:通过学材上的例子,初步探索学习中可能遇到的困难,引发学生深入思考。

2. 分享故事:亚辉每天放学回家后,都懒得做作业。总想先玩点什么,一会儿看看手机,一会儿看看电视剧,就是拖着不肯写作业。五点的时候说六点写,六点的时候说七点,结果时间就这样慢慢过去了。有一次,亚辉的妈妈把他的手机锁了,但是好像没什么用,用亚辉自己的话说:"因如果我想玩的话,总有各种各样的方法去玩。"

3. 教师引导与提问:

(1) 你觉得亚辉在学习中遇到了哪些困难呢?

(2) 你有类似的经历吗?

4. 邀请 3-5 个同学分享。

(二) 课堂活动:拖延者的内心世界

1. 目标:初步探讨拖延者的内心世界,探索拖延的原因。

2. 观看视频《拖延者的内心世界》片段。

3. 教师提问:看了视频之后,大家觉得,是什么原因导致我们拖延呢?

(三) 课堂活动:心理剧—我太难了!

1. 目标:

(1) 通过角色扮演的方式,探索发现自身遇到的学习困难,及其背后的心里想法和感受。

(2) 增进对自己和学习困难的了解,为应对困难做好准备。

2. 活动过程:(类似于"双簧")

教师引导:大家刚刚根据视频,对拖延的心里活动已经有了初步的了解。

那么,下面我们就通过一个小的心理剧,来分析并表演一下,我们在学习中遇到困难时的内心世界。

活动步骤:

(1)将班级学生分为6组,其中"拖延组"2个、"走神组"2个、"畏难组"2个。

(2)表演之前,请组内讨论,"当我们在拖延、走神、畏难时的心里活动,我们的想法和感受有哪些。"

(3)每组中,由1-2名同学扮演"我",在表演时不能出声,只能做出动作和表情。

(4)每组中的其他成员,扮演"我的内心",在表演时作为画外音,在表演中通过语言,表达出"我"在拖延/走神/畏难时的心里活动。

(5)请小组的每个人都参与表演。

3.教师总结:根据小组表演情况,总结这三大学习困难中的内在原因。

(四)课堂活动:智囊风火轮

1.目标:深入探索克服三大学习困难的方法。

2.活动过程:

教师引导:

刚刚每个小组就自己小组抽选到的困难进行了探讨,现在我们换一种形式,来看看其他的小组对你们遇到的困难有什么样好的解决方法呢。

活动步骤:

(1)按照上一个活动的分组,请每个组想2个本组学习困难的情境,例如:当我……时,就会拖延。

(2)由其他组的成员举手提供解决方案,例如:"拖延组"提出一个困难情境,那么解决方案,将由"走神组"或"畏难组"提出。

(3)可采用抢答形式,每提供一个有用的解决方案记1分,得分多的组获胜。

(五)课堂讨论:解忧杂货铺

1.目标:探索除了拖延、走神和畏难情绪三个难题之外,鼓励学生勇敢表达其他的学习上遇到的困难。

2.教师提问:请大家思考一下,你在学习中遇到的最大的困难是什么?(可是三大困难之一,也可以不是。)

3.请2-3位同学分享。

4. 教师引导：我们每个人在学习中都会遇到困难，这是很正常的，遇到困难并不意味着我们笨或者不好，我们只是需要更好的方法而已。那么，下面这个活动，可以作为这个长期的活动，帮大家倾诉、应对我们在学习中遇到的困难。

5. "解忧杂货铺"活动：

（1）事先准备好的 2 个箱子，一个写着"问题"，用来放学生遇到的困难和难题，另一个"解忧杂货铺"，用来放问题的解决方案。

（2）介绍这两个箱子的使用方法：

a）当同学们有学习问题想倾诉，可以写在纸条上，投进"问题箱"；

b）当同学们想帮他人解决问题，可以从"问题箱"里抽出纸条，将你的解决方法写在下面，并投入"解忧箱"，如果解决不了，还是把问题放回"问题箱"；

c）均不记名。

（3）和同学们约定箱子的开放时间，当箱子开放时，可以分享两个箱子中的"问题"和"解决方案"。

（六）课堂总结

1. 我们在学习的过程中，常会遇到拖延、走神和畏难三种"学习困难"，当我们觉察到它们，并理解它们产生的原因是，将有机会更好的应对它们。

2. 学习中的困难每个人都会遇到，遇到困难不代表是我们不好，它只是在提醒我们，还可以找到更好的方法应对困难。

3. 和同学、老师的交流沟通，能帮我们找到更多方法应对学习困难。

三、班主任话语

学习困难是我们公办学校师生面临的一个严峻的考验。因为这不是个别现象而是普遍现象，所以这个主题的班会非常具有现实意义。当然，学习困难不可能通过一堂活动课得以根本解决，但能让学生找到困难并直面困难，也多少会对解决困难起到一定的积极引导作用。

学生生涯认识力校本教材上对于亚辉的拖延症，还有走神、畏难情况是我们学生普遍存在的学习困难，教材给了很多好的解决方案。根据这个内容，我设计了心理双簧剧来探索学习困难背后的心理原因，这是从心理学角度设计的——关注行为背后的心理原因，而且集体参与性很强，也比较有趣味性，比较能调动学习有困难的学生的兴趣。而"解忧杂货铺"这个活动，也是选用了学生们喜欢的作家东野圭吾的代表作的名字，比较有亲切感，也有很强的可操作性。班主任可以根据自己对学生兴趣点的了解，用他们感兴趣的书籍、歌曲、游戏名字来设计类似异曲同工的活动。

《我们为什么要学习》、《克服学习中的困难》教师课程设计：谈晴

5—1　我喜欢我的样子（学生版）

"生涯认识力"维度
认识自我形象

学习卡片 他人的评价，大众媒体的宣传，以及不同社会的文化差异，都会影响我们对美的看法。

不同的社会文化，也在影响着我们对"美和帅"的评价。在种族歧视盛行的年代，几乎所有的白种人都觉得黑皮肤是丑陋的、低等的。在许多西方人眼里，典型的东方美是丹凤眼、高颧骨，就像迪士尼动画片《花木兰》中的形象，但中国人似乎并不认可这样的"美"。

迪士尼动画片《花木兰》中的东方美

除了这些，你还能想到哪些影响人们对外表看法的因素呢？

"相由心生"是真的吗？

一个人的外表只关乎于他的五官、身材、肤色等这些外在的特征吗？当然不是，我们每个人外在的样貌都和他的内心紧密相关。

首先，我们对外表的评价，影响了我们对自我的评价。简单来说，就是如果你认为自己的外表上处于劣势，那么你就有可能觉得自己是很普通，没什么优点的人。特别是在青春期阶段，对外表的负面评价，会让我们对自己更没有自信，还有可能低估自己在其它方面的能力。

学习卡片 科学家已经证实，那些拥有更多积极情绪的人，身体会分泌更多对健康有益的激素，也会让我们更健康，看起来更好看。

"生涯认识力"维度
认识自我形象

其次，积极的心态会让我们越来越"好看"。乐观自信的人，内心更有力量，积极情绪更多，总是笑盈盈的；而一个悲观消极的人，很可能总是愁眉苦脸、耷拉着肩膀，脸上看起来仿佛蒙着一层阴影。请你觉得哪一类人，会看起来更好看呢？答案不言而喻。

自信演讲的15岁华裔发明家

运动中的美　　舞蹈中的美

此外，多元的想法，让我们接纳更多的"美"。当我们把视角打开，就会发现"美和帅"可以是多种多样的。我国历史上的唐朝，是一个"以胖为美"时代；如今的时尚行业中，有越来越多的普通人走上了T台；运动员展现肌肉和力量，舞蹈演员表现出的柔美，医生工作时专注的神情……它们很不同，却同样非常"美"。

学会欣赏自己的"美和帅"

现在我们知道了，对自己外貌积极的评价，会让我们对自我的看法更积极，也更自信。那么，究竟该如何做呢？

欣赏独一无二的你

学会欣赏自己的独特性。我们每个人都是独一无二，所以，对外表的最高评价绝不该是迎合大众审美的"美和帅"，而是欣赏自身的独特性。你可以欣赏自己的雀斑、自然卷、大尺码的脚等等，因为它们都是这个世界上最独特的存在，是它们让你成为那个与众不同的你。

客观看待他人对自己的消极评价。

我们每个人都会受到他人评价的影响，所以，当下一次，你觉得自己"不好看"的时候，请给自己一点时间，想一想，这些你对自己的评价是真实的吗？还是受到了身边某些消极评价的影响。

学习卡片 常常微笑的人，合由于"肌肉记忆"的作用，更会越长越有亲和力，越来越好看。

最后，常常微笑吧。科学研究发现，不同的表情会牵动不同的面部肌肉，而如果我们总是做同一类表情，就会让我们的面部肌肉产生"肌肉记忆"。不仅如此，常常微笑还可以在某种程度上意味着我们在学习时获得更多的积极情绪，这一过程本身，就会让我们对自己——不仅仅是外表——的评价更积极、更健康！

阅读练习：

1、请你画一幅自画像，并在下面的横线上写出你认为自己外貌中最独一无二的3个特点，并写出你欣赏它的原因。

(1) _____

(2) _____

(3) _____

"生涯认识力"维度

2、你是如何理解"相由心生"这句话的？

_____
_____
_____

3、生涯轶事——"大码超模"爱什莉（Ashley）

爱什莉（Ashley）12岁就被星探发现，走上模特的道路。为了迎合周围人的审美目光，她曾用高强度脱水运动、节食等极端方法减肥，尽管确实瘦了下来，但这让爱什莉变得沮丧和不自信。对她而言，健康和生机，比把自己塞进小一码的裙子，更能让她感到高兴。所以最终，她选择了和自己和解。

为了让自己更自信，爱什莉说她常做这个练习：站在镜子前，不断地告诉自己"我爱自己，我很勇敢，我很聪明，我很美"。反复的心理暗示后，她终于不会老是拿自己和别人的身材做对比，而是更专注于事业的发展。她依然酷爱运动，但也不会拒绝美食。现在，身高175cm、体重85kg的她活得很精彩，有自己的热爱的事业，常被各大时尚品牌邀请去走秀。同时，她还成了一个身体维权者，用自己的经历来鼓励那些由于胖而变得非常不自信的女孩，鼓励她们勇敢地欣赏自己、做自己。

4、成长日记

请你记录下在本周发生的一件让你感触最深的事，以及你当时的感受。请尽可能描述的详细些。

_____
_____
_____
_____

5—2　我喜欢我的样子（教师版）

一、设计背景

初中阶段的学生恰逢青春期，青春期心理充满着矛盾，许多同学会特别在意别人对自己外貌的评价，这是因为他们的身体发生巨大变化导致他们不得不去关注。并在身体发育的过程中，孩子的内心可能会出现焦虑，失落，甚至导致叛逆，专业的心理老师结合学生的身体和心理特点，帮助他们认识到自身的变化，正确引导他们的想法，接纳自己的外貌，从而认识和做更好的自我。

二、教学设计与实施

【教学目标】

1. 了解"认识外貌"是我们"认识自己"的很重要的途径之一。

2. 了解我们对于外貌的看法受到哪些因素的影响，正确理解什么是"好看",理解"美"多样性、包容性。

3. 发现自己的独特外貌,接纳自己的外貌,促进更积极自我认识的形成。

【教学过程】

(一) 热身活动:自我介绍

1. 目标:引入主题,初步探索我们对"外貌"的看法。

2. 教师引导:如果让你们来形容自己的外貌,你会如何介绍自己呢,接下来我们一起来进行一个特别的自我介绍。

3. 活动过程:以"我是一个　　　　　"句式,造句接龙。班级 s 形状接龙,形容自己的外貌。比如,我是一个高/小个子的女生/男生
(不嘲笑不评价不议论)

4. 教师总结:我们会通过外貌上的特点,向别人介绍自己,让别人认识我们。同样的我们也会通过外貌,认识我们自己。青少年阶段是我们探索自我的重要阶段,相应地,这个时期我们对自己外貌的关注也会变多。

(二) 课堂活动:外貌协会

1. 目标:通过活动的形式了解自己对于自己外貌的内在评价,并思考影响我们对外貌看法的因素。

2. 教师引导:既然我们在青春期的时候,会对于外貌有着更多的关注,那么你对自己又有哪些关注和看法呢?

3. 活动过程:

(1) 给每位学生发放便签纸各 2 张。

(2) 请同学们在纸上写下自己外貌上最突出的 2 个特点,一张便签写一个特点。(不记名)

(3) 将便签对折,投入两个透明塑料盒中(分别贴着"好""不太好"标签)。投放规则:如果你认为自己的这个特点是"好的",请投入"好"塑料盒;如果你认为自己这个特点是"不太好的",请投入"不太好"盒子。

(4) 老师回收两个盒子,并分别从盒子中抽取便签,用提问,引导孩子们进行思考。

4. 教师提问:

(1) 大家看两个盒子,"好"的更多,还是"不太好"的更多? 你觉得是为什么?

(2) 从"好"盒子中抽取便签,根据便签内容,进行引导性提问。例如:我抽到了好多写着"大眼睛"的便签,这个特点大家认为是"好的",为什么? 小眼

睛就意味着"不好看"吗?

(3) 从"不太好"盒子中抽取便签,根据便签内容,进行引导性提问。例如:我抽到了好多写着"个子矮"的标签,这个特点就不好吗? 为什么? 有没有认为"个子矮"是个好的特点?

5. 教师总结:我们对"外貌协会"这个词,并不陌生,其实外貌协会仅仅代表了一种单一的审美观,就像我们刚刚做的活动一样。我们对于外貌的看法受到许多因素的影响。例如:大众传媒、娱乐文化、自己对自己的评价、他人对我们的评价等。

(三) 课堂思考:发现多样的美

1. 目标:对"什么是美"这个问题进行深度思考,发现自己的"美的状态"。

2. 活动过程:

(1) 呈现图片。

(2) 提问:你们在图片中发现了什么样的美丽? 每张图片找 2‐3 个人分享一下。

3. 教师总结:美/好看,是没有固定答案的,每一个人都可以有自己的"美",那可以是你外表上某个独特的特点,也可以是某种状态,比如,努力的时候我们就可以是好看的。

(四) 课堂活动:封面人物

1. 目标:通过思考或者绘画,探索自己的外貌、状态,进一步了解自己,欣赏自己的美,以积极的态度看待自己的外貌。

2. 活动过程:

(1) 给学生发放 A4 纸、彩笔。

(2) 为学生分组,4‐6 人一组,共用一盒彩笔。

(3) 请学生每人绘画制作一份《封面人物》海报,可讨论,在海报上画或者写出自己认为自己"美/好看"的地方,不限范围(即无论是内心还是外貌都可以)。

(4) 请 2‐3 位学生分享。

3. 教师总结:通过分享交流大家发现了自己独特的美,有外在的也有内在的。

(五) 课堂小结

1. 青春期我们会更关注自己的外貌,因为认识外貌也是我们认识自己的重要途径之一。

2. 我们对于外貌的看法受到许多因素的影响,例如:大众媒体、娱乐文化、别人对我们自己的评价、我们对美的看法、我们对美的认知等,所以,保持更开放的态度,接受各种各样的美,会让我们发现不一样的外貌美。

3.每个人都有自己独特的美/帅!

三、举一反三

1.中学生的心理特点是敏感、多虑、比较注重自己的外貌特征,结合我们的校本教材,首先让学生了解和觉察自我的真实感受,接纳自身外貌上的种种不完美,引导学生欣赏自己的独特性,客观看待别人对自己的外貌评价,必须让学生明白,和其他人在相处中,除了外貌之外,有很多更值得关注的内容。其次,如果是自身能力有缺陷的话,要教导孩子学会扬长避短,努力发扬自己的优点,不要让缺点成为自己的阴影。

2.老师在上课之前首先要了解学情,知道学生对自己外貌特征的看法和对他人外貌的关注程度,然后专业教师、班主任或者学科教师在教案上进行调整。

6—1　我独特的性格（学生版）

测一测：你是西游记中的谁？

先天的性格和后天的性格到底有什么不同呢？请先来做个小测试吧！

以下说法没有对错之分，请根据你对自己的了解和真实想法来回答，你觉得描述符合自己的，请打√做标记。

1、做事力求稳妥，一般不做无把握的事。
2、遇到可气的事就愤怒不可遏，想把心里话全说出来才痛快。
3、到一个新环境很快就能适应。
4、讨厌那些强烈的刺激，如尖叫、噪音等。
5、羡慕那种善于克制自己感情的人。
6、遇到问题总是举棋不定、优柔寡断。
7、情绪高昂时，觉得干什么都有劲；情绪低落时，又觉得什么都没意思。
8、能擅长对付枯燥、单调的工作。
9、学习或者做某件事的时间长了，常感到厌倦。
10、宁愿和他人倾心而谈，也不愿切切私语。
11、心理有话宁肯憋在心里，不愿说出来。
12、不能很快地把注意力从一件事转移到另一件事上去。
13、对学习和生活指有认真严谨的态度，且不易改变。
14、希望做变化大、花样多的事情。
15、小时候会背的诗歌，我似乎比别人记得清楚。
16、假如在做枯燥无味的事，马上就会情绪低落。

与生俱来的"性格"——气质类型，我们与生俱来的气质类型一般分为4类：（1）活泼的"猴哥"：活泼开朗、情感丰富、反应灵活、但有时会情绪不稳定、注意力容易分散；（2）直率的"八戒"：直率热情、精力旺盛、反应迅速而有力、但有时容易冲动、脾气急躁；（3）稳重的"沙僧"：安静稳重、不易冲动、善于克制自己的情感、但也会让人觉得比较冷淡、反应比较迟缓；（4）谨慎的"唐僧"：比较敏感、观察力强、细致谨慎、喜欢孤独来独往、显得比较孤僻、多愁善感。你觉得自己的气质更像是一个呢？不妨去后面找找答案吧！不过，有时我们可能同时具有不同的气质类型。

受环境影响的"性格"——（后天可塑的）性格特点。在我们身边，有些同学在加入学校戏剧社团之后，变得越来越活泼外向；而有同学在加入校运动队之后，可能比从前更勇敢、更好胜一些。这就是环境对我们性格的影响，在我们和环境的互动中，我们的某些性格被"塑造了"。

学习卡片

先天的气质类型和后天的环境塑造，都会影响我们每个人的性格养成。但性格并无好坏之分，每一种性格都有着它独特的优势。

每种"性格"都有它的优势。在我们身边总是会有一些人说：哪些性格好，哪些性格不好。真的是这样吗？你可以结合《职业兴趣测试》，换个角度想一想：外向的人更喜欢与人交流，他很有可能成为"社会活动家"；内向的人更适合独立思考问题，他或许是一位潜在的"科学家"；而敏感细致的人，则住往有着很棒的"艺术家"天赋。所以，性格并无好坏之分，每一种性格都有着它独特的优势。

◀ 看起来很外向的人

看起来更内向的人 ▶

发展你独特的性格优势

既然性格既有先天性，又有后天性，而且每种性格都有独特的优势。那么，如何才能发现并发展自己的性格优势呢？

第一，发现你的性格优势。想想自己有哪些性格特点，你也可以通过采访身边的人来找到答案，比如老师、朋友、父母，尽可能多的收集关于自己性格的信息。接下来，你需要一段安静的时间，发掘自己的性格优势，试着做这样一些填空题："这个性格对我来说的意义是什么？"。比如，你可以写："开朗这个性格，能让我更好地和他人沟通交流，让我更快地适应新环境，交更多朋友，……"这一过程一定会让你对自己的性格有许多更新、更积极的发现。

我的性格优势报告

1、_____

2、_____

3、_____

第二，发展你的性格优势。保持你的好奇心，勇于探索新事物。尝试在生活学习中接触更多的、你曾经不太了解的人和事，比如，加入一个新的学校社团，参与老师布置的新的团队任务，主动和一个你一直很欣赏但平时不怎么说话的同学请教问题，阅读一本新书等。在这样的过程中，你的性格优势也在不断地被环境塑造、发展着，变得更丰富、更成熟。

相信通过这节课的学习，同学们都对自己的性格有了更多的认识。我们每个人的性格都是独特的，同时，通过找到自己的性格优势，每个人也都能成为拥有"性格魅力"的人。

阅读练习：

1、在本课中《测测你是西游记中的谁？》的小测试中，你测出的结果是什么呢？答案就在这里啦，快来算算吧！

【看看你是西游记中的谁？——答案揭晓】

你在以下图个人物的对应题目中所打的√最多，你与生俱来的气质就更符合该人物的特点。如果你在其中2-3个人物中得到的√一样多，说明你是混合型，这些人物的气质特点你都有一些。

师父唐僧——对应题目：4、6、11、15

大师兄悟空——对应题目：3、9、14、16

二师弟八戒——对应题目：2、5、7、10

三师弟沙僧——对应题目：1、8、12、13

请结合这个结果，思考两个方法，帮助你发展自己的性格优势。

(1) _____ ；

(2) _____

2、请你在课后完成《职业兴趣测试》，你属于哪种职业兴趣，你觉得符合你对自己的认识吗？为什么？

_____

_____

_____

3、生涯联事——内向者的力量

毕业于哈佛法学院的苏珊·凯恩(Susan Cain)可以说是全世界最成功的演讲者之一，她在TED大会上的演讲《内向性格的力量》是当年最受欢迎的演讲之一，到目前为止，该演讲在网络上的播放量已超过2000万次。她在演讲中说到，我们的社会似乎更欣赏外向的人，认为他们热情活泼，能交到很多朋友，更可能成为领导者和优秀的人。但其实，内向的性格和外向一样，有着不可忽视的力量。内向者在安静的思考中，能获得更多的创造力，同时，在团队合作中更尊重他人感受，成为非常优秀的领导者。苏珊·凯恩坦白自己就是典型的内向

性格，她曾假装自己"很外向"，甚至去做了一段时间律师。但后来却发现自己还是最喜欢独自阅读和写作，最终经过多年调查研究完成了《安静：内向性格的竞争力》和《安静的力量：内向型人格的秘密力量》两本书，目前已被译成几十种语言，受到全世界读者的喜欢。

4、成长日记

请你记录下本周发生的一件让你感触最深的事，以及你当时的感受。请尽可能描述的详细些。

_____

_____

_____

_____

6—2 我独特的性格（教师版）

一、设计背景

虽然人们常说性格决定命运，但从股神巴菲特的身上我们不难发现，性格内向也不一定就不好。所以无论属于什么性格，都没有好坏的差别，关键在于我们如何利用自己的性格优势，同时弥补自己的性格缺陷，从而让我们的生活和工作更顺遂。

二、教学设计与实施

【教学目标】

1. 认识到自己的性格特点是先天和后天共同作用的结果。

2. 认识到性格没有好坏之分。

3. 学会发现自己的性格特点，发展自己独特的性格优势。

【教学过程】

（一）热身活动：大风吹

1. 目标：了解到每个人的性格不同，并且知晓自己的性格特征并不是一件容易的事。

2. 活动过程：

老师说："大风吹，吹到 xx 的人身上。（xx 为某种特征词）"具备这一特征的同学便起立。（注：建议先用外表特征词玩 2－3 次，熟悉玩法后外表特征词和性格特征词穿插使用。外表特征词参考：扎马尾、穿运动鞋、高个子//性格特征词参考：喜欢交朋友、不爱说话、风趣幽默、喜欢沉思）

3. 教师引导：大家有没有发现当我提到外表特征的时候，你们站起身的速度要更快一些？这是为什么呢？

4. 教师总结：其实我们在游戏的过程中会发现，每个人有着不同的性格特征。并且，我们能准确了解自己的性格特征，并不是一件容易的事。

（二）课堂活动：动物人生

1. 目标：引导学生自主回忆并内省发现自己的性格特点。

2. 教师引导：现在请同学们做一个想象，假如我们可以变成动物，你觉得哪种动物可以代表你的性格特点呢？我们先来看两张图片，大家猜猜看这两个动物对应的性格特点是什么呢？

（1）考拉（温和稳重，善于倾听；踏实内向，坚持性强）

（2）老虎（勇敢、喜欢冒险；积极冲动、喜欢组织领导）

3. 课堂分享：请大家在 a4 纸上写出或者画出你认为最能代表自己性格特点的动物，并写下你选择这种动物的原因。

（三）课堂思考：性格是先天的吗？

1. 目标：认识到性格是先天和后天共同作用的结果。

2. 教师提问：你觉得自己的性格特点是天生的还是后天形成的呢？可以举具体事例说明为什么你这么认为吗？

3. 教师总结：我们每个人的性格特点，都是先天和后天环境相互作用的结果。

（四）课堂活动：师徒二人

1. 目标：认识到性格没有好坏之分。

2. 活动过程：

（1）请同学们完成书中的"小测试—西游记中的谁"。

（2）引导同学们思考"唐僧的性格更好"，还是"孙悟空的性格更好"？

（3）组织开展小辩论。

3.教师引导：做完测试后不难发现，每个人都具有自己独特的性格，现在我要问大家一个问题，你们觉得是唐僧的性格更好呢？还是像孙悟空的性格更好呢？

现在，根据大家刚才举手的情况，我们开展一场小型的师徒二人辩论赛。分为"悟空组"和"师傅组"。2分钟时间思考一下你的观点和依据，注意哦，发表辩论时一定要说明具体的事例。

4.教师总结：性格没有好坏之分。每个人都拥有自己独特的性格特点，在不同的情境下，不同的性格能够发挥出各自的优势。

（五）课堂活动：性格光谱

1.目标：能够基于对性格特点的了解，发现和发展自己独特的性格优势。

2.教师引导：我们现在知道了性格没有好坏之分，那么不同的性格特点都有它独特的优势，现在我们按小组（5－6人/组）讨论，看看性格都有哪些优势。

3.活动规则：

（1）小组合作完成"性格光谱"。

（2）每组至少写出3个性格特点，每种性格特点下需写出至少3个该性格特点的优势作用。

（3）教师可先举例（也可展示PPT中的思维导图，简单讲解即可），如：开朗的性格优势有"让我交到更多好朋友""让我在团队合作中能活跃气氛"等。

4.教师总结：我们每个人都有自己独一无二的性格特点，首先要能够发现自己的性格特点；其次接纳自己的性格特点；最后我们要探索自己的性格特点的优势作用体现在哪些方面，然后发展和利用自己的性格优势，成为更好的自己。

（六）课堂小结

1.性格是先天基因和后天环境的综合作用的结果，每个人的性格都不同，都是独特的。

2.性格没有好坏之分，每个人都拥有自己独特的性格特点，在不同的情境下，不同的性格能够发挥出各自的优势。

3. 发现自己的性格特点,探索自己的性格优势,在不同的情境下,发展和运用自己的性格优势去成为更好的自己。

《我喜欢我的样子》、《我独特的性格》教师课程设计:陆贤

7—1　我可以很专注(学生版)

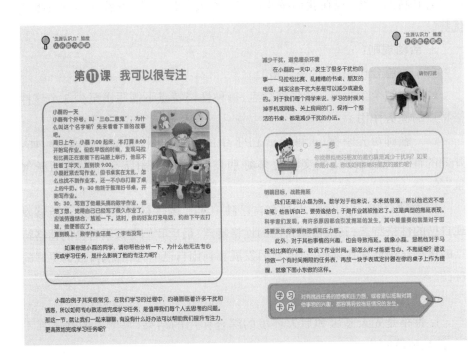

"生涯认识力"维度
认识能力搬板

小东的时间期限任务表			
任务	时间	完成程度	画一个笑脸吧
写完英文	9:00-9:30	完成	😊
英语阅读理解	9:40-10:30	完成	😊
做完作业	10:35-11:30	没有一	😊

合理分配任务，利用零散时间

有时候，一些突如其来的变化会打乱你的计划，比如妈妈让你帮忙下楼取快递，又或者是突然想起来忘记背的单词，这些"小插曲"都让你觉得事情好像越做越多。所以，除了合理安排主要任务，你还要懂得见缝插针，尝试利用零散时间。这个方法，分为两步。

首先，把整块时间用来做最重要的三件事。比如，在开始周末任务之前，你需要花一些时间想一想，哪三件事是你一定要完成的，它们既重要，又有一定的挑战性，是需要你花更多努力去做的事。随后，你可以按先后顺序，把它们写在计划表中。

"生涯认识力"维度
认识能力搬板

其次，合理安排零散时间。至于零散时间，你可以用来做一些不需要长时间思考的、简单易行的事。比如，在下楼帮妈妈取快递的时候，抽空背 5 个英语单词。如此一来，可以有效提高时间的利用率，注意力也更不容易被分散。

懂得劳逸结合

有时，我们会为了完成任务而放弃自己的休息放松的时间。短期来看，它确实有助于我们快速完成任务，但长此以往，会对我们的身心造成不可避免的伤害，毕竟我们都不是机器人，不可能 24 小时地运转。所以，在我们制定学习计划的时候，也要适当安排休息时间，保持学习和放松的平衡，正如许多专业人士说的那样——学会休息，才能更好地工作（学习）。

讲到这里，你知道为什么小晨没有办法专心学习了吗。以上这些方法，可以帮助小晨摆脱"三心二意鬼"的外号，也同样可以帮助你成为一个更有专注力的人，不妨试着做吧！

阅读练习：

1、你怎样理解"学会休息，才能更好地工作（学习）"这句话？你觉得"打一下午游戏"、"户外运动"、"安静看一篇小说"这三种方式，哪种能帮助你更好地休息放松？你还有其他的、真正能帮助你休息的方式吗？请举例说明。

_____

"生涯认识力"维度
认识能力搬板

2、根据本节讲的内容，请你针对这个即将到来的周末，为自己制定一个提升专注力的周末计划，并尽可能详细地记录自己的执行情况。

我的周末专注力计划

本周最重要的三个主要任务

时间安排	任务内容	完成程度	画个笑脸吧

本周二三件零散任务

时间安排	任务内容	完成程度	画个笑脸吧

"生涯认识力"维度
认识能力搬板

本周最重要的三个主要任务

时间安排	任务内容	完成程度	画个笑脸吧

3、生涯轶事：跟大树道歉的陈景润

大数学家陈景润在思考问题时的专注入一直被大家所称道。有一次，陈景润走在路上，低着头思考问题，不小心撞到了前面的树，他一开始以为是撞到了别人，一连说了好几遍"对不起"。抬起头来才发现，原来自己撞到了一棵大树，这才会心地笑了。这看起来好像为他的生活带来了些"小麻烦"，但正是这长时间的专注思考，让他解开了许多数学难题，为国际数学界做出了重大贡献，也创造了自己的"陈氏定理"。

4、成长日记：请记录一件本周内发生的让你感触最深的事，以及你当时的感受。请尽可能描述的详细些。

_____

7—2 我可以很专注（教师版）

一、设计背景

学习是中小学成长过程中的重要任务，也是他们学校生活中的重要内容。学校效率的高低、学习质量的高下，都极大的影响着学生的生活质量和生活幸福。

注意是人的心理活动对一定事物的指向和集中。在初中阶段，初中生的有意注意能力得到进一步的发展，但很容易因为突发事件而转移注意力。初中生精力充沛、兴趣广泛，注意力难以持久集中，很容易出现分心的现象。在课堂中，有的学生上课集中注意力时间短，经常东张西望，做小动作，在别人回答问题的时候，不能安心倾听他人回答问题。

通过本节课，让学生认识到自己是可以保持专注的，有利于帮助学生对课堂感兴趣，通过举一反三，把对课堂的专注力提升运用到其他学科中，对其它学科产生兴趣。同时，找出影响专注力的因素，逐一解决，进而提升自己的专注力，让学生更有信心面对每一门学科的学习，也对未来更有信心。

二、教学设计与实施

【教学目标】

1. 体验并学习提升专注力的方法。

2. 了解专注力是主动自主的投入也是避免外界干扰的过程。

3. 了解专注力对我们学习生活的重要性。

【教学过程】

（一）热身环节：涂出专注

1. 目标：让学生感受到自己注意力的稳定性和心流状态。

2. 活动过程：

（1）每人一张打印有复杂图案的纸，2 支彩笔。

（2）用彩笔把图案里的空白部分填充好，尽量保证不留白。

（3）提前不说限时，5 分钟后请大家停下，然后问："刚才大家觉得过去了几分钟?"

（4）教师公布真正的时间。

3. 教师提问：

（1）为什么我们在不知不觉的过程中，过去了那么久?

（2）刚刚你们有什么感受?

4. 教师总结：刚刚的活动中，我们体验到了专心致志的感受，所以我们才没有注意到，不知不觉已经过了那么久。

（二）课堂讲解：重要的"心流"

1. 目标：介绍心流的概念。让大家了解专注力的重要性。

2. 教师引导：刚刚同学们在涂色的过程中，忘乎时间，专心致志的感受，有一个专有的名字，叫做"心流"。心流，指的是人们在专注进行某行为时所表现出的忘乎时间，不愿被打扰的心理过程。

3. 教师提问：

（1）你们有过心流的体验吗?

（2）你觉得自己当时为什么会进入心流体验? 这种经验对我们完成学习任务有什么借鉴意义吗?

4. 请 3 - 5 位同学分享下。

5. 教师总结：

（1）专心致志的心流体验会让我们事半功倍。

（2）心流体验被心理学家称为第二种"幸福"，常常有这种体验会增加我们的幸福感。

（3）它会让我们心情愉悦，更愿意去完成当下的任务。如果我们也能在学习中体验到这种感受，是一件很棒的事!

（三）课堂活动：什么伤害了我的"专注"?

1. 目标：深入探索影响专注的原因。

2. 活动内容：

（1）小组讨论并记录在生活和学习中会因为那些事情走神。

（2）每组请 1 位同学分享。

（3）将影响专注的原因归类。参考类别（试情况可有所不同）：

a）内在（身心因素）：盲目乐观、拖延、畏难、意志力消耗、身体状态等；

b）外在（环境因素）：环境、手机、人为干扰、时间管理能力、任务规划能力等。

3. 教师总结：

(1) 许多因素都会影响我们的专注力，所以提升专注力是一个综合的过程。既要提升我们的心理调节能力，又要加强我们的自我管理和规划能力。

(2) 在众多影响专注的原因中，需要提醒的是身体状态的好坏，是保持专注力的基石，所以我们要加强锻炼，保证睡眠充足，好好吃饭。

（四）课堂活动：守护"专注"

1. 目标：针对于分心的原因，探讨该如何提升及保护专注力的方法。

2. 活动过程：

(1) 将全班同学分成两组，一组提出影响专心的原因，另一组思考解决办法。

(2) 3 分钟之后，对调两组的身份，提出问题，解决问题。可进行 2 - 3 轮。

3. 教师带领同学们归类、总结提升和保护专注力的方法，如：做好学习计划、用整块时间做最重要的关键任务、排除干扰因素、学习 1 小时休息 5 分钟、定闹钟等等。

（五）课堂总结

请两位学生小结这节课的收获。教师补充。

总结要点：

1. 专注力的保持是主动自主的投入也是避免外界干扰的过程。

2. 专心致志的心流体验，是重要的"财富"，让我们事半功倍的，同时提升幸福感。

3. 内在身心因素（盲目乐观、拖延、畏难、身体状态等）和外在环境因素（环境、手机、人为干扰，做计划能力等）都会影响我们的专注力，提升专注力是一个综合的过程。

三、举一反三

1. 内容设计举一反三：

在第一个环节"涂出专注"，旨在让学生感受到"心流体验"，每个人有可以在一定的时间内保持专注力。可以用过其他的游戏（如抓手指游戏）来替换，游戏结束后可以让学生分享游戏的体验和游戏所花费的时间，同样可以让学生获得心流体验。兴趣是最好的老师，先让学生有愉快的体验，然后在学习中找到这种心流体验，在学习中重复运用。

2. 实施人员的举一反三：

专业教师：可以根据课程目标，灵活调整活动的内容。

班主任教师：根据课程目标，运用班会课，让学生有更多发挥的空间。

学科老师：可以把某一个环节，如涂出专注，运用到自己的课堂中。

8—1 我真的不想发脾气（学生版）

"生涯认识力"维度
认识潜力新期待

生气有用吗?

温故知新
在《我的心情怎么了?》一节中,有个这样的问题:"想象你是一个原始人,刚打猎收获了一只兔子,你打算用它做今天的晚餐,可是这对却突然跑出另一个人,想要抢走你的兔子,你跟他大打出手,终于保住了自己的晚餐。请问,在这个过程中,你用到了哪种情绪?如果没有这种情绪,事情会有什么不同的结果?"

当时你的答案是什么?看过今天的内容,你的答案会有改变吗?
接下来,请你思考一个新问题:
你正在排队买早餐,马上就要轮到你的时候,有个人插队想要买走最后一份早餐。此时的你会有怎样的情绪,又会怎样做呢?

如果你学习过《我的心情怎么了?》的内容,就会知道情绪在进化中最大的价值就在于保护我们的生存,生气也是如此。这在原始人的世界很好理解,但社会发展到了今天,我们大概很难遇到抢走我们兔子晚餐的人,那么,生气又有什么作用呢?

想想上面的第二个问题,如果你的早餐被插队的人买走了,你并不会因此而饿死,但你依然会生气,为什么?因为他的行为损害了你的权益。所以,帮我们维护自身的尊严和利益,是生气非常重要的价值。当发生了我们不喜欢、不允许的事情时,生气在帮我们告诉别人,"我生气了,请你停止";此外,

它也提醒着我们自己,"我生气了,原来我很看重这一点",就如同你很看重公平和公正,而愤怒于那个插队的人一样。

学习卡片
生气在进化中的作用有与所有情绪类似——保护我们得以生存,而生气在现如今的价值还在于,帮我们维护自身的尊严和利益,以及提醒我们那些我们内心中非常看重的事。

发脾气有用吗?

现在我们已经知道了,生气作为一种情绪是有价值的,那么因生气而起的"发脾气"也同样有用吗?

我想先邀请你设想这样几个场景:同桌的恶作剧激怒了你,你大发脾气把他的作业撕了;父母的数落让你烦躁又生气,你发了脾气摔门而去……如果事情这样发展下去,你觉得会有怎样的结局?发脾气真的会为事情的解决带来帮助吗?

相信你已经在大脑中脑补了一系列接下来可能发生的糟糕局面吧?这是因为虽然生气对于我们来说有着重要的价值,非常有用,但发脾气却并非如此。大多数情形下,一味的发脾气,只会让事情更糟,也会让你的心情更差。

那么,有没有什么方法可以让我们既表达了生气,又有效解决了问题呢?我们该如何合理地应对生气呢?下一节,我们再来聊聊吧。

"生涯认识力"维度
认识潜力新期待

阅读练习:
1、你是怎样理解生气的作用的?请举两个发生在自己身上的例子说明。

_____
_____
_____

2、请你回忆一下记忆中印象最深刻的一次发脾气的经历,并填写下面的表格。

发生了什么让你生气不满的事情?	你当时做了什么,情绪怎么样?
发泄了脾气,造成了什么后果?	**冷静后,是否有更好的应对方法?**

3、生涯轶事——推动社会进步的"愤怒事件"
1955年12月1日,生活在美国蒙哥马利市,42岁身材瘦弱的黑人妇女罗莎·帕克斯(Rosa Parks)在一辆公共车上就座时,被司机要求给白人让座。当时的美国,还处于"种族隔离"的时代,黑人与白人在公共场所必须分隔开来,白人优先于黑人,甚至在很多场所,黑人被禁止入内。所以,司机的要求在当时被认为是合法的。而当帕克斯听到这一要求时,

多年积累在心中的愤怒终于抑制不住,她毫不犹豫地拒绝了司机,直到被捕时,她都没有退缩,依然坚持自己没有理由让座。她毅然而坚决的态度感染了当时的许多人、底层黑人对于不公平政策的愤怒被激起,从而引发了蒙哥马利市长达381天的黑人抵制公交车运动。这场运动的结果,是1956年最高法院裁决禁止公车上的"黑白隔离";1964年出台民权法案,禁止在公共场所实行种族隔离。帕克斯从此被尊为美国"民权运动之母"。

4、成长日记:请记录本周内发生的让你感触最深的事,请尽可能描述的详细些。

_____
_____
_____
_____

8—2　我真的不想发脾气（教师版）

一、设计背景

初中阶段是人生发展的关键期,生理和心理都得到飞速的发展。生气是学生在日常生活中经常体验到的情绪,但有些学生处理愤怒情绪的方式呈现两个极端:要么发脾气,要么生闷气。如果学生不会管理自己的愤怒情绪,会造成多方面的危害,如影响个体的身心健康,破坏人际关系,影响正常的学习生活等。因此,需要帮助学生建立对生气情绪的理性认识以及对情绪表达方式的合理性。

情绪的觉察和调节是个体早期社会化的重要内容,也是个体适应社会生活的关键心理机制之一。生理的发育、社会认知能力的发展为中学生情绪管理能力的培养提供了可能。而中学生情绪管理能力的培养,又为中学生的社会化进程提供了有力的保障。

二、教学设计与实施

【教学目标】

1. 认识生气情绪的意义。

2. 了解自己生气和发脾气的常见原因。

3. 权衡生气的不同表达方式,选择以适当的方式表达情绪。

【教学过程】

（一）热身环节:我演你猜

1. 目标:体验不同程度的生气,引出主题。

2. 活动规则:

准备三张卡片,分别写着"怒发冲冠","生气","生闷气"。由3位同学上台随机抽取卡片,并进行相应表演。表演过程中不能说出词语,请同学们猜。

3. 教师提问:你们猜这位同学怎么了? 他此时此刻的心情如何? 发生了什么事?

（二）课堂活动：生气炸弹 boom！

1. 目标：能够回忆并发现自己导致自己生气的常见原因情境。

2. 教师引导：刚刚 3 位同学演绎了不同的"生气"，请问，大家有遇到过生气的时候吗？请大家回忆一下让你印象深刻的、让你感到生气的事情，在 A4 纸上的炸弹图案里写出来，至少写 1 件，也可以填满。

3. 活动过程：

（1）回忆并填写。教师给每人分发打印好的任务纸，3 分钟的时间请大家写下来。

（2）分组分享。每 5 - 6 人为一小组，组内分享刚才写的会引发自己生气的事件和原因。请注意，分享的原则是：保密、倾听、不打断、不评价 。

（3）组内分享之后，请同学自愿分享给全班。

4. 教师总结：生气是一种非常常见的心情，我们每个人都会生气。

（三）课堂讨论和讲解：生气的秘密

1. 目标：理解生气情绪的进化意义和现实意义，从而能够正视生气这种情绪。

2. 教师提问：

（1）大家有没有想过我们为什么会有生气这种情绪？

（2）生气对我们有什么用？

3. 请同学们讨论，并分享答案。

4. 教师总结：在进化中，生气保护我们，让我们生存下来。在今天，当我们觉得自己的尊严、利益等被侵犯的时候，我们会生气，其实，生气也是在保护我们。

（四）课堂活动：故事续写——不倒霉和真糟糕

1. 目标：通过续写故事的方式体验生气时不同的行为方式会造成不同的结果；意识到"发脾气"可能带来的后果。

2. 教师引导：既然生气是有用的，每个人都会生气，那么，当我们生气的时候该怎么做呢？发泄？还是压抑？还是有别的方法？带着这个问题，我们先来请大家当一次编剧。

3. 活动过程：

（1）介绍故事开篇：还是我们熟悉的亚辉，今天早上闹钟没响，导致亚辉起床晚了，早饭都没来得及吃匆匆忙忙出了门，踩着上课铃进了教室，他感觉班主任很不满意地瞪了他一眼……

（2）全班同学分成两大组，一组"不倒霉"组，一组是"真糟糕"组。

（3）不倒霉组，负责以一个开心的结尾继续故事编写；真糟糕组，负责以一个糟糕的结尾继续故事编写。

（4）续写完成后，请学生自愿分享。

4. 教师提问：通过这个故事，你有什么发现？如果我们生气了，通过"发脾气"这种方式处理心情，是一个好的选择吗？

5. 教师总结：我们生活常有有不顺心的事情，我们以什么方式处理和面对它可能会影响最后的结果。如果习惯了以发脾气的方式来处理，那么事情有可能会变得越来越糟糕。

（五）课堂讨论：Yes or No

1. 目标：意识到缓解生气不是只有发脾气，可以选择不同的行为方式缓解生气。

2. 教师提问：再回到前面的问题，现在大家觉得，当我们生气时，该发泄，还是该压抑呢？为什么？（可先请大家先想想自己平时是怎么做的。）3分钟的时间小组讨论，同学自愿举手回答。

3. 教师总结：当我们生气的时候，当然需要处理掉我们的情绪，也就是需要把生气"发"出来，但这个方式不止有发脾气。至于还有哪些更好的办法，我们下节课再详细给大家讲解。

（六）课堂总结

请两位学生小结这节课的收获。教师补充。

1. 每个人都会生气，当我们感到自己的尊严、利益等被侵犯的时候，就会生气。

2. 生活常有不顺心的事，处理和面对它的方式可能会影响最后的结果，如果习惯了以发脾气的方式来处理，那么事情有可能会越变越糟。

3. 发脾气不是面对和处理生气的唯一方式，我们还有其它更好的选项。

三、举一反三

1. 内容设计举一反三：

课堂活动"生气炸弹 boom！"的活动，是为了学生回忆并发现自己导致自己生气的常见原因情境。这一部分，可以做一些拓展，比方说，除了写自己生气的事情，还可以写当时处理的方法、最后产生的结果是好是坏等。这样，让学生清晰的了解到,每个人都有生气的情绪,但是生气产生的结果会有好有坏,因为处理方式不同。

2. 实施人员的举一反三:

专业教师:根据课程目标,可以提前做一些情绪问题的调查,使教案更符合学生实际情况。

班主任:运用班会课,根据课程目标,让学生创作一些关于日常生气的情景剧,在体验中学习愤怒情绪。

学科老师:在学生上课出现某些突发事情,如学生上课的时候有争吵等,选择某一环节,运用到自己的课堂中。

《我可以很专注》、《我真的不想发脾气》教师课程设计:曲倩倩

第三章　　生涯适应力体现型课程设计范例

生涯适应力体现型课程主要是通过学科课堂来实现,本章共选取了十六篇以初中各门学科课堂为载体的生涯适应力体现型课程的设计,真实而生动地实现了学科教学与生涯引导的"一体共在"。

语文学科课堂：1. 百变舞台

2. 比拼大能量

3. 组织寻觅

数学学科课堂：4. 线上的 KWL

5. 灵活的色彩

英语学科课堂：6. 我的场景

7. 100％课堂

体育学科课堂：8. 你指挥,我来做

政治学科课堂：9. 身临其境

地理学科课堂：10. 我的立场

历史学科课堂：11. 传话筒

物理学科课堂：12. 跨学科捉迷藏

化学学科课堂：13. 谁是化学扑克王

心理学科课堂：14. 角色担当

15. 趣味猜猜猜

16. 课堂规划师

百变舞台

适用情境

有的同学对课堂内容不感兴趣,影响上课效率。

中学低年级学生对事物的认知往往凭据感性直觉的好恶,并不是通过理性的分析推理,鉴于这种时期孩子的心理特点,学生在课堂上的表现,对感兴趣的课会投入更多的精力,相对枯燥的课,就表现的索然无味、心不在焉,这充分表现出了中学生对乐趣的需求,对整个世界充满了好奇,喜欢多样化的课堂,想要时时展露自己的个性,与当代青少年的价值观和生活的环境有很大的关联。

生涯维度

● 生涯好奇   ○ 生涯关注   ○ 生涯控制   ○ 生涯自信

刚刚的语文课真没劲,老师一直在进行现代文的阅读分析,我都要睡着了,真没劲。回家还要背课文,课堂上我都没听,怎么能背出。(下课时一群学生在聊着天)

活动内容

☆ 主题:百变舞台

☆ 活动步骤:

每一个学生都有着各自不同的性格、爱好、特长、能力。学生通过自我觉察,发现和挖掘自我的潜能,擅长表演的,就当演员或导演;擅长丹青图画的,就搞简单布景或化妆;会乐器的,就配乐伴奏;工于写作的,就改编或写剧本……各扬其长,相互配合。

一、课前

1. 自建小组,按照自身特长进行选材 。

2.对所选题材进行改编。

3.形成小课本剧,根据特长进行筹备,彩排等。

二、课堂

1.固定时间:3-5分钟

2.请准备好的小组进行表演。

3.老师积极点评。

 活动意图

让学生体验在学习中的主体地位,再加上新颖的形式、新鲜的内容、新奇的手段、百变的演出等,特别能引起学生的兴趣,主动积极地加入到课堂中来,通过百变舞台,不仅可以培养学生的听说读写能力,也可以培养学生的活动能力、组织能力、创造能力和探索内心世界的能力,从而提升自信心和学习兴趣,有效提高上课效率。

 课堂实录

☆ 现实背景

现在的孩子从小就开始过度接受应试教育,再加上小学起开始报各类培训班,白天在学校读书,晚上、周末在外面读书,还得进行各种艺术类的学习,可以说是疲于应付,对于学习这件事自身心理需求就比较低,如果课堂不是很有吸引力,老师只是一味的应试,不从学生的兴趣点着眼,那么课堂的效率就会很低。

☆ 实施时间

在刚上课时,或在课堂中间学生相对兴趣度不高的时候,可以表演一段小小课本剧。

☆ 实施过程

该百变舞台的准备过程需要课余时间完成,在课堂上体现的只是表演的环节。

课余准备部分:

一、选材。在学材中选择一篇或一段课文,进行编演,具体选择的内容需要小组内集体讨论决定。选材时,不仅要考虑到选材内容的故事情节是否具有激烈的矛盾冲突,还要考虑到小组成员的兴趣和特长。

二、指导改编。改编文本是课本剧表演的关键步骤,可以按以下顺序进行:

1. 研究文本,确定思路。

2. 构思情节,安排人物。

3. 提炼台词,设计动作。

4. 配置音乐,设计道具。

三、指导表演排练以及表演准备工作。

1. 排练。剧本编写好之后,要合理选择角色,可以采取主动报名的形式,然后由集体讨论表决,角色定好之后,要组织排练。排练之前,要求每个角色首先要整体阅读剧本,了解剧情全貌,其次要口头复述角色台词,揣摩人物心理,看看哪些地方拗口或者不符合要求,然后修改。排练时,要注意各个角色的协调配合,排练时也可以要求老师或其他小组成员观看指导。

2. 准备。课本剧要忠于原文,小组成员要发挥集体智慧,出谋划策,共同参与。

课堂呈现环节:

1. 老师对每个小组的小小课本剧在课后能给予指导,做到心中有底,时间控制在 5 分钟左右。

2. 一节课可以邀请一个小组进行百变舞台——小小课本剧的表演,尽量做到人人参与,各尽其职。

3. 活动后有同学进行点评,老师进行积极引导和鼓励,可以提出修改意见。

课后反馈

┌─ 学生表现 ───────────────────────

小小课本剧开始以后,同学们对该课的兴趣提高了,尤其渴望在课堂上看到同伴的表演,上课不再像以前一样无精打采,而是有点小小的期待。有一同学说:"原来我对这门功课不是很感兴趣,一直在被动学习,自从开始小小课本剧表演以后,我就喜欢上了这门功课,课后大家在一起改编排练,都想在课堂上给大家一个惊喜,我很期待自己的表演。"

┌─ **教师感受** ─────────────────────────────┐

　　自从布置了这个任务单以后,孩子们明显越来越喜欢我的课堂,也常常在课后来找我,还把准备的材料和彩排的进程告诉我,对课堂的兴趣提高了很多,一直在问"什么时候可以在课堂上表演?""能不能让我们第一个表演?"……,由此可见孩子们上课兴趣的提升。

└──────────────────────────────────────┘

调整完善

　　百变舞台可以在一开学就布置下去,团队成员的组成、表演时间的设定、内容的挑选等方面都可以让同学来充实。在活动的时间上具有灵活性。可以运用于课前,也可运用于出现这一情景的课上。

拓展适用

　　可以用在所有文科中。可以作为课程的导入,引起学生的兴趣,也可以是班内氛围昏昏欲睡时,用此游戏调动学生的积极性。

浮光掠影

┌──────────────────────────────────────┐

　※ 学生语录、作品、未来展望等

　☆ 学生语录

　　自从老师让我们开始准备小小课本剧以来,我们就在课后利用所有时间筹备,了解了什么叫课本剧,但在准备的过程中我们发现改编剧本、表演等还是很难的,所以在网上也收集了一些资料,在自编、自导、自演的过程中,锻炼了我们的思维能力,也让我们对这门课有了兴趣,更让我们看到别样的同学和不一样的自己,希望以后在课堂上一直有这种有趣的活动。

　☆ 相关作品

　　学生表演课本剧的剧本和相关照片以及视频。

　　词语卡片

└──────────────────────────────────────┘

汇心寄语

　　有的同学对课堂内容不感兴趣,其实也是主观内驱力不够,老师只是一味地提醒或批评无精打采的学生,只会让学生更反感这门学科或更强化他不喜欢该学科。兴趣是最好的老师,为了让学生对老师的课堂有兴趣,首先课堂要有吸引力,要让学生愿意期待上你的课,让学生成为课堂的主体,参与到课堂环节中来,每个人都有可能成为课堂的主角,那么学生的兴趣就会被激发,课堂的效率就会提升,真正实现教学相长。

(课程活动设计:陆　贤)

比拼大能量

适用情境

　　A 课堂学习过程中,有一部分学生像开了飞行模式一样接受不到老师任何信号,不听课不记笔记也无法独立完成作业和任何订正。

　　B 这部分学生的现状的形成是冰冻三尺非一日之寒,可能从小家长就不够重视他们的学习,而学习内容可能也超越了他们的能力范围,所以日积月累他们无法跟上其他同学学习的步伐,常常地受到老师的批评和责罚,更伤害了他们的学习积极性,成就感无从谈起,所以在校学习让他们多年没有"归属感",他们就选择了游离在学习任务之外。

生涯维度

　　○ 生涯好奇　　○ 生涯关注　　● 生涯控制　　○ 生涯自信

　　经常不交作业的学生被问及为何不做作业,他们通常会说:"我不会写。"如果继续追问不会为什么不问,老师讲过订正为什么还不写,他们会眼神迷茫地回答:"我不知道。"也许他们对自己的无法跟上学习节奏,无法参与大多数同学的学习程度也非常茫然无助。

活动内容

☆ 主题：比拼大能量

☆ 活动步骤：

　　1. 把班级按照学习综合表现（考试成绩、上课互动性、作业完成情况）划分为 A、B、C 三个层次，让学生自由组合组成学习互助小组，每组 4-5 名同学，男女不限，每个小组必须包含 ABC 三个档次的同学

　　2. 每天的复习默写卷分数以小组为单位统计计算小组得分平均分。

☆ 相关建议

　　本次活动周期较长，可用于背诵量比较大的文科，用于考试复习阶段。

活动意图

　　很多学习落后的学生给老师的感觉是带不动，联系家长也没有任何效果，因为家长对自己的孩子都束手无策了，有的家长对老师的学习要求回信是："丢脸哦，丢脸哦!"然后告知自己没办法；有的家长就对老师说，你给他违纪处分吧，我们已经没有办法了。这部分学生在学习中的自信心早已破坏殆尽，被认同被肯定的感觉也几乎被遗忘，他们也只能通过上课插嘴说些怪话，或者课后制造小麻烦来博得关注，制造存在感。

　　我想采取些措施来让这部分学生能找到一些自我价值感，能获得相应的关注和帮助，于是设计了这个以团体为单位的小竞赛——比拼大能量，周期 2-3 周，落后小组组内 A、B 档同学会自觉督促 C 档同学，达到让 C 档的同学动起来的效果。在这个过程中，我们有比较充分的时间唤起这部分学生的生涯自信，让他们在集体互帮互助的氛围里，努力进行生涯探索，塑造生涯自信力，获得成功的喜悦。

课堂实录

☆ 现实背景

学生们的学习节奏一直非常紧张,从小处在一个拔苗助长的时代,学习上一直逆水行舟,不进则退,有家长全程关注还好,如果一开始就得不到家长帮助支持,学生在日渐落后的情况下自我放弃,个人的生涯自信屡遭摧毁,生涯探索更无从谈起。如果没有外部力量的介入和干预,他们很可能一直自我放弃。所以帮助他们建立生涯自信也是任重道远的。

☆ 实施时间

正式上课以前或在出现这种情境的当下。

☆ 实施过程

a 上课以小组为单位围坐,小组成员共同复习,独立默写,小组成员互相纠错/组长纠错交替,纠错后换组批改并结分,统计登分;

b 订正之后老师批改有订正不合格,按答案扣分,小组订正第一名上交并全组订正合格的给小组加 10 分;

c 讲解阅读题目时,回答问题并答对的为小组加分,答错的减分;

d 小组每个成员出一小套题目,算出小组出的题目的总分值,挑选两名邻组成员来做本组题目,并结分评比;

e 每天分数填入班级张贴的积分榜上,最后一天总计积分进行评比,奖励优先组。所有小组成员复习阶段复习材料齐全的,小组积分加 10 分。

课后反馈

学生表现

每天的语文复习热火朝天,所有的课间中午,他们为了提高积分抓紧订正,互相督促,平时那些不做不订正的"老赖",在同组成员的"逼迫"之下,不得不抓紧进行背默和订正,组长还会仔细检查 C 档同学的背默和订正,努力帮助组内赢得积分。

有 C 档学生的家长主动发信息给我说,孩子回家后很高兴,说今天默写小组得了第一,默写积极性大增。还有家长发信息来反馈说,现在复习默写都是自觉自愿了。

教师感受

采取小组竞赛后，他们几乎全员发动，老师的批改量小了很多。因为每天的积分排名都有变化，而且有的小组差距很小，所以第二天超越比自己领先的小组成了激励他们的主要推动力。A、B档的同学能为小组赢得较高积分，C档同学也通过回家提前复习、课后重做赢得比之前更高的分数，小组排名进步可以说来自于每个人的努力，团队的齐心协力让他们彼此感受到推动力和归属感，凭个人能力得不到的成就感一旦因团队被激发，就源源不断成为了学习的动力。

 调整完善

今后可以考虑平时的作业和授课也适当使用小组合作的方式，但具体细节还需要更多的设计和构思。

 拓展适用

本情境活动还可以在背默量比较的大的英语学科中使用，而且英语学科的批改大多都是客观题，互评互批的可操作性比语文更好。

 浮光掠影

※ 学生语录、作品、未来展望等

☆ 学生语录

"老师，明天有什么加分的活动项目吗"

"老师，我们组今天要逆袭！"

☆ 相关作品

小组积分榜

汇心寄语

老师一个人的力量毕竟有限,如果无法发动学生的家长,那只能想办法发动学生本人。我们教育的目的并不在于学科知识的讲授,最终是想让学生在知识学习的过程中养成更完善的人格。为了实现每个学生的成长,我们必须想办法让他用自己的主观努力在体验中寻找成就感,我们必须不分学科地制造让他适应学习环境,融入学习氛围,跟上学习节奏的各种契机,让他在期中获得被看到且被认可,进而被尊重,才能更好完善他的人格,更好塑造他的生涯适应能力。一旦他感受到了学校和老师为之付出的努力,也许就此打开了他紧闭已久的大门。

(课程活动设计:谈 晴)

组织寻觅

适用情境

通过实证,我发现学习小组的模式对提高班级整体学习积极性很有帮助,但学习小组组成伊始,如何让全组成员凝聚在一起,互帮互助还是需要引导的。

有些学生对于长期在学习上缺乏自信,受到忽视,甚至一直被批评责罚的学生,他对自己的学习小组没有归属感,因为不能为学习小组做贡献,所以他会在学习小组赛中找不到存在感,哪怕有学习小组,他也可能依然开着飞行模式,难以参与进来。

生涯维度

○ 生涯好奇   ○ 生涯关注   ● 生涯控制   ○ 生涯自信

每当小组任务布置下来,部分能力弱的学生觉得无法完成:"啊?这么多啊?""算了,我反正是拖后腿的人。"或者干脆不理不睬,什么都不做。

活动内容

☆ 主题:组织寻觅

☆ 活动步骤:

　　所有学习小组成员在班级中打乱,全体蒙住眼睛,不许出声,用自己小组商量好的辨认方式尽快找齐全组成员,并排好一字纵队。其间不能发出任何声音,不能摘下眼罩,否则小组算犯规出局。

☆ 相关建议

　　这种活动可以用于需要团队协作解决问题的学科,如体育、科学、物理、化学需要小组共同完成实验之前的一节课上,让他们自由组好队,再进行活动。

活动意图

　　本游戏是我设计的比拼大能量的活动的热身活动。比拼大能量的活动开展需要 2-3 周的周期,对组员之间懂得密切配合度要求较高。而小组成员进入状态的时间有快有慢,这个活动能迅速带动小组进入热身状态,让小组成员尽快对本小组有归属感。

课堂实录

☆ 现实背景

　　我们的学习任务从小开始都是知识型的,极少极少有团队配合完成的学科作业,学生也很少有接收到不以掌握知识为目的任务,所以大多数学生不太懂得如何用团队配合的方式来让自己更强大。对于学习学科知识以外的学校任务,也不了解,也不知道意义何在。

☆ 实施时间

　　考试复习阶段伊始,可以用午自修或者作业辅导课,也可以放在教学课的前 15 分钟里。

☆ 实施过程

1. 给各小组 5 分钟时间商量各小组的暗号和互认方式。

2. 级桌椅靠边围成一圈,当中留出一大块空位,全班同学打乱小组站在中间,全体蒙住眼睛做好准备。

3. 老师宣布开始,全体静默盲眼寻找同伴并排好队,老师给每个小组记好找齐队友并排好队的时间。

4. 各小组组长讲述游戏心得,分析有无让速度更快的改进措施。

课后反馈

学生表现

全班都感觉很新鲜,活动过程中不能靠视力,也不能靠声音交流增加了活动的挑战性。但每个小组不论时间长短,几乎都可以按照要求完成任务,这出乎大家的预料,因为在活动之前,大部分同学觉得这是个不可能完成的任务。完成后当我让大家摘下眼罩彼此看一看,所有同学都很惊讶,他们居然每个小组都排出了一个整齐的队伍,他们热烈地为自己鼓掌然后激动地拥抱在一起。

教师感受

其实每个人都有被接纳的愿望,然而常年来的应试教育让太多的学生感受到被抛弃。这个活动能让每个人都感受到自己是不可缺少的,自己的存在对于集体多么重要。认识到这一点的学生,会给学习也带来相应的动力,这是很神奇的。

当学生感受到被认可,他的生涯自信可能也会慢慢被激发出来。

调整完善

活动开始前各组商量的方式可以落笔罗列,活动结束后小组的复盘也可以落笔总结,和自己小组之前的拟定计划做个对比。

拓展适用

可以用于需要团队协作解决问题的学科,如体育、科学、物理、化学需要小组共同完成实验之前的一节课上,让他们自由组好队,再进行活动。

浮光掠影

※ 学生语录、作品、未来展望等

☆ 学生语录

活动前——"啊?这怎么可能完成啊?"

活动后——"老师,我们再来一次好不好?我们可以用更短的时间完成!"

☆ 相关作品

小组合作实施方案和复盘总结。

汇心寄语

马斯洛需求层次理论,人要先有安全感再有归属感,再有被尊重感,最后才能实现自我价值,这些需要如果他一直无法得到,那这个人就会自我价值感低下。所以我们要尽力去创设一个能让学生或者这些需求的学习环境,这比教会他知识更重要。

(课程活动设计:谈　晴)

线上的 KWL

适用情境

背景说明:疫情阶段,同学们开始了停工不停学的状态,处于居家学习的环境中,与线下学习完全不同,产生了鲜明对比。

A有同学反映不想在家里待着,爸妈天天发牢骚,什么都管,更希望去上学,最近在家里和爸妈吵架次数明显增加。

B部分同学天天上网聊天,玩游戏,与父母吵架不愉快之后,更是喜欢通过网络进行治愈。

C线上学习容易走神。没有老师的监督和伙伴的陪同环境,同学们容易走神,刚开始还在听课,后来思路不知飞到何处了,甚至有同学出现上课只是挂着在线就可以了。

生涯维度

○ 生涯好奇   ● 生涯关注   ○ 生涯控制   ○ 生涯自信

"我想去学校,不想待在家里。"

"这个老师讲的我听不懂,更想学校的老师。"

"我只要一打开电脑,就想聊天,玩游戏,怎么办。"

活动内容

☆ 主题:线上的KWL

☆ 活动的主要内容和操作方法:

上课之前的氛围渲染:老师借用背景音乐激发学生的学习兴趣,在"腾讯课堂"开始之前,播放音乐缓解学生的疲劳感,调动他们的积极性,产生新鲜感。

课堂中的小妙招:

① 问题接龙:回答问题或者提出问题,用特殊方式的接龙形式进行(比如学号尾号369、比如老师点名、比如QQ作业反馈需要修改),学生们一直在跃跃欲试,一直处于一种兴奋的状态。

② "送朵小红花":在腾讯课堂的讨论区中,有送小红花的功能,对表现精彩的同学可以赠送小红花,当然赠送要有理有据,小红花的积攒数量

对应一定的礼品赠送,可以是减少简单或机械题目的书写。

　　贯穿整个课堂:KWL 这是一个有关记忆操作的活动,K—know(知道),W＝want to know(想知道),L＝learned(已学过),要求孩子们在纸上画一个有三栏的表格,把字母 K,W,L 写在每一列的顶端,每列代表一个项目,老师开始引导话题,(比如今天我们开始学习一次函数),询问同学们对一次函数或者函数的认识,在 K 一栏中写出你的答案,等待学生们将他们对一次函数或函数的了解一吐而尽的时候,追问还想了解有关一次函数的知识,把他们答案写在 W 一栏,课堂结束后,再返回表格中,填写 L 一栏的已掌握部分。如果运用腾讯会议之类的平台,可以允许学生打开视频功能进行分享。

☆ 相关建议

　　主要是通过课前、课后、课中三个时间段的活动设计产生思维凝聚的效果,使线上课堂有足够的鲜活生命力,足以吸引学生的注意力,不会走神。

活动意图

　　区别于在教室上课,线上上课存在一些问题,这有待我们发现和解决,现在暴露的问题就是我们亟待解决的,比如空中课堂的效率问题,学生远离熟悉的学校环境,远离熟悉的教师,远离自己的同伴,而更亲近家长和网络,老师在空中课堂上需要运用更多的方法吸引孩子的关注,主要是通过课前、课后、课中三个时间段的活动设计产生思维凝聚的效果,使线上课堂有足够的鲜活生命力,足以吸引学生的注意力,不会走神。可以帮助学生排除忧虑,提高在空中课堂的归属感。

　　当课堂氛围凝固时,需要新鲜的活动犹如一股清流,促使学生们清醒,这些线上活动或技巧就是这样,采用不同的线上形式使学生眼前一亮,锻炼他们的思维,为数学课堂的思维量做好准备。

课堂实录

☆ 现实背景

疫情阶段,同学们开始了停工不停学的状态,处于居家学习的环境中,与线下学习完全不同,产生了鲜明对比。有时老师急于讲解内容,学生一直在听,参与度就会下降,学生的课堂归属感就会为 0,走神便是很有可能出现的结果。

☆ 实施时间

线上学习互动阶段,线上学习出现倦怠感时。贯穿于课前课中课后,还有检测课堂内容是否掌握的功能。

☆ 实施过程

A 突然签到的方式,使学生们一直处于紧张状态,防止走神。

B 送朵小红花活动,刚开始以为会非常混乱,活动之后发现,很有秩序,其实得到最多小红花的人是老师,这一点让我很感动。

C KWL 的使用使课堂形式不同于平时的教学,适用于线上教学的一项活动,分享也比较方便,既凝聚了学生的注意力,又检验了学生的掌握程度。

课后反馈

学生表现

学生回答问题和提出问题以及讨论区的聊天记录已经很好的证明他们状态很好. 有同学在 KWL 中将函数、正比例函数、反比例函数和一次函数都联系到一起,还有同学将一次函数、一元一次方程和一元一次不等式联系到一起,从两个维度画了 KWL 图,这有些出乎意料。

教师感受

在这个过程中,让我感动的三点,一是学生私信我发订正以及对课堂调动学习兴趣的意见,二是老师得到的小红花最多,说明学生们感到了老师对线上课堂的用心,并且希望一起保持这种良好的氛围和势头。三是收到两个维度的 KWL 表格,说明学生们的确在思考。

调整完善

今后可以考虑介绍给其他学科的老师,尤其是 KWL 学习模式,使线上课堂的效率都有所提高。

拓展适用

　　线上课堂与线下有很大的不同,我们看不到只能通过一些方法吸引学生,并且用指标判断学生的接受度,所以对于老师的敏感性有了很大的要求,要求教师用更多的方法去测评学生的关注度和能力水平。而 KWL 学习模式适用于任何学科,用于德育和学科都是可以的。

浮光掠影

※ 学生语录、作品、未来展望等
☆ 学生语录
　　收到我的小红花,学生说:老师,以前在学校也没收到过这么多小红花,感觉现在和老师网上交流没障碍,还能发表情包,有意思多了,我怎么有点喜欢线上学习了呢,哈哈。
　　老师,今天我就只有一题没有订正好,你就开开恩,送我一朵小红花吧!
　　老师,今天空中课堂我认真听了,快点进行 KWL 活动吧,我是有备而来哦。
☆ 相关作品
　　空中课堂讨论区截图呈现、学生与老师的私信、成绩追踪

汇心寄语

　　线上学习不同于以往的学习形式,这个过程中,学生远离了老师和校园,但是我们要用线上互动方式拉近学生与老师、学生与教材的距离,这样学生学习的兴趣也会被培养和调动,老师对每个孩子的关注,会帮助孩子们在新的学习环境中找到自我,找到信心。课堂的归属感找到了,孩子的生涯自信就会提升。

(课程活动设计:李肖霞)

灵活的色彩

适用情境

A 数学课上有一部分同学低头不回答问题,作业质量差,老师讲解时心不在焉,这部分同学可能座位也在一起,周围的氛围也是这样,上课没有与老师互动的现象,几乎是零沟通,周围磁场与课堂其他积极氛围形成鲜明对比。

B 这部分学生现状的形成是冰冻三尺非一日之寒,可能从小成绩不好,慢慢形成这样的课堂习惯,也可能最近心情不好或者刚转学过来不适应,或者学习内容可能也超越了他们的能力范围,课堂中没有适当的"归属感",他们就选择了低下头默默的等待下课铃。

生涯维度

○ 生涯好奇　● 生涯关注　○ 生涯控制　○ 生涯自信

老师正在讲解一个重要例题,这组同学都是埋着头,老师叫起这组的小 C,小 C 缓缓站起,看着黑板半天,低声喃喃说道:"我不会!"

老师讲解完练习题后,询问台下的学生小 D,他站起来想也没想说了一句:"我没听懂。"

老师问练习册上题目的思路,同学小 E 回答:"我是抄的。"

活动内容

☆ 主题:灵活的颜色

☆ 活动步骤:

　　这是两个活动,但具体实施时可以融入到同一节课中,活动 1 主要侧重于教学方法和策略,具体学科操作有所不同, 活动 2 侧重于调动沉闷的氛围,适用于大部分学科。

老师借用问题串激发学生的学习欲望。

1. 针对不同的题目,根据层次不同,设置问题串,由简到难,层层拔高,学生感觉跳一跳就能会,如果这个区域的学生有一两个对这一系列问题有回应,那么说明这个区域的磁场在改变,其他同学也会被调动。

2. 混乱的颜色

准备20张彩色纸片,每张纸片上写好颜色,这个颜色与本纸片颜色不同。

学生站起来,大声喊出纸片上的颜色。

 活动意图

老师在课堂上的关注可以提高学生的信心和在班级里的归属感,通过问题串调动学生对数学学习的兴趣,从点滴开始。

当课堂氛围凝固时,需要有趣的活动犹如一股清流,促使学生们清醒,这两个活动就是这样,采用不同的课堂形式使学生眼前一亮,锻炼他们的思维,为数学课堂的思维量做好准备。

课堂上学生的归属感提高了,这不仅可以促进生涯关注和生涯自信,使孩子们有更好的自我认识和学科发展,同时形成了德育学科的融合。

 课堂实录

☆ 现实背景

课堂上一部分同学死气沉沉,低头零沟通,与老师零交流,周围磁场与课堂其他积极氛围形成鲜明对比.另一部分同学思维困顿,午后有犯困的现象。

☆ 实施时间

☆ 实施过程

数学课堂,难题讲解之前或者思维量较大的题目之前。

A在讲授思维含量高或者跨度大的内容时设置问题串,这个过程得到学生的认可,他们开始有所思考。

B混乱的色彩活动中,学生完全投入进这个活动,表示对这个活动很喜欢。

C学生讲:我很喜欢这种活动,老师以后可以多组织。

D过程中,感觉学生守护的坚硬外壳被老师一点一点撬开,然后学生打开心扉并且开动脑筋。

 课后反馈

学生表现

周围磁场与课堂其他积极氛围形成鲜明对比.本来沉闷的课堂一下子变得轻松流畅了许多,在问题串中学生的思维得到提升,有些完全不会的孩子可以在基础题目问题中崭露头角,自信心有所提升,后面的题目也不再畏惧;灵活的色彩将班级同学整体的思维激活,有一种头脑风暴的燃烧效果。

教师感受

过程中,感觉学生守护的坚硬外壳被老师逐渐的撬开,然后学生打开心扉并且开动脑筋.而且问题串虽然慢,但是对数学有用,灵活的色彩活动激烈是调动了学生的积极性和参与度,并且调动了他们的思维量。为本节课后期的学习服务。

 调整完善

今后可以考虑介绍给其他学科的老师,使每一门课堂刚开始或者走入僵局时有所改变。

 拓展适用

所有高思维含量的课堂都需要,有明显学生层次的班级也需要。

浮光掠影

※ 学生语录、作品、未来展望等

☆ 学生语录

"我很喜欢这种活动,老师以后可以多组织"

"老师,我今天动脑子了!"

"老师,我感觉今天的数学课很有趣味!"

☆ 相关作品

活动过程视频呈现。

汇心寄语

学习的兴趣是可以培养和调动的,老师对每个孩子都十分关注,并没有丢掉任何一个,孩子们在教师关注中找到自己的生涯关注,在课堂自信中提升了自己的生涯自信。在学习的趣味道路上,一个孩子也不能少。发现问题,老师会尝试解决,运用活动或者问题串等形式帮助孩子从孤寂、不自信走向打开心扉,将德育培养融入学科教学中去。

(课程活动设计:李肖霞)

我的场景

适用情境

课堂学习过程中,学生不愿意开动脑筋。学生对于课本上的一些知识点相关练习不愿意配合去做,有些学生觉得课堂上的口语活动很无聊,所以也不愿意开口去说。事实上在很多课上存在这样的现象。

学生存在课堂不配合的情况可能有多种原因。一是对于课堂的内容或者对学科本身不感兴趣,学生对于课本上出现的人物虽然很熟悉,但是毕竟还是脱离他们生活的,没有必然联系。二是学生有时候会认为这样的对话是依据句型模式来的,并不能表达出自己真正的想法,所以他们不愿意参与。

生涯维度

● 生涯好奇　　○ 生涯关注　　○ 生涯控制　　● 生涯自信

"嗯…嗯…"(在课堂中,学生支吾不语是常见现象)

活动内容

☆ 主题:我的场景

☆ 活动步骤:

　　1. 根据单元主题的不同设置不同的场景,场景必须和学生的生活场景相关。

　　2. 根据场景内容的难易程度对学生进行分层,必要时分小组活动。

　　3. 在课堂的互动运用环节说明规则,进行场景引入。

　　4. 学生进入场景,进行场景内的活动。

☆ 相关建议

　　本次活动的使用场景,可以用于课堂输入环节,在讲授知识点时联系现实场景,也可以用于知识运用环节,设置场景让学生运用本堂课所学的内容于实际生活中。

活动意图

　　教育改革提倡素质教育。素质教育是依据人的发展和社会发展的需要,以提高全体学生的基本素质为根本目的,以尊重学生主体性和主动精神,注重开发人的智慧潜能,形成人的健全个性为根本特征的教育。

教师利用与课堂教学内容相一致的物体、图片、肢体动作、多媒体等设计出一些具体的和学生生活相关的情形或场景来调动学生的学习兴趣,为课堂交际的语言功能提供充足的真实的实例。

采取情景教学法能够让学生更加地容易理解课程内容,并且能够真正将其运用到生活中。学生在学校学习的技能和知识能够真正地用于自我今后的发展中,能用这些技能和知识去开拓自己的道路才是教育真正的目的。

 课堂实录

☆ 现实背景

课堂上学习的内容和现实生活脱节,比如英语课本中出现的 DVD 这个词,现在的孩子可能已经不是很熟悉了。即使课本上和生活相关的内容在实际生活中学生没有机会去使用,这种联系就建立不起来。

☆ 实施时间

课中(课堂输出环节)。

☆ 实施过程

尝试情境课堂的本节课课题为 Picnics are fun,第二课时的教学目标定位是学生可以通过这节课掌握一些描述食物味道的形容词、学会如何提出建议、询问他人的喜好及原因以及能够说出自己的喜好和原因。

1. 教师提前选择了超市购物讨论购物单的场景。这个是我们生活中经常出现的场景。

2. 通过一些学生熟知的食物来引出描述食物的形容词,进行本科单词新授。

3. 进行两个对话的操练,帮助学生掌握本课重要句型。

4. 将课文文本处理成一个听力练习,帮助学生提高抓取关键词的能力。在完成填空练习后并齐读文章。

5. 活动环节让学生以小组为单位制作一个购物单然后进行展示。这个环节中学生需要用之前所学的句型去讨论最后买什么,由于资金有限,他们要进行抉择。最后提醒学生在选择食物时要关注自身的健康,多吃健康食物。

课后反馈

学生表现

　　小组活动环节四人一组制作一张购物单。学生在展示环节能够较好地展示出他们的成果。这个环节要求学生用规定的限额来购买食物,因此在巩固句型的同时学生也面临一个选择食物的问题。小组成员进行讨论,最后相互协调制作出一张小组购物清单,学生最后展示效果良好。

教师感受

　　在"温馨、情趣、有效"的课堂中提高学生的语言素养,就是以课堂为载体,着力通过师生关系的重建营造"温馨课堂";通过创新教学方法、落实"减负增效"创造"情趣课堂";注重学生语言运用,提高学生英语素养。通过加快教学改革、优化课堂管理打造"有效课堂"。

　　良好的师生关系能使课堂呈现融合的课堂气氛,学生愿意认真听讲,积极与老师互动进行课堂教学任务。

 调整完善

　　小组最后呈现是派代表上台的,如何有效地保证所有学生都参与讨论过程了是需要反思的问题。最后的呈现方式可以尝试小组全员上台,将讨论过程展现。

 拓展适用

　　"我的场景"的制定可以运用到课堂输入环节,讲授知识点时联系实际生活,帮助学生更好地理解。也可以用于课堂输出环节,让学生在场景中运用所学知识。

浮光掠影

※ 学生语录、作品、未来展望等

☆ 学生语录

　　I don't like crisps. I would like to have some chicken wings.

☆ 相关作品

　　场景实录、课堂作品呈现

汇心寄语

　　培养核心素养其实就是培养健全的人格与品质。这种人格和品质的培养是渗透在方方面面的,也是渗透在学科学习中的。教师在传授知识的同时,也要努力钻研课本,将核心素养的培养无形融入于知识传授中,这也将成为每个教师的必备素养。

（课程活动设计:金艳雯）

100％课堂

适用情境

　　课堂学习过程中,学生在课堂上呈现两极分化的现象。基础较好的学生学习积极性强,上课愿意主动地举手发言并且反应思路较快。基础薄弱的同学上课积极性较差,课堂的参与度也比较低,他们不愿举手发言,也害怕自己说错被同学取笑。

　　基础薄弱学生的上课状态是长期积累而成的,可能从小学习上遇到的困难没有及时解决,导致目前学习的内容超越了他们的能力范围。在进入初中时学习上就有所拖欠,所以经过日积月累,他们无法跟上其他同学学习的步伐,在学习中没有积极性也不知道如何是好。在校学习让他们多年没有"归属感"和"成就感",他们就选择了游离在课堂之外。

 生涯维度

○ 生涯好奇　○ 生涯关注　● 生涯控制　● 生涯自信

"嗯……"(学生支吾不语是常见现象)

"我不会。"(学生会低下头或者摇头,比起语言,从肢体上显现出的低落感更多)

 活动内容

☆ 主题:100％课堂

☆ 活动步骤:

1. 老师提前准备一些写有"Excellent"的彩色卡片。

2. 向学生说明卡片兑换规则:

复习课将大部分的时间留给学生来讲解,将题的难度进行分层,难度较高的题目请能力较好的学生来回答,难度较低的题目请一些基础比较薄弱的同学来回答,问题可以针对学生的薄弱点,在帮助学生掌握知识点的同时也增强学生的学习自信。答对的同学可以拿到"excellent"卡,积攒足够的张数可以兑换奖励。

3. 课后组织学习小组,让能力好的学生带能力差的。小组有进步也给与卡片奖励。

☆ 相关建议

本次活动的使用场景,可以用于课堂互动环节,以此调动学生的积极性,让学生参与课堂。

 活动意图

生涯发展横贯个体一生,是个体不同阶段、不同角色的统一体。学生的生涯意识包含方方面面,在初中阶段,让学生建立生涯自信、给予自己肯定是非常重要的。这样的自信培养需要在平日的校园生活和课堂中落实。

很多学生由于学习基础不好,在课堂上要跟上老师的思路对他们来说是很困难的一件事情,久而久之,这些学生就游离于课堂之外,长此以往就会越来越脱节。这些学生在课堂上得不到老师关注,即使被叫起来回答问题也多半是答不出的问题,学生在课堂上得不到正面的回应和鼓励,学习积极性也越来越低,学习自信心也减弱。

采取课堂分层提问活动的方式需要教师提前进行大量的准备,知悉每一个孩子对于本堂课的知识掌握情况,然后再根据试题进行相应的难度分配。如果课堂上的问题能做到好学生需要思考,薄弱的学生能够在简单的问题上答对并获得成就感,那么对于整个班级的学习情况推动都是有益的。

 课堂实录

☆ 现实背景

英语学科由于学科特点需要大量的时间投入,学生需要在背诵上花费时间。但是一部分学生学习主动性不高,学习对他们来说是很困难的一件事情。学生本身也非常疲惫,刚开始可能有想学好的心,但是长时间得不到一定的肯定和赞赏之后,学生也会渐渐失去对学习的兴趣。

☆ 实施时间

学期期末考试复习阶段,主要集中在学期的最后两周。

☆ 实施过程

1. 教师前期需要做充分的准备。将题目进行细致的分层,并且在每小题边上写上要回答此问题的学生的名字,确保每一位同学都能有属于自己的"题目"。

2. 课前讲清规则,每一位举手回答问题正确的学生都会现场得到一张"excellent"卡。

3. 在上课过程中按课前安排请学生进行答题讲解。学生答对问题后给与正面肯定,并且记录下答题情况,答对的同学给予"excellent"卡一张,确保每一个学生都能够参与进课堂。

4. 课后,将学生的作业进行分层,依据学生的能力选择合适的题量完成,保证课后学生能开动脑筋完成作业。

5. 课后学习小组进行活动,一起进行错题本的学习和讲解,小组错题本复习后进行测试,得分有进步给予"excellent"卡奖励。

 课后反馈

> **学生表现**
>
> 　　学生在课堂上进行自主讲题,一些平日不太愿意参与课堂的孩子在回答对问题、得到老师的肯定和同学的肯定后课堂的参与度有所提高,学习上也比以前更加积极一些。
>
> 　　课后学习小组内相互讲题、听题的互动模式也比原来教师单独讲题的效果要好,学生更加愿意自己的伙伴给自己讲题,也更听得进去。

> **教师感受**
>
> 　　在复习阶段,主课老师本身比较繁忙,有时候也自顾不暇。上课在复习阶段老师容易一言堂,把题全部讲解完。然而效果差强人意。但是如果在课堂上动用学生的力量,一方面学生会有一种紧张感,不知道老师下一个会不会叫到自己,另一方面答对题目也能增强他们的自信心,从而达到更好的课堂教学效果。动用学生与学生之间的关系来互相促进学习也会比老师一对一讲解的效果更好。初中阶段建立的生涯自信对于学生的全面发展是至关重要的。

 调整完善

　　小组的互动形式也可以深入进课堂之中,课堂上可以按课后的小组分配方式进行一些课堂小组活动,小组成员答题正确小组获得"excellent"卡。最后小组的卡片最多的为当堂课的优秀小组。

 拓展适用

　　"100%课堂"的制定可以运用到任何一节课堂的互动环节,也可以使用到复习课这种题量比较大的课堂之中,用此方法调动学生的积极性。

浮光掠影

※ 学生语录、作品、未来展望等

☆ 学生语录

下一次我要得到更多的 excellent 卡片。

☆ 相关作品

excellent 课堂积分表

汇心寄语

就像有时老师花费很多时间在学生的学习上,但是效果却并不明显一样,学生在很多时候也处在人生的徘徊期,也许想要学习却又不知自己为何总是差别人许多,心里也不知如何是好。

所有的付出都需要回应,虽然他的付出结果可能没有达到老师期盼的程度,但是学生还是希望得到肯定才能继续前进。

在初中生的生涯阶段,帮助他们建立生涯自信让每一个学生意识到自己在班集体中、在课堂上都有自己力所能及能做好的事情可以去做,这对于学生来说是非常重要的。

(课程活动设计:金艳雯)

你指挥,我来做

适用情境

在初中体育教学中,培养学生团队合作精神是学科教学目标中情感态度与价值观中重要的一部分,也是目前学生适应社会发展的需要。初中学龄段,部分学生对体育运动的兴趣不够,日常体育课中的"教师领做、学生跟练"和集体"模仿练习"等教学方法对学生的乐趣需求没有得到满足;对于有一定挑战性的练习内容学生运动容易产生畏难心理;部分同学在体育课中的分组学习部分不爱参与团队活动中来,并且学生间会有内心拒绝与异性交流的情况出现,团队合作精神的缺乏也容易造成学生"个人主义"、沟通表达能力弱、集体荣誉感淡薄、缺少感恩意识等。在日常体育教学中有必要在课中引入团队合作类体育游戏的环节,让学生在学习中体会互相配合共同努力的过程,在合作中提升沟通表达能力与责任感,形成良好的团队合作意识,使学生更加懂得个人与集体的关系,巩固班级学生的凝聚力。

这个情境主要表现在学生以消极的情绪对待各项目中技术动作练习,不主动参与自由分组活动,不遵守秩序等情况,这也反映了学生无法通过体育运动获取"乐趣"与"归属感"。通过在日常教学中穿插加入体育合作游戏,让学生享受体育运动的乐趣并在协同配合中获取成就感,在团队中认识自我,提升自信,学生生涯适应力也一并提升。

生涯维度

● 生涯好奇　○ 生涯关注　○ 生涯控制　● 生涯自信

女生常说:"我不太爱锻炼身体,也不喜欢和男生分在一组做游戏。"

活动内容

☆ 主题:"蒙眼"足球赛

☆ 活动步骤:

一、道具要求:足球若干、蒙眼布、小球门两个;场地要求:两片篮球场

二、活动安排

本次活动安排在大课间活动中,通过三个课次的活动,循序渐进开展"蒙眼"足球赛。

第一课次：

1. 组织学生集体足球球性练习、直线运球和射门练习，为之后"蒙眼"足球赛打好基础。

2. 将班级男生女生两两一组作为搭档，每组搭档其中一人戴蒙眼布，另一人不戴。在场地内平行画出多条直线。要求不带眼罩的学生通过口令指挥被蒙眼的学生走直线（如"向左或向右"等）。培养两位搭档互相配合的能力。活动期间，教师分别指导学生如何"喊口令"和"听口令做动作"，学生自主练习培养默契度。

第二课次：

基于上次分组活动的基础上，安排每组学生加入蒙眼足球带球练习。在场地内平行画出多条直线，要求不带眼罩的学生（指挥者）通过口令指挥被蒙眼的学生（踢球者）按直线运球。学生分组自由练习，教师巡回指导踢球者专注听取指挥者的口令，并认真将球按照指挥者指导的方向踢。提醒指挥者保持耐心，两人共同努力，并注意运动中的安全防范。

第三课次：

根据班级人数，根据之前学生两人一组的形式分成两队，组织两队学生开展一人蒙眼沿直线运球并射门，一人通过口令指挥的接力比赛。在规定的时间内，哪一组进的球最多，哪一组获胜。教师组织活动，鼓励学生运球做到"速度快""线路直"。

☆ 相关建议：

活动中，教师应多关注学生在活动中两两配合的练习过程。要求"指挥者"保持耐心，用最简洁明亮的口令指挥同伴前进；要求被蒙眼的"踢球者"专注听取"指挥者"的口令，鼓励他们大胆做动作，相信同伴。

学生在活动中容易出现配合不默契的情况，如"指挥者"不敢说，"踢球者"不敢做或做错等，导致小组活动出现停滞。教师也可以适当加入各小组，提醒学生保持耐心，共同努力。

针对优秀小组，鼓励学生展示，并尝试曲线带球或设置运球绕杆。

活动意图

1. 本活动是提升学生间的团队配合能力，引导学生互相合作，互相信任。

2. 同时也激发学生对足球的运动兴趣，蒙着眼的踢球方式考验了学生对球性的把握，这同时也是引导学生喜欢足球，喜欢球类运动。

3. 听口令做动作还考验到了学生的专注力和对口令的执行能力，完成任务后也提高了自己对于运动能力方面的自信。

课堂实录

☆ 现实背景

本班学生对体育的兴趣程度较两级分化，个别不爱运动，个别又特别喜欢。为了激发全班学生的运动兴趣，提高班级凝聚力，设置团队合作类小游戏。"听口令"蒙眼运球射门这个游戏，要求踢球者完全听从指挥者口令，信任指挥者的安排，提升了学生间的团队协作能力，认识到交流与合作的重要性。

☆ 实施时间

大课间活动阶段实施，每次活动安排时间 15 - 20 分钟。

☆ 实施过程

第一课次：同学们，为了更好地体验足球球性，在玩中练，增强我们班同学地体育团队意识，在接下来的体育活动中，我们一起来完成一个"蒙眼"足球小游戏。不过在开始前，我们需要先把足球球性掌握好；并且体会一下"盲人"的感觉。

1. 组织学生集体足球球性练习和直线运球。

2. 将班级学生按一男一女搭档分为一组。其中一人戴蒙眼布沿直线走，另一人不戴作为指挥者通过口令指导方向。并做好两两互换体验。

第二课次：同学们，今天我们就尝试在上次蒙眼踢球的基础上，加入足球运球。现在的要求提高了，我们要想办法如何做到运球的时候"线路直"和"速度快"。

在上次分组活动的基础上，安排每组学生加入蒙眼足球带球练习

第三课次：同学们，在上两次活动中，我们已经体会了"蒙眼"运球这一小游戏。那今天我们就分为两队，比一比看那一队的同学能够在同一时间里完

成多的运球射门。

1. 基于之前活动的学生男女搭档,将班级学生分为两队。设置球门与开始线距离 6 - 8 米长。

2. 组织学生尝试蒙眼指挥练习,并在练习时教师辅助指导,提示学生仔细听清搭档的口令,耐心做好每次带球练习。做好两两互换体验。

3. 通过练习后,组织两个大组进行蒙眼指挥带球小比赛,两组接力。教师积极鼓励学生。

4. 各组分享自己的指挥合作心得,

(1) 欣赏优秀小组演示.

(2) 请同学们思考一下,我们两位搭挡间需要怎么的配合,才能最快速的把球踢进球门? 大家积极发言说一下自己的想法。

 课后反馈

┌ 学生表现 ┄┄┄┄┄┄┄┄┄┄┄┄┄┄┄┄┄┄┄┄┄┄┄┄┄┄

　　全班同学很享受参与活动的整个过程,活动通过蒙眼听口令踢球的方式考验了学生的语言组织和执行力。在开始游戏时,学生间配合不足,较多蒙眼踢球的学生不听指挥学生的指令,靠自己的感觉踢,这也造成了多次球出界或者没踢进。在经过教师的指导后,越来越多的学生开始信任队友,根据口令踢球,进球率也提高了。大家为能够自己进多个球感到很开心。

└┄┄┄┄┄┄┄┄┄┄┄┄┄┄┄┄┄┄┄┄┄┄┄┄┄┄┄┄┄┄┄┄┄┄┘

┌ 教师感受 ┄┄┄┄┄┄┄┄┄┄┄┄┄┄┄┄┄┄┄┄┄┄┄┄┄┄

　　在组织本次活动后,我明显感受到每位学生都很享受这场足球游戏,蒙眼踢球的方式也让学生体会到了新鲜感。同时也让一些不爱运动的学生感受到了足球的乐趣,体会了两两一组合作的快乐。

└┄┄┄┄┄┄┄┄┄┄┄┄┄┄┄┄┄┄┄┄┄┄┄┄┄┄┄┄┄┄┄┄┄┄┘

 调整完善

　　在本次活动中可以适当加入小组间的交流讨论,让学生互相谈一谈作为指挥者如何用最简洁的口令让踢球者明白行进的方向;踢球者在被蒙眼的情况下如何将球控制在自己脚下等。

此外活动中可以安排一些声音的干扰,让同学们在干扰中寻找自己伙伴的声音。

拓展适用

两两搭档练习的形式可以运用到其他体育项目中来,学生分组,互相指导动作并评价,体会各运动项目中分解动作的特点。

在物理、化学的学科实验练习情境中也同样可以运用分组搭档的形式,学生一人做实验,一人边上指导监督,记录实验过程,共同完成实验操作。

浮光掠影

※ 学生语录、作品、未来展望等
☆ 学生语录
　　学生 A:原来蒙眼也能踢球呀,虽然看不见球的方向,可是在别人的指挥中,我能很快将球踢进球门。
　　学生 B:本来我不太喜欢交流和指导别人的,现在发现我也有指挥的能力。
　　学生 C:第一次被蒙住眼睛踢球,原来足球能有这么多玩法,我以后也要多和同学们在一起踢球,太有趣了。
　　学生 D:我们从速度最慢的一组变成最快的一组,看来和小伙伴多练习果然能提高很多!

汇心寄语

学生在初中学段有了自己的想法,受到父母的影响,自我为中心的想法比较多。应适当安排团队合作的游戏能够激发他们的互相理解和互相信任,并培养自己换位思考的能力。

我校八年级的学生在体育课上经常出现怕累怕苦,不喜欢合作练习的情况,通过这次的"蒙眼"踢球活动,男生女生间的隔阂消除了,同学间更能坦诚交流,了解自己在团队中的定位。在愉悦的课堂活动后,学生还向老师申请在班级间组织"蒙眼"踢球比赛。其中班上小悦同学是一位内向的不太善于表达的学生,身边的好朋友也不多。在此次活动后,小悦同学能够主动参与班级的其他各项活动中去,她体会到了团队合作的乐趣,享受到团队活动带来的归属感。

体育运动是团队合作培养的最有效载体,可以让学生体会人在群体中的关系和重要性。通过类似本次体育游戏的形式,也加强了班级学生间的凝聚力。

(课程活动设计:李家豪)

身临其境

 适用情境

在初中道德与法治课堂教学中,学生对于课堂的刻板印象是说教、讲道理,因此使得学生对于道德与法治的课堂失去了期待,甚至不会愿意在课堂上回答相关问题时袒露真实的内心,表达真实情感,尤其对于他们不认可或不感兴趣的内容会表现的疏离于课堂之外,不愿参与到课堂学习过程中来。一方面,这可能是学生对"归属感"的需求没有得到满足,学生是被动的知识接受者,在课堂中没有参与感,觉得自己没有得到重视或欣赏,以及没有被需要;另一方面,可能是学生对"乐趣"的需求没有得到满足,知识的传授过程中缺乏趣味性活动作为载体,充满趣味性的内容能让学生更加愉快地学习和成长。因此,在授课过程中,要基于青春期初中学生的身心发展特点,从学生的生活实际出发,利用并创设丰富的教学情境,让学生以模拟情境表演的方式,直面他们成长中遇到的问题,通过亲身表演的方式激发学生的学习兴趣,突出学生在课堂中的主体地位,引导和帮助学生通过亲身经历与感悟,真实表达自己的想法,主动参与到课堂中来,从而更好的投入到课堂学习中。同时,学生的很多观点也是很好的教学资源,可以更好地丰富课堂教学内容,提升课堂教学效果。

生涯维度

● 生涯好奇　○ 生涯关注　○ 生涯控制　○ 生涯自信

"我对这件事情有不一样的想法,但是我不知道自己的想法是否是正确的,大家都不说,我也不敢说;我的想法好像和老师所表达的观点会有点不一样,老师说的并不是我们的真实想法,大家也没有表露自己的真实想法,我觉得这样很无趣。"

活动内容

☆ 主题:身临其境

☆ 活动步骤:

1. 将班级学生分成4组。

2. 每个组将获得1张卡片,上面标明他们需表演的话题。

3. 每组有2分钟的准备时间,然后向其他小组展示他们的表演。

4. 看完一组表演后,其他小组应积极思考接下来的"故事情景",然后续写剧本进行创作。观众可自愿加入表演,并增加自己认为合适的场景。

☆ 相关建议:

本次活动的使用场景,可以放在课堂情境活动时可以由学生来进行情境演示或需要学生在具体情境下表达他们的真实想法时使用。

活动意图

青少年对世界充满了好奇,有着许多自己的想法,抱有不一样的价值追求。因而在同样的情况下,会作出不一样的选择,表现出不一样的行为。通过深入了解学生的学习需求,面向丰富多彩的社会生活,开发和利用学生已有的生活经验,选取学生关注的话题组织教学,激发学生学习积极性和主动性,引导和帮助学生通过亲身经历和感悟，真实表达自我，深化思想认识，在思想的碰撞中有意识地思考和探索自己的价值观，让学生学会面对复杂的社会生活和多样的价值观念，以正确的价值观为标准，作出正确的改为价值《后汉书》志第24《百官志》判断和选择，在正向的带动下增添未来现实生活中积极行动的更多动力，从而更好地适应社会生活。

 课堂实录

☆ 现实背景

在现实生活中，有的学生可能对是否有必要批评不良风气产生疑惑：自己力量太小，起不到什么作用；问题太严重，管了也没有用；"不在其位，不谋其政"，这事不归自己管；自己想管，但是怕别人觉得自己是在"出风头"等。因此，从学生发展的需要和当前学生思想现状出发，帮助学生释疑解惑，对其进行正确价值观的引导，认识到仅仅自己遵守规则是不够的，还需要提醒、监督、帮助他人遵守规则。

☆ 实施时间

课程中

☆ 实施过程

在《遵守规则》这一课授课过程中，课本探究与分享中有一内容为"督促他人遵守规则"。

1. 将班级同学分为四组，每组同学在两张图片（随地吐痰和在喷泉池里洗手）中随机抽选一张进行表演，表演时将图片中的内容进行形象展现。

2. 观看表演的同学思考接下来的"故事情景"，然后续写剧本进行创作。想一想，如果是你看见类似的情境你会如何做。

a. 随地吐痰和在喷泉池里洗手是不对的，我会请工作人员批评教育他们。

b. 我会告诉吐痰的人，可以把痰吐到纸巾上，然后扔进垃圾桶。

c. ⋯⋯

3. 表演结束后，表演随地吐痰及在洗手池里洗手的同学和路人分别说出自己当时的心理活动和内心感受。

老师总结：面对不良现象，如果我们抱着"事不关己，高高挂起"的态度，最终会导致社会环境恶化，受损害的还是我们自己。我们要在保证自身安全的前提下，提醒、监督、帮助他人遵守规则。

课后反馈

学生表现

　　在情境表演活动过程中,明显感觉班级学生的积极性和主动性增强了,愿意参与到课堂活动中来。在情境角色扮演的过程中,学生非常乐意表达自己的真实想法,在与同伴交流互动的过程中共同探究恰当的处理方式和解决办法。

教师感受

　　通过选取生活中存在的违反规则的现象,分情境进行角色扮演,让学生进入情境中进行角色代入,这样一些情境就是学生日常生活中经历过的一些情况,学生有话可说而且很乐于说,能够真实的表达自己的想法,大家在共同探讨交流的过程中可以集思广益,进行思维的碰撞,进而明确自己之后遇到这种情况可以如何更好的处理和应对,帮助学生更好的适应社会生活。

 调整完善

　　情境角色扮演过程中学生情绪比较高涨,提升了课堂把控难度,需要提前和学生制定好规则,以便确保活动的有序开展。

 拓展适用

　　本活动不仅适用于满足学生对"乐趣"和"归属感"需求的课堂,还适合运用到课堂中需要引导学生进行正确价值判断和行为选择的场景。

浮光掠影

※ 学生语录、作品、未来展望等
☆ 学生语录

　　在日常生活过程中,我们确实会遇见这样一些类似的情况,以前我总会觉得仅凭自己的力量无法影响其他人,也不知道如何有效应对这种情况,我只能做到从自己做起,自觉遵守规则。现在我知道了,我们可以在保证自身安全的前提下,提醒、监督、帮助他人遵守规则,有"礼"有"理"有"节"地劝导他人,让我们的社会更加美好。

汇心寄语

　　学生心理需求的满足至关重要。心理需求得到满足的重要性,就像水和阳光对植物的重要性。如果在教学活动中,老师没能提供一些方法来满足学生的这些需求,那么学生将会自己去寻找让自我满足的方式,而这些方式可能是偏离课堂或者会影响课堂教学效果的。

　　在课堂情境活动的角色扮演过程中,让学生们能够在真实的情境中进行情景带入从而表达出自己内心的真实想法,或者是在情境氛围中他人的带动下激发出自我表达的欲望,进而更加积极主动地参与到课堂学习中来,为课堂增添活力。同时,在活动参与过程中体会到课堂的乐趣,激发学习兴趣。通过给予学生一定的自主权和表达权,让他们能够通过自身的努力得到认可,帮助学生体验到"归属感",意识到自己是课堂不可或缺的部分,从而促使他们朝着更好的方向发展。

（课程活动设计：吕　佳）

我的立场

适用情境

　　该活动主要适用于学生对课堂提问参与度低的情境。比如说,教师提问

"认为这道题选 A/B/C/D 的同学请举手"的时候,会发现有些同学始终没有举手。

这个问题的背后可能有两方面原因:一方面,有些学生可能觉得这种课堂互动的方式不够吸引人,导致他缺乏参与互动的兴趣;另一方面,也可能是对自己的答案不自信,担心答错被同学嘲笑而保持沉默,拒绝表达自己的立场。

这个问题反映出学生对乐趣的需求以及对归属感的需求,学生渴望更有乐趣的课堂,也渴望自己的观点能够得到同伴和老师的认同。

生涯维度

○ 生涯好奇　　● 生涯关注　　○ 生涯控制　　● 生涯自信

学生在课堂中最经典能表明此类别特性的话语:"怎么又要回答问题,好无聊啊!"

活动内容

☆ 主题:我的立场

☆ 活动步骤:

　　1. 在开始上课之前,教师在教室的四个墙角处分别贴上标有"A"、"B"、"C"、"D"的大卡片

　　2. 开始活动前,用一分钟时间让班级学生把桌椅推到教室两侧或后部,在教室中间留出足够的活动空间

　　3. 将问题与对应的 ABCD 四个答案选项展示在 PPT 上,开始倒计时

　　4. 在倒计时结束前,学生选出正确的答案,并移动到其对应的角落

　　5. 教师分析问题并公布正确答案,选择错误的同学走回教室中间坐下

　　6. 以同样的方式继续第二题、第三题、……

7. 完成所有题目后,依然站在角落的学生将成为本活动的获胜者,获胜者会得到来自教师的小奖品

☆ 相关建议:

"我的立场"活动适用的范围很广,可以在期末复习课中使用,也可在学完某一章节的内容之后使用,在开始新课教学之前,通过这个活动帮助学生回顾之前学习的知识也是很好的选择。

根据具体需要,"我的立场"可以在课堂中任意时间段实施。可以将该活动作为导入,激发学生的学习兴趣,也可以在课堂中学生昏昏欲睡的情况下活跃课堂气氛,或者以该活动结课,检测学生的学习效果。

 活动意图

对学生来说,"我的立场"活动可以提升学习动机,提高课堂活动的参与度(全体学生都能参与到活动中),并在活动中养成积极思考的习惯;通过表明自己的立场并发现与自己观点相似的人,从而获得认同感。"我的立场"的活动任务简单明确,并且能够将智力活动与外部活动有机结合,有利于培养学生在课堂中的有意注意,改善注意力不集中的情况。此外,这个活动还能满足部分学生"好动"的年龄和性格特点,将这些学生的"好动"能量引导到课堂活动中。

对教师来说,通过"我的立场"活动,能够直观地看到学生选择的答案,及时获得课堂反馈,这对了解班级学生的学习情况很有帮助。

 课堂实录

☆ 现实背景

我发现每次课堂提问时,只有部分学生举手回答,而且一节课下来,积极举手的基本是同一批人,其余学生整节课都没有参与到课堂互动中。

☆ 实施时间

《地形与地势》一章最后一节课的下课前15分钟

☆ 实施过程

课前准备：

1. 准备与本章重点相关的 10 道选择题，用以检测学生本章的学习情况。

2. 开始上课前，将标有"A"、"B"、"C"、"D"的大卡片张贴到教室的四个角落。

3. 准备一个倒计时提醒器，粘贴在黑板上的醒目位置。

活动过程：

1. 向学生说明活动规则，然后倒计时一分钟，在倒计时结束前学生快速有序地将自己的桌椅推到教室后部，并走到教室中间站好。

2. 教师将题目与对应的 ABCD 四个答案选项展示在 PPT 上，倒计时 1 分钟。

3. 学生在一分钟内解答题目并根据自己的答案移动到对应的角落。

4. 请学生到讲台前分析题目，教师进行补充完善，并公布正确答案，选择错误的同学走回教室中间坐下。

5. 以同样的方式继续接下来的 9 题 。

6. 完成所有题目后，依然站在角落的学生为挑战通过者，教师亲自为这些同学颁发小奖品。

活动总结：

1. 教师根据在活动中观察到的情况，对学生知识点的掌握情况进行分析和总结，提醒学生课后及时复习未掌握的知识 。

2. 鼓励没有通过挑战的学生，并告知在下一章结束时也会进行这样的活动，提醒学生做好预习工作并认真听课，为挑战下一次活动做准备。

课后反馈

学生表现

在本活动中，班级的课堂气氛明显比以往活跃，除了平时积极的学生，我发现一些以前不遵守课堂纪律还总爱走神的"捣蛋鬼们"也积极地参与了活动。

教师感受

　　通过这个活动,每位学生都参与到了课堂互动中,活动取得了良好的效果。

　　但我发现两个问题:一个是可能由于题目难度偏高了,在前五题结束时,就有一大半学生坐回了教室中间,在接下来的活动中他们显得无所事事;第二个是部分学生存在从众心理,他们缺乏自己对题目的思考或不相信自己的答案,选择了和大部分学生一样的站队。

 调整完善

　　1. 为了照顾学困生的需求以及使更多学生获得成功的体验感,教师在出题或选择题目时应注意控制题目的难度,避免出现大多数同学回答不上的问题。此外,题目可以设置成递增的难度,最后的题目比开始的题目更难,增加活动的趣味性和挑战性。

　　2. 在公布正确答案之前,教师可以从四个角落或者教室中间被淘汰的学生中,随机抽取学生(而不是只选举手的那些)说明他对题目的看法以及选择这个答案的原因,这能够在一定程度上避免走神和缺乏思考的从众行为的出现。

　　3. 此外,在实践过程中,发现答错出局的学生坐在教室两侧的座位上可能会比坐在正中间的座位上更好,一是不会影响其他学生答题时的移动,二是不会因为坐的位置过于核心带来心理上的压力。

 拓展适用

　　"我的立场"活动可应用于各科的教学中,在班会课上也可以通过这个活动,鼓励学生积极表达自己的想法和意见。

　　对于人云亦云、抱有从众心理的学生,教师可以有意在题目中给出一些迷惑性强、大部分学生容易答错的选项,使他们意识到随大流不一定是正确的,从而引导他们养成独立思考的好习惯。

　　为了让答错出局的学生更加认真倾听,可以加入"复活卡"的活动规则,出局的学生在之后的题目中,若能积极举手并完整正确地分析这个题目的解答思路,就可以获得一次"复活"机会,回到教室中间继续答题。当然,为了活动的公平性,同一次活动中每人只有一次复活机会。

浮光掠影

※ 学生语录、作品、未来展望等
☆ 学生语录

　　"老师,今天的活动好有意思! 下个单元还有这样的活动吗?"

　　"哎! 就差两道题就可以通过挑战了! 之后的课我要更加努力,争取拿到老师的奖励!"

　　"这次第五题我们班学霸判断失误,但我选对了! 老师,我是不是很厉害!"

汇心寄语

　　在"我的立场"活动的实践过程中,大部分学生都能积极地参与到活动中,开展该活动时,课堂气氛非常活跃,学生的课堂参与度得到了有效的提高。

　　"我的立场"是一个简单的、容易操作的活动,能够有效地调动学生积极性、提高课堂参与度。"我的立场"适用范围很广,对于不同学科的课堂都适用。任教其他学科的老师们可以尝试使用这个活动模板,在课堂中开展"我的立场"活动。当然,在实施过程中,老师们也可以根据所任教学科和学生的特点,对活动步骤进行调整和优化。

（课程活动设计：杨怡沁）

传 话 筒

适用情境

　　有时候在上新课前,会以回顾上节课所学知识的方式导入课堂,但是我发现即便是很基础的知识点,大多数同学都需要通过翻书的方式回答我所提问的相应知识点,很多同学甚至忘了上节课讲的内容是什么。

其实这和学生个人的课堂是否认真听讲、注意力是否集中有关系。有些学生会认为历史课无趣,内容比较沉重,所以课上经常神游;有些学生会因为对自己不够自信,不敢确信自己所想的和答案是否匹配,所以就会翻书查看内容。在这样的情况下,课堂导入的效果就不会那么好,还会浪费一些时间。

我认为会出现这些现象的原因是学生缺少了归属感以及乐趣的心理需求。一方面,有部分同学并不会积极主动的回答问题,但其实内心又渴望得到老师的注意和关心,渴望融入集体,参与小组活动。可在课堂上,我一般会请举手的同学回答问题且小组活动也相对少,就忽视了一部分比较内向的学生,使这些学生失去了归属感。另一方面,若教师设计的课堂活动较少也会让学生觉得枯燥且乏味。

生涯维度

● 生涯好奇　○ 生涯关注　○ 生涯控制　● 生涯自信

"什么?上节课上的是第几节课?";"老师等一下,我看一下书。"

活动内容

☆ 主题:传话筒

☆ 活动步骤:

　　所有学生坐在座位上,老师给每一个组的第一位同学一张小纸条,每张小纸条的内容都不相同,但都是上一节课所讲授的主要知识点。在学生看小纸条 10 秒钟之后,老师将纸条收回。同时小组的其他成员需将眼睛闭起来,捂住耳朵,直到前面的同学轻轻拍了自己之后才能睁眼。这时,前面的同学将老师小纸条上的内容凭借自己的记忆告诉后面的同学,一人传一人,由最后的小组成员将自己所听到的内容写下来或者口头说给老师,完成度最高,内容传递最准确、用时最短的小组获胜。

> ☆ 相关建议：
>
> 　　该活动比较适用范围广，可用于历史、语文、地理、物理等学科。该活动可以在讲授新课时或复习课时使用，在课堂的前五分钟实施较好，在回顾旧知识的同时，又不影响教师在这堂课讲授其他内容。

 活动意图

1. 通过该活动，首先可以培养学生的团队合作能力，让学生感觉到自己是小组不可分割的一部分，小组的获胜离不开自己传递的知识点，让学生有一种课堂参与感，可以很好的融入小组，融入班级，增强集体荣誉感，加强生涯自信。

2. 通过该活动给可以培养学生对该科目的兴趣和好奇，一些学生会为了让小组得到胜利，提前回顾上一节课的知识点，这能够加强学生对知识点的记忆，在加深记忆的过程中可能又会对知识点产生好奇，如为什么会这样？这件事的起因经过结果是什么？从而达到一个温故知新的效果。

 课堂实录

☆ 现实背景

由于课堂时间较少，所以在讲课时很少有小组合作的环节，学生在解决问题的时候通常不会小组进行讨论，而是自己解决，甚至是抄其他同学的答案。还有一些学生很少参与课堂，只会听，但听过没多久也就忘了，特别是一些副科课堂，有些学生还会产生"副科反正不重要，随便划划水就可以了"的想法。

☆ 实施时间

新课讲授前 5 分钟至 7 分钟左右，也可以放在复习课中。

☆ 实施过程

先让班上所有学生将眼睛闭好，用双手捂住耳朵。

教师将带有知识点的小纸条发给每个小组第一位同学，轻声拍手示意他们可以看纸条上的内容，给他们 10 - 20 秒的记忆时间（根据纸条内容、长度决定）。规定的时间到了之后，教师将纸条收回。

老师宣布开始,小组第一位成员开始向后传递之前记忆的纸条上的信息,当传到最后一名同学时,该学生将听到的内容写在事先准备好的纸上,并举手示意已经完成。

教师将每个小组的时间、准确率统计记录后,公布结果。并让学生分享自己在该活动中的感想和体会。

 课后反馈

学生表现

根据活动下来班级整体表现情况以及一些特别鲜明的事例进行记录。该活动其实在一些综艺上面都见到过,但真正在生活中还是很少有此类活动的实施,所以学生都充满新鲜感和好奇,想要挑战获得胜利。有一些学生觉得只是简单传话而已,自信满满,却没想到简单的知识点却会传的跑偏,但还是有很优秀的学生在听到错误的知识点传递后及时的纠正了错误,为小组的胜利传递了关键一棒。几乎每个小组都能够完成知识点的传递,虽然有一两个小错误,但是也能够得到及时的纠正。

教师感受

其实每一个学生都有自己感兴趣和不感兴趣的学科,作为老师,只能尽自己的全力去做到让学生对自己的学科产生兴趣,通过该活动确实能够在一定程度上集中学生的注意力,加深对历史学习的兴趣,促进学生的团队合作,而且还能够在"玩"的同时加深对历史知识的印象。虽说历史的最终考试是开卷,但有很多知识是需要靠平时的积累,而不是靠翻课本找答案,又费时又费力,通过该活动我觉得能够在一定程度上提升学生对所学知识的记忆,加快答题的速度。

 调整完善

随着时间的推移,根据学生活动中的表现,教师可以将活动难度升级,比如:让 A 组的组员给 B 组的成员选择、挑选相关的知识点,以此类推。使传话筒的内容由学生自行决定。在确定内容后,可以让 B 组自由安排组员的先后顺序,再展开活动,增加学生的自主性。

 拓展适用

可用于其他学科教学,如语文、物理、化学等皆可。

如在语文、英语课上,因为学科特点,语文背诵的内容比较多,比较适用于复习课,可以是单元复习、期中复习或者日常复习,一方面加深了学生的记忆,另一方面为了合作共赢,学生之间也会更加团结。

物理化学等理科同样适用于复习阶段,虽然作为理科,可要背诵的公式并不少,在复习阶段运用该活动,也会提高学生的主观能动性。

 浮光掠影

※ 学生语录、作品、未来展望等
☆ 学生语录
　　"这还不是小意思,你们前面的待会传的快一点,不然忘得快。"
　　"天哪,记不住呀,老师再给点时间吧。"
　　"老师,重来重来,他忘了。"
　　"老师,刚才他都和我传错了,我记得明明是…,还好我记得,不然就错一排了。"

 汇心寄语

作为老师,要给学生创造一个快乐的学习环境,尽可能地让学生喜欢上自己所教授的科目,这不是一件简单的事,需要靠教师不断地去想办法,将学生感兴趣的与所教授的内容相联系,让学生感觉历史就在我们身边,去除对历史学科的距离感,从而培养生涯好奇。一些话比较少的学生,通过传话筒的活动,也能够积极的参与课堂中来,使学生的课堂参与度有所提高,让学生知道自己是团体中重要的成员,不可缺少,以此增强其生涯自信。

作为历史学科的教师,我期望可以关注到每一位学生,但有时确实力不从心,很难兼顾。通过这一活动,我可以很轻易地观察每一位学生的表现。比如:哪一位同学的历史知识掌握的还不够成熟,哪一位学生的能力较弱,哪一位同学在这一活动中的表现与平时不同。

在课堂中展开这一活动后,我也明显地看到有几位同学的变化,从原本的不看、不听、不参与到慢慢参与课堂活动及教师的提问,他们是在不断进步的,他们是希望表现出自己好的一面的,这就需要老师关注到他们,把机会给他们,让这些学生感受到自己是被老师认可和需要的。

每一位学生其实内心深处都渴望被认可、被关注、被需要、被爱包围,所以,作为教师的我们需要通过一些活动,给每一位同学展示自己的机会。

（课程活动设计:林秀英）

跨学科捉迷藏

适用情境

因为物理学科的特性,一些喜欢文科的孩子可能提不起劲或是孩子产生了畏难的情绪,但事实上,物理实际上还是一门生活科学,生活中,甚至是其他的学科中都隐性地涵盖了物理内容,只是不容易被学生发现。

本次活动是一个用于提升学生对生涯的整体关注的情境活动设计,通过在大主题下引导学生通过跨学科的方式进行资源建构,发掘已知但易被忽略的知识内容并将其迁移到物理学科中去,使学生感受到学习本身是一个共通共融的过程,并且起到兴趣转嫁的效果,让喜欢的学科带动孩子去学习本身不感兴趣的学科,提升乐趣需求在课堂情境中的作用,建立学生对本学科的归属感。本次活动在整个课堂中可以进行贯穿性的设计,但在课堂导入中效果更好。

生涯维度

● 生涯好奇　● 生涯关注　○ 生涯控制　○ 生涯自信

"我们可以很容易的通过生活经验和拓展学习了解到热机相关的知

识。但是这些知识又通常很浅薄。可是事实上我们早就已经见识过热机了。热机是什么时候产生的？热机给人们的生活带来了怎样的影响？当你能够提出这样的问题的时候,你就会发现在历史课程中热机在第一次工业革命中频频出现的身影。当你能够将历史故事牵引到物理学习当中,那你其实就已经在多种资源利用的过程当中了,这时候,学习已经成为自己内化的一部分,最终是你们自己实现了教和学的平衡,找到了在学习中的自我定位。"

 活动内容

☆ 主题:跨学科捉迷藏

☆ 活动步骤:

1. 引导:同学们,今天我们将要到浙江千岛湖进行一场精神旅行,看看那里的人文风光,找找其中隐藏的物理知识。请大家在观看记录片的时候,能从千岛湖的地域,流向等出发,在视频地图中做出标记的地方用不同学科的知识加以思考,看看你们能想到些什么,并把它写下来。

2. 观看千岛湖以及新安江水库大坝的科普视频。

3. 学生分组活动。

要求:① 能够回忆起地理中关于流域、地形等的相关知识,特别是演示地图中添加标记的地方,对其重点思考,将思考内容部用自己的语言表达下来。

② 能够通过视频观察,简单绘制出新安江水库大坝剖面图的基本轮廓。

4. 学生分享交流,并比对 PPT 上老师显现出的关键词,看看是否捕捉到了这个隐藏起来的知识点,并在游戏过程中为自己完成积分的叠加。

5. 导入:同学们都非常出色地利用到了之前在地理中学过的知识和方法完成了本次活动,并且绘制出了新安江水库大坝的剖面图。我们知道了千岛湖在地理上属于山地丘陵区,有四周高、中间低的特点,因此大坝选址在了具有 100 米天然落差的铜官峡,大坝必须要能够经受巨大的水体冲击,起到防洪、泄洪等作用。并且从同学绘制的剖面图中,不难看出,大坝被建成了一个上窄下宽的梯形结构,那这种结构有什么特殊的意义吗? 希望同学们通过这节课一系列的物理学习,最终能够利用学到的物理知识来解释这个问题。

☆ 相关建议:

　　本次活动是利用问题和视频导入共同建构教学框架,提供给学生可靠的学习资源并对学生起到有效的学科牵引的作用,在物理学习中引入地理知识的辅助能更好地平衡文理科间的兴趣差异,引发学生的好奇心和学习欲望,因此,如何自然地提供跨学科资源支持,从问题切入情境活动是该活动建立的基础和必要准备。

活动意图

　　1. 建构问题和资源双向奔赴的课堂导入活动,不仅是提供学生进行多学科间的兴趣迁移,使学生能够在并不喜欢的学科中找到乐于学习的态度,也是从学习中泛性地进行资源的审查和整理,让学生知道,学科的区分既是各学科各有的特点,更是为学习其他学科所搭建的坚实桥梁,让学生认识到生涯学习是一件纵向的,共通的,并且是有实际意义的事情,它能够帮助我们解决生活中面临的真实问题。

　　2. 本次活动中的资源大部分由教师提供,但同样间接地向学生证明了在学习物理时也不要故步自封,只去想物理学科的事情。学习声音的特征,我们可以借鉴音乐课学到的音阶来区分音调的高低;学习杠杆平衡的作图,我们可以想到美术课上的点与线之间的美感和联系;甚至是学习电路知识的时候,更要想到劳技中提到的各种用电保护措施。物理之外,其他各学科也是类似的。要让学生在本次活动中感悟到各种学科乃至常识科普中学到的知识都要进行一系列的整理、积累以便在生活、学习中进行更好的迁移。美国国家科学院专门指出:只要不是仅仅把两门学科粘在一起创造一个新产品,而是思想和方法的整合、综合,那就是真正的跨学科。而事实上,跨学科能力的形成正是学生在进行生涯控制的明显表现。

 课堂实录

☆ 现实背景

早在两千多年前,亚里士多德就把人类知识划分为"理论科学"、"实践科学"和"创制科学"三大系列。而众所周知,"物理学家"的称谓虽与"科学家"几乎同时产生 ,但是不同学科的认可与衍生必然是有前后差别的,可见知识的传承与学问的研究过程有必然的分化与整合交相更迭,从而诞生所谓的学科边界,正如我们自古就有君子六艺的说法。然而,无论人类如何系统地整理并针对性地研究分门别类的学科知识,学科与学科之间也绝不是完全隔离的。

从二十世纪,教育学家杜威提出的"教育即生活"、"学校即社会"等一系列的实用主义教育思想得到广泛认可开始,学校、社会、教育、生活,乃至不同学科间的隔阂都被全面地打破重塑,人们逐渐认识到了要在学习"六艺"的基础上成为一个完整的"君子"。这就是跨学科探究的意义,在跨越学科边界的基础上创造性地连接、探究多学科的内容,在基于项目的学习中利用多种资源,通过多方协助、实践、验证等活动解决一系列的实际问题,从而将纵向的学习过程转化为横向的个人发展。而从教育的角度,则更明显地针对提高个人生涯适应力的目的,不仅使学生在无意间完成了各学科间兴趣的迁移,使他们在热爱学习中形成正面发展,更是促使学生在直面真实问题和客观环境时,拥有应对不断变化的社会环境与工作条件的适应能力,突出了个体与环境的交互作用。

☆ 实施时间

导入活动和课堂教学活动皆可。

☆ 实施过程

1. 在确定了跨学科教学的主课题之后,从本学科的角度出发,联系主课题内容,纵向审查本学科教学资源,挖掘能够建立跨学科探究学习的多层问题框架,渐进式引导学生进行兴趣迁移以及能力激发。

2. 建构支持学生挖掘已有隐性知识的跨学科资源包(可以说文章、视频、案例等),并将其构建成一张游戏地图,呈现在演示文件中。

3. 设计相应的分组学习活动,充分调动学生的主观能动性以及团队合作的意识,通过不同学科知识捉迷藏的形式鼓励并引导学生完成跨学科知识的内向挖掘。

　　4. 提供学生分享,展示的平台,使学生感受到问题得到解决的满足感。

　　5. 进一步提高问题的深度、广度,进行二次探究,或是进行适当的总结。

 ## 课后反馈

┌─ **学生表现** ─────────────────────┐

　　　学生一开始并不是很积极,但是经过团队间的比拼,切磋,讨论,特别是有地理特别好的学生作对领头羊带领小组成员利用各种课外书,地图册等帮助探究,展现出跨学科能力以及资源收集的好处后,学生逐渐变得积极起来,也渐渐能够对学过的知识进行回想和串联,感受到各种学科独特和融合时不同的魅力,并产生更强的学习兴趣。

└────────────────────────────┘

┌─ **教师感受** ─────────────────────┐

　　　通过此次活动,我发现学生对单个学科的排斥和麻木感并不是不可以加以引导的。特别是让学生有兴趣的学科去带动学习不感兴趣的学科,能够很好地在帮助学生进行一定知识复习的同时,建立多元学习的兴趣。其次,跨学科资源的利用也是建构有效学习,关注学习的优秀途径。

└────────────────────────────┘

 ## 调整完善

　　通过体验,我感受本次的活动在结束的时候可以进一步调整,可以增加一定的留白,以提供学生用学到的跨学科资源利用的方法进行课外研拓的余地。

 ## 拓展适用

　　除了在导入活动中,本设计在课中和课末总结中也可以加以修改利用。比如,课中学习探究某一主题时,进行跨学科资源建构和联系,以提供更多支持学习的证据。课末总结时若是刻意留白,可以引导学生进一步进行知识梳理和总结,并将其进一步做跨学科式的融合。

 浮光掠影

※ 学生语录、作品、未来展望等

☆ 学生语录

1. 老师上一次说过蒸汽机的发明者不是瓦特,你不记得了吗?

2. 历史里学到过,第一次工业革命的标志是蒸汽机的广泛使用。

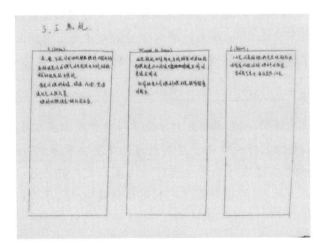

☆ 相关作品

 汇心寄语

让学生感到学习是有用的是很重要的,并且是支持学生持续学习的根源动力。教师在教授学生知识的同时,更要关注到学生对知识的回忆和应用。而跨学科式的资源牵引和活动设计就是在教与学中建构学习知识和应用知识,乃至融合知识的平台,打破学科束缚,形成对学生来说,有意义的学习。

因此,思考教学本质并将对孩子整个生涯有利作为教学最初出发点,是教师认知变更的重要一步。

(课程活动设计:刘夏嫣)

谁是化学扑克王

适用情境

　　初三学生第一次接触化学,需要掌握化学的语言,而化学的语言好似数学的九九乘法表,英语的 26 个字母,掌握的过程相对枯燥。部分学生疲于应付元素符号、化学式、化学方程式默写,难以在"宏观"、"微观"和"符号"之间建立联系,在一次次差强人意的成绩打击下渐渐疏远课堂,上课分神睡觉,迟交不交作业。变得不能再听懂课程内容,热闹的班级仿佛和自己绝缘,没有了归属感。

生涯维度

　　○ 生涯好奇　　○ 生涯关注　　● 生涯控制　　● 生涯自信

　　"面对日渐下降的成绩,那时我对自己的能力产生怀疑,感觉学习生活不再受控。'谁是化学扑克王'以游戏的形式巩固化学的语言,无论是化学扑克牌,还是游戏规则都令我耳目一新,在兴趣和好胜心的驱动下,心中对化学的热情再次被点燃,成绩也稳步上升,使我再次掌舵自己的生活"。

活动内容

☆ 主题:化学扑克牌竞赛

☆ 活动步骤:

　　1. 首次活动展示扑克并讲解规则

　　2. 首次活动请两位学生参与扑克游戏进行具体演示

　　3. 四人一组进行化学扑克竞赛,如有疑惑举手问教师仲裁

　　4. 获胜学生奖励兑换券 * 1

（兑换券 * 1＝橡皮 * 1，兑换券 * 2＝黑色水笔 * 1，兑换券 * 3＝笔记本 * 1）

☆ 相关建议：

化学扑克竞赛不仅可以巩固化学用语知识，也可以激发学生浓厚的学习化学兴趣活跃课堂氛围，课堂或课后均可使用。

 活动意图

许多教师认为，化学用语的学习要靠学生主动记忆，所以一般不会使用其他的教学手段。

而学生往往采用的是最直接、最原始的方法———死记硬背，把大量的符号看作第二外语那样去强记，利用测试前的瞬时记忆。然而，这种简单的机械记忆的效果往往较差，一段时间后可能会出现混淆或遗忘。也有哦一部分学生产生畏难情绪，不愿花时间和精力去记忆，导致"一看就会，一多就乱，一写就忘，变成了一笔糊涂账。"

要突破化学用语，最好的方法是让学生对其产生浓厚的兴趣，在同学间的牌艺切磋中不但巩固运用了所学知识，更激发了学习化学的兴趣，使学生在化学中重拾乐趣，获得课堂的归属感。

 课堂实录

☆ 现实背景

部分学生在接连几次元素符号，化学式，化学方程式默写中均未能取得理想成绩后渐感疲倦，开始出现上课分神，作业迟交晚交的情况。学生学习化学的乐趣及班级课堂的归属感低。

☆ 实施时间

课前或课尾

☆ 实施过程

1.首次活动展示扑克牌并介绍其用法规则

（1）扑克牌展示

单质	♠	Na，Fe，Al，O_2，H_2
氧化物	♠	Na_2O，Na_2O_2，Al_2O_3，Fe_2O_3，Fe_3O_4，CO_2，H_2O
酸	♥	HCl
碱	♣	NaOH，$Al(OH)_3$，$Fe(OH)_2$，$Fe(OH)_3$
盐	♦	$FeCl_2$，$FeCl_3$，NaCl，$NaHCO_3$，Na_2CO_3，$NaAlO_2$，$AlCl_3$

以上每种物质两张牌（2×24 = 48），H_2O、HCl各另加 3 张，NaOH另加 2 张，共计 56 张。

此盒扑克牌包含金属及其化合物相关化学方程式 33 条。

（2）扑克牌用法规则

总规则：出牌时尽量凑齐一个完整的化学方程式，最后一个跟出的获得新一轮的出牌权。一局中谁先将手中的牌出完，谁就是赢家。其余三方手中所剩牌的张数就是赢家的分数，规定局数后，累积分数最高的为最终赢家。

（1）连出（以甲、乙、丙、丁四人齐玩为例，下同）

甲出一个完整的化学方程式，如：$4Na＋O_2＝2Na_2O$（忽略配平，下同）。其他玩家也必须跟一个完整的化学方程式，乙可以根据甲的化学方程式，按反应类型出，这样就可以限定丙和丁的出牌，如：$4Al＋3O_2＝2Al_2O_3$。接下来，丙和丁只能跟出完整的化合反应化学方程式。

（2）跟牌

以甲出一张牌开始进行补充，以这种物质作为反应物，如 Na。乙若想跟牌，则必须跟一张能和甲出的牌反应的物质，如 O_2。当反应物凑齐后，后面的玩家才可跟生成物（可以一次跟多张），如 Na_2O。

（3）多补

以甲出两种或两种以上的反应物开始（如果甲出的反应物已经齐全，他也可出生成物），如 Na 和 O_2。后面的玩家将所缺的反应物补充完整后可以继续补充生成物，一个玩家一次可补充多张，如 Na_2O。

（4）对出

甲出一对相同物质的牌，如两张 Na。其他玩家也必须跟一对相同物质的牌，乙可以根据甲出的化学式，按物质分类出，这样就可以限定丙和定的出牌，如两张 O_2。接下来，丙和定只能跟出两张相同的单质。

另外,教师和同学也可以根据教学的需要和自己的情况来制定新的游戏规则。

2. 首次活动请两位学生参与扑克游戏,用希沃投屏展示游戏过程进行具体演示

3. 四人一组进行扑克竞赛,如有疑问举手请教师仲裁

4. 获胜学生奖励兑换券 * 1,课后可用于兑换

兑换规则:兑换券 * 1=橡皮 * 1,兑换券 * 2=黑色水笔 * 1,兑换券 * 3=笔记本 * 1

 课后反馈

学生表现

学生对于"化学扑克牌"展现出强烈的好奇,规则不懂之处会及时提问,争相着传阅"化学扑克牌"实物。进行游戏时,有些化学成绩并不理想的学生会积极翻找之前的笔记,如若失败会表现出懊恼的情绪,课后主动询问之前漏记的笔记;如若胜利,学生得到兑换券会很开心得意,之后的课堂会积极参与,乐于回答教师的提问。

教师感受

"谁是化学扑克王"的活动能很好激发学生的兴趣,促进后续课堂的实效。介绍游戏规则时,从眼神中可以看出学生强烈的专注力。进行游戏时,游戏刺激了学生的好胜心,他们非常在意最后的结果。奖励学生兑换券时,学生喜形于色,很有成就感。各个环节对学生化学兴趣的培养都颇有功效,若活动放在课前,学生后续的课堂表现会大有提升。活动的不足在于,首次介绍用时略长会影响原课时安排。分组活动时,纪律容易成为问题,这对教师驾驭课堂的能力要求较高。

调整完善

分组活动时,纪律容易成为问题。我在每组均设置了一位小组长并规定如果不遵守课堂纪律,即使得到兑换券也只能下月兑换。

拓展适用

如果对扑克内容及规则略加修改,对于英语单词及相应语法的巩固也能取得类似的效果。

浮光掠影

※ 学生语录、作品、未来展望等
☆ 学生语录

　　生活中我为了追求完美,常常在一些事上会拖沓,以至于总是课前几分钟强记化学式化学方程式,让我接连几次默写的成绩都不理想,渐渐讨厌化学。在进行"谁是化学扑克王"活动后,我好奇于化学扑克的模样与规则,游戏的好胜心、再次点燃了我心中学习化学的热情。虽然一开始我并没有获胜,但在强烈的渴望与持续的努力下,我已经有 4 张兑换券了。化学很有趣!

汇心寄语

当学生出现分神,缺交不交作业的情况,往往是因为他在课堂中无法体会快乐或归属感。若不加以影响,学生成绩下降,影响自己的自信心。"谁是化学扑克王"的活动的设计,以学生喜闻乐见的方式巩固化学的语言,激发学生学习化学的兴趣,使得后续内容有效落实,重拾课堂的快乐和归属感,获得生涯自信进而培养生涯控制。不过各位同仁在实践中要留意课堂纪律的把控,分组的游戏体验对教师的要求较高。愿我的分享能给各位带来些许启迪,抛砖引玉,共同为教育事业创造更大的裨益。

(课程活动设计:朱　琦)

角色担当

适用情境

在课堂上,有的同学习惯性的会打断别人的回答,喜欢不停地插嘴。

这种情景在很多课上都有发生,有的同学习惯性的插嘴,他们热衷于抢夺话语权,经常等不及别人说完,就要发表自己的意见;还有些人一开口就像滔滔江水,绵绵不绝,占用了课堂大量时间。这种情境很明显地表达了学生在课堂中对于"权利"的需求,也就是学生在课堂中渴望被认可,渴望自由和自主选择权。这类学生,从表面上看是"爱表现",但这种行为的背后,却有深层次的心理原因,其本质都是过于以自我为中心。还有的人可能来自于自卑的心理,不喜欢冷场,想做话题的中心人,想引起关注或者赞同。

生涯维度

○ 生涯好奇 ● 生涯关注　● 生涯控制　○ 生涯自信

"我觉得他刚才的回答是错误的,应该是……"

"老师,老师,我觉得还可以这样……"(抢夺话语权的现象课堂上总有发生)

活动内容

☆ 主题:角色担当

☆ 活动步骤:

　　1. 全班同学分成六个小队,(把特别喜欢插嘴的同学不着痕迹的安排在各个小组内),基本 5-6 人一组,人员不宜太多,每个小组可以取一个彰显特色的名字。小组经过自荐,推荐讨论出每位成员的角色,最后由老师给小组进行打分,排名。但给出一条规则,在没有轮到自己小组回答时,如果有人插嘴,每人每次扣一分。

(1)组长是一组之魂,所以组长一定要责任心强,有一定组织能力、有威信、要负责全组的组织、协调,合作等工作。

(2)副组长协助组长管理好小组的一切事物。

(3)记录员要有一定的语言组织能力,能完整的记录下所有人的语言,进行归纳总结。

(4)观察员要管理好所有成员的纪律,能围绕讨论话题不让成员游离在小组外。

(5)代言人就让特别喜欢插嘴的那位同学来担任,把小组内讨论好的内容进行发言,让他有机会可以在全班表现自己,短时间成为全班的"焦点"。

2.小组讨论基本放在上课 15-20 分钟以后,因为中学生的注意力一般 15 分钟为最佳,时间过长有可能导致学生开小差,也难于管理好自己。

 活动意图

1.通过小组分工,自主讨论出各自的角色,职责,相互牵制,互相提醒,共同进步。

2.通过"角色担当"让插嘴的同学有机会展示自我,满足自我权利的需求。

3.通过以小组的形式共同完成任务,以集体的分数进行排名,有利于提升插嘴同学的自控力。

4.通过"角色担当",同学在实践操作中可以提升自我生涯控制和生涯自信等。

课堂实录

☆ 现实背景

中预(4)班的心理课,我发现有 3 个同学特别喜欢插嘴,尤其是在请同学来回答问题的时候,同学还没结束回答,这 3 个同学就会不由自主地插嘴回答,影响同学的思维,还有的时候会在老师讲课的时候进行插嘴,就会打断老师和同学的思路。

☆ 实施时间

刚开学的时候,五周左右可以总结一下。

☆ 实施过程

在上心理课的时候,利用"角色担当"的方法进行实施,有一点效果,但中间小组长和组员还会提醒插嘴的同学,我感觉这是需要慢慢地进行,因为一个好习惯的养成是需要时间和频次的。

同学们,为了让心理课更有意思,我们要进行一个班级大比拼,以五周为一个循环,你们愿意吗?(同学喜欢有竞争的事情,肯定会愿意的)

1. 我们要进行一个"角色担当"的游戏,全班分成六个组,每组有组长、副组长、记录员、观察员、代言人等。

2. 每个人有自己的职责,不能超越,也不能替代,要相互尊重。

3. 当老师有问题的时候,大家按照要求分工落实,完成讨论的内容。

4. 当别的小组在分享的时候,其他同学不能插嘴,每组总分是一百分,插一次扣一分,每节课后汇总分数。

5. 以五周为一个循环,我们来进行大比拼,看看哪个小组可以排第一。

课后反馈

学生表现

在进行"角色担当"活动以后,班级课堂效果有所提升,老师的授课和同学的回答明显被打断的次数越来越少。

教 师 感 受

　　感觉课堂更流程,不会被时时打断思路,同学之间的合作共进精神也让课堂感觉更和谐。

调整完善

　　小组讨论的形式应该在开学第一课的时候就实施,也可以请全体同学进行讨论,补充该项"角色担当"的活动。

拓展适用

　　"角色担当"的制定可以运用到所有学科。适合用在一堂课的中后段时间,可以让特别喜欢插嘴的同学有机会得到心理需求的满足。

浮光掠影

　　※ 学生语录、作品、未来展望等
　　☆ 学生语录
　　学生感觉用了该项"角色担当"之后,自己插嘴的次数减少了,因为会考虑到自己的插嘴会影响小组的分数,虽然有时不由自主,但自己不断地在提醒,提升自己的内驱力。
　　"我感觉上课进行'角色担当'之后,自己插嘴的次数明显减少了,因为怕自己插嘴会被扣分,影响我们小组的排名,虽然有时不由自主地想插嘴,但我不断地在提醒自己,控制自己。我觉得现在上课插嘴的次数减少了,我会继续努力的。"
　　☆ 相关作品
　　给自己制定了一份课堂计划,在课堂上如果想要插嘴,首先用橡皮圈弹一下自己的手腕(心理学上称为"厌恶疗法",是我给学生的提议),感觉到疼痛,从而转移自己的注意力,发现随着时间的推移,明显课堂插嘴的次数在减少。

汇心寄语

　　学生喜欢在课堂插嘴,发表自己的言论,其实也是渴望被认可的一种方式,老师如果用言语批评的方式不一定有效,反而会强化学生的行为。通过角色担当,团体互助,小组打分的形式更有利于改变学生插嘴的情况,这种来自个体内驱力的行为,经过时间的累积,慢慢会改变学生采用不合理行为达到渴望被认可。学生的成长是需要老师不断地引导的,一个好老师的带领才能培育出优秀的学生。

(课程活动设计:陆　贤)

趣味猜猜猜

适用情境

　　在课堂上,有的同学在上课的时候,小动作比较多(讲话、回头、困意朦胧)。此外,在有的学科中,当以老师以陈述为主,课堂气氛可能会变得较为沉闷。

　　这个情境,看似是上课不听课,不喜欢这门学科,但是当我们发现这种情境几乎在每门学科中都会出现的时候,其实在这个情境的背后,是学生在课堂中对"乐趣"的需求不同。每个人都拥有好奇心,充满趣味的事物更容易让我们愉快的学习和成长,学生通过提高学习兴趣,实现对"学生"这一身份的认同,进而实现个体和自我各方面的建构和整合,在各种自我特质之间建立联系,在各种角色之间建立联系,实现当前的角色和未来的角色之间建立联系,通过适应角色身份,为角色的变化进行积极准备的重要内容。

生涯维度

●生涯好奇　○生涯关注　○生涯控制　○生涯自信
"好像想快点下课,上课让我昏昏欲睡。"(课堂上学生的内心独白)

活动内容

☆ 主题：趣味猜猜猜

☆ 活动步骤：

　　1. 老师提前准备一些词语卡片。

　　2. 向学生说明游戏规则。

　　3. 挑选一名学生到讲台上扮演"小老师"，给他一张卡片，上面写着"关键词"。"小老师"用 2 分钟的时间来生动描述卡片上的单词，而不直接说出卡片上写的是什么。

　　4. 当任何一名学生正确的猜测出"关键词"时候，他就会取代"老师"的位置，并获得新的一张卡片，进而继续"小老师"的工作。

　　5. 如果没有人在 2 分钟内猜出关键词，"小老师"就会"下岗"，这个时候，再随机挑选另一个学生接替他的位置，游戏继续。

　　6. 说明游戏目的，做出约定。

☆ 相关建议

　　本次活动的使用场景，可以作为一节课的热身活动。也适用于上课过程中，班级气氛沉闷，以此调动学生的积极性，让学生集中注意力于课堂。

活动意图

　　1. 不管是什么学科的课堂，老师讲的每一节课都是希望学生都能够学到新的知识，而不仅仅是把注意力放在自愿学习的学生身上，因此，教师需要关注整个班级的学生，关注整个班级的学生的学习兴趣，通过"趣味猜猜猜"的游戏，对于提高课堂的效率，实现学生对学科的认同具有意义。

　　2. 游戏化学习是指将学习游戏化，在教学设计过程中以游戏为手段，激发学生学习的兴趣。心理学家哈里. 契克森提出的沉浸理论中指出，沉浸是人们在做一件事情的时候，会全身心的投入进去，忽略身边的事物进入全神贯注的状态。沉浸理论解释了人为什么会出现这种状态，技巧和挑战是非常关键的两个因素。在游戏化学习中也具备这种条件,在游戏的设置中,游戏也是具有技巧性和挑战性。初中生对新鲜的事物都会有一种好奇的心理,他们也乐于探索新事物,因此,学生在完成的过程中是很容易沉浸其中的.因此,通过游戏融入学科教学,对提高学生的学习兴趣具有重要的意义。

3. 通过点亮学科课堂,让学生对学科产生兴趣。学生对课堂的兴趣是把生涯融入课堂的基础。

 课堂实录

☆ 现实背景

在课堂中,会出现班级气氛沉闷,学生不愿意回答问题,学生在课堂中注意力不集中,有小动作和讲话等现象,对课堂的兴趣低的现象。

☆ 实施时间

正式上课以前或在出现这种情境的当下。

☆ 实施过程

1. 引导:同学们,我们来玩一个游戏活跃一下气氛,大家更有注意力集中在我们的课堂。游戏的名字叫做"趣味猜猜猜"

2. 老师提前准备一些词语卡片(可以是本学科内容有关,可以是一些课外的内容)。如在心理课上,我们的词语卡片有换位思考、挫折感、抗挫力、友情、心理界限、换位思考、积极情绪、消极情绪、情绪ABC、踢猫效应、生理自我、社会自我、心理自我……课外的词语有:窝窝头、秒杀、搓衣板、墙头草、鸡飞蛋打、东倒西歪、智能机器人……

3. 向学生说明游戏规则:①挑选一名学生到讲台上扮演"小老师",并给他一张卡片,上面写着"关键词"。"小老师"用2分钟的时间来生动描述卡片上的单词,而不直接说出卡片上写的是什么。②当任何一名学生正确的猜测出"关键词"时候,他就会取代"老师"的位置,并获得新的一张卡片,进而继续"小老师"的工作。③如果没有人在2分钟内猜出关键词,"小老师"就会"下岗",这个时候,再随机挑选另一个学生接替他的位置,游戏继续。

4. 说明学生们需要遵守的事项:①在"小老师"描述关键词的时候,请思考答案是什么,每个人关注自己,不要把自己的答案说出来。②做出约定,游戏的目的是为了让大家放松,更好的让我们的课堂有效率,游戏结束以后,要回归课堂,约定学生的改变。

5.开始游戏。

课后反馈

┌─ **学生表现** ──────────────────────────────────┐

　　在进行"趣味猜猜猜"活动以后,从学生的眼神就不难发现,学生对上课有了期待。学生对课上的内容也有了兴趣。

└──┘

┌─ **教师感受** ──────────────────────────────────┐

　　在游戏实施过程中,学生的兴趣的确有所调动,都沉浸在游戏之中,这不仅是提高了学生的兴趣,同时,通过选择与本学科有关的内容进行猜测,也对本学科的知识进行了巩固。另外一方面,学生猜测的过程还锻炼了学生的创造性的思维和逻辑表达。

　　趣味猜猜猜游戏的使用,只是提升学生的兴趣的一个引用,在以后的课程中,可以思考怎么把活动引入课程教学中去。

└──┘

调整完善

　　活动的形式可以更加丰富,为了保持学生在课堂中的兴趣,还可以对活动进行改进,强化学生的学习兴趣,如变化猜词的形式,从"小老师"对词语的描述,学生猜变为学生们通过聚焦词语,学生描述词语,通过"小老师"回答"YES OR NO"找到关键词语是哪个。

　　在活动的时间上具有灵活性。可以运用于课前,也可运用于出现这一情景的课上。

拓展适用

　　"趣味猜猜猜"的制定可以运用到任何一节课堂。可以作为课程的导入,引起学生的兴趣,也可以是班内氛围昏昏欲睡,用此游戏调动学生的积极性。

浮光掠影

※ 学生语录、作品、未来展望等

☆ 学生语录

　　我喜欢玩游戏,因为游戏,我喜欢上了上课的老师,我开始对上课充满期待,我喜欢这门学科。

☆ 相关作品

　　词语卡片

汇心寄语

　　当课堂气氛沉闷,学生在上课的时候,讲话、回答,睡意朦胧的现象开始出现,如果不进行处理,课堂呆板如一,教室内死气沉沉。产生这种情境的背后,是学生的需求没有得到满足,反应了学生内心的不满和沮丧。因此心理需求的满足至关重要,只有满足需求,学生才能有效避免在课堂中产生的不合理的行为,课堂中的正能力才会越多,学生也会积极主动的融入课堂。

　　不管是哪一门学科,都要提升学生对学习的兴趣,因为对学科产生兴趣是学科进行德育的基础,也是学生认同学生身份进而适应、认同其他身份,提升生涯适应力的基础。

（课程活动设计：曲倩倩）

课堂规划师

适用情境

　　在心理课上,从活动的角度来设计教学是以活动为主,学生通过合理的宣泄,小组内部讨论,教师引导,使学生的行为发生改变,让学生在活动中有所感悟。通过体验式教学的方式,学生在游戏中自如的表达自己的观点,表达真实的自我。从这一方面来讲,在课堂上营造的氛围容易陷入热情而难以控制的陷阱。学生一旦陷入热烈的氛围中,教师的控班能力显得尤为重要。还有的学生,比较孤独,不愿意参加小组活动,小组讨论,对团体的归属感低。作为心理教师,要从增强班级凝聚力的角度,发挥整个班级的作用,发挥班级规则的作用保障课堂的规范化。

这些情境,看似是学生在上课的时候自由散漫,不遵守秩序,但是总会有这样的情境出现。其实在这个情境的背后,是学生在课堂中对"归属感"的需求不同,这种需求是学生在课堂中渴望被重视,被欣赏,被需要以及超越自我。当学生在整个团体中,感受到被需要,被认可的时候,课堂效率会直线上升,学生适应力也会提高。

生涯维度

○ 生涯好奇　　○ 生涯关注　　● 生涯控制　　● 生涯自信

"我喜欢上心理课,同时,我想我也会把我们在心理课制定的课堂公约放到其他课堂上。我们的班级有了规则感,有了我们制定的公约,或许会变得更团结,这还需要我们慢慢体会。"

活动内容

☆ 主题:课堂规划师

☆ 活动步骤:

1. 引导:同学们,为了让我们有一个大家都喜欢的班级氛围,能够呈现更有效率的心理课堂。现在请大家思考并讨论。为了成为我们所认为的好的心理课堂,我们应该做些什么?

（班级）为了使课堂有效率,我们需要做哪些课堂约定(具体的行为)。例如,在课堂上大家要相互尊重,为了实现这一目标,不管回答的问题对与错,都不要有批评和指责。请大家以小组为单位进行讨论,并写出最具代表性的 3 条。

　　　（个人）为了实现课堂约定,为了维护课堂的效率,班级的价值,其作为班集体的一员,我又可以做到什么呢？请大家每个人写一条具体的行为在课堂公约的下方。并署上自己的名字。

　　　2. 请大家派小组代表对我们所填写的课堂约定进行分享,在全班进行投票。票数多的公约将作为我们的课堂公约。票数较少的公约我们也会进行保留,作为我们的附属条约。

☆ 相关建议：

　　　本次活动的使用场景,可以放在学期初的时候使用。也可以在课堂中,学生表现散漫,讲话等行为出现的时候使用。

 活动意图

　　1. 本活动的本质是提升课堂的效率,通过课堂公约的制定,帮助学生规范自己的行为。同时,让游离在课堂外的学生,通过自己制定课堂公约,增加了对团队的认可,增强学生的认同感和归属感,也能更好的体验到荣誉感。在制定课堂公约的基础上,对自己能够为课堂,对班级做的个人贡献做出承诺。

　　2. 心理学家马斯洛提出的需要层次理论中指出,每个人潜藏着不同层次的需要,这些需要在不通的时期表现出来的程度是不同的。人的需要是从外部得来的满足逐渐向内在得到的满足转化。在马斯洛需要层次理论中,按照重要性和层次性排序,主要有：生理需要、安全需要、爱与归属的需要、尊重的需要和自我实现的需要。其中在爱与归属的需求上,是由爱情、友情等归属的需求。在尊重的需要上是有满足自尊、自信心、成就、尊重他人和被他人尊重。满足尊重的需要上,这和"以学生需求为中心"的教学法中满足学生对"归属感"的需求相一致。在不同的年龄阶段,不同的学生有不同的优势需要,而这些需要常常被学生用独特的方式表达出来。所以教师要正确看待学生的问题,尊重学生,了解学生这样做的原因,维护学生的自尊。同时,在尊重学生的基础上,与学生共同制定课堂规则,体现学生的主体性。只要在爱与尊重的基础上,才能在课堂上激发学生的潜能,促进学生心理健康发展。

　　3. 课堂公约的制定,课堂规划师活动的进行,是学生主体、学生自主性的体现。对于初中生而言,他们面对的未来的生涯会越来越复杂,学生获得的自主性越多,就能够更多的运用自身的内部资源为自己的未来进行探索,并学着为自己的选择负责。

 课堂实录

☆ 现实背景

在课堂中,会出现学生表现散漫,不遵守课堂的秩序,学生对班级集体的归属感,集体荣誉感不强。还会出现学生,比较孤独,不愿意参加小组活动、小组讨论,对团体的归属感低。

☆ 实施时间

开学初或者正式上课以前。

☆ 实施过程

同学们,为了让我们的课堂更有趣,更有活力,同时也让大家有更多的收获,我们需要制定一个上课的课堂规则来实现我们的目标。现在,我们来玩一个"课堂规划师"的活动。

1. 分小组,请同学们打破原先的小组,男女生混合、自由选择小组坐好。

2. 选择课堂价值观:

(1) 请大家思考,你认为我们的课堂应该具有什么样的课堂的价值观。(如果想要在课堂上让我们的课堂有效率,大家有收获,我们应该做些什么)

(2) 每个小组分发关于课堂价值观的纸,请拿到纸的同学思考:你希望心理课堂有怎样的价值观? 思考以后,在最想拥有的课堂价值观后面打"√"(ps:友爱、团结、尊重、规则、包容、活泼、分享、成长)

(3) 没有拿到纸的同学先思考该问题。

(4) 如果想到的价值观是表格中没有的,并且你认为很重要的,请在表格后面进行补充。

(5) 最后一名填写的同学对表格中大家的选择进行统计,选出得票率最高的 3 个价值观。

(6) 投票:对每个小组选出的 3 个课堂中的价值观进行投票。最后在全班范围内选出全体同学最认同的三个价值观。

3. 我制定—课堂公约

请大家思考,为了实现课堂中的价值观,我们需要做哪些具体的行为。

(1) 小组讨论,为了实现价值观,我们要做些什么?

（2）在每个小组写了 3 条课堂公约以后，以班级为单位，请每个小组代表来分享小组制定的课堂公约，全班同学进行投票。对每个小组所制定的公约中票数多的公约进行标记。票数低的公约作为附属条约，展示在上面。

4. 我可以一个人贡献

请每个同学思考，为了实现课堂公约，维护集体的价值，我觉得能够做到的行为有什么？每个同学在课堂公约纸条的下方进行书写，并署上自己的名字。

 课后反馈

> **学生表现**
>
> 在制定课堂公约以后，在课堂上的小组讨论中，教师观察到，曾经游离在团队以外的同学开始回归团体，加入了小组的讨论。此外，在回答问题的时候，班级氛围变成了倾听的氛围。偶尔也会有学生破坏上课的秩序，但是因为有课堂公约的存在，学生会很快回归到课堂之中。

> **教师感受**
>
> 在带领活动后，我感受到了学生在课堂中的凝聚力，遵守公约的班级，在上课体验了活动以后，学生能够较迅速的回归课堂。同时，学生在课堂中相互尊重，有一次在讲到情绪管理的课程的时候，有一名同学小 A 讲到，在愤怒情绪的处理，当他生气的时候，偶尔家里的小宠物会遭殃。另外一名学生小 B 对这名同学进行了批评。这个时候，有很多同学都想起了我们的课堂公约，即"不要有批评和指责"，对小 B 同学做出了"嘘——"的动作。

 调整完善

本活动不仅适用于满足学生对"归属感"需求的课堂，还适合运用到提升班级的凝聚力。

活动的形式可以更加丰富，可以是海报的形式，还可以是相框的形式在活动的时间上具有灵活性。可以运用于学期初,也可运用于课前。

拓展适用

课堂公约的制定可以运用到学生在上课的时候秩序混乱,学生在小组中不愿意参加小组活动等情境出现时。

浮光掠影

※ 学生语录、作品、未来展望等

☆ 学生语录

我喜欢上心理课,同时,我想我也会把我们在心理课上制定的课堂公约放到其他课堂上。我们的班级有了规则感,有了我们制定的公约,或许会变得更团结,这一步,还需要我们慢慢体会。

☆ 相关作品

班级公约海报

汇心寄语

当学生不能把自己的行为和整个班级的课堂氛围联系在一起的时候,学生对课堂的"归属感"变低。这个时候,我们仅仅是通过批评或者惩罚,或者仅仅运用语言的力量让学生回归课堂,是苍白无力、低效率的,并且对于提高学生的归属感是有难度的。

以课堂公约的制定为契机,引导学生通过内省,思考对所处环境想有什么样的表现,从认知上的改变来驱动学生的行为发生改变。通过学生自身规则的制定,给予学生自主选择的权力,丰富学生的内部资源,这是学生有信心对未来进行探索的基础。请相信:当学生的归属感的需求变高,学生自我感觉变好,他才能做得更好。

（课程活动设计:曲倩倩）

慧生涯

第四章 "一到无穷"生涯
适应力活动创新开展

　　除了课程,活动也是学生生涯适应力培养的重要一环,本着从"一到无穷"的活动理念和目标:以1张校园经典活动生涯元素挖掘表引发 n 个活动的完善和调整,以1个年级活动模板引发 n 个年级活动的设计锦囊,以1个年级活动关键词引发 n 个本年级班级活动的创新开展。从校园经典活动、年级特色活动、班级主题活动三个角度对以往的活动进行全面复盘,从活动的目的、基本流程、达成度以及反馈进行分析,从生涯适应力四个维度进行调整、完善和拓展,形成凸显学生生涯适应力提升的基本活动模板。同时通过新老活动设计版本的对比,激发更多举一反三的思考。

　　学校经典活动:对学校每年必须开展的经典活动内容和形式进行详细梳理,针对活动的特性展开完善思考,深入挖掘传统经典活动中的生涯教育元素,在不破坏原有活动构成的情况下,从生涯适应力培养的角度,进行适当优化调整和拓展,在完成原有主题目标的同时也促进了学生生涯适应力的提升。

　　年级特色活动:年级组根据本年级学生的身心特点、学业特性、发展需求,创设性地设计和开展凸显初中生涯探索特性的本年级学生生涯适应力培养的特色活动。如初二年级的"生涯微体验",聚焦生涯好奇的激发,增强学生的主动搜索信息、积极分析、自主选择的能力;又如初三年级"攀登者"特色活动,聚焦面对生涯阻碍勇气的激发,增添生涯控制的自主性。

　　班级主题活动:根据年级活动的关键词,根据本班学生的特点需求,从班级发展的现实情况出发,融入生涯适应力的培养,有针对性地开展主题教育活动,实现了主题教育目的同时也促进了相应生涯适应能力的提升。

　　在具体的活动设计中,如何突破现实的局限和困境实现活动的创新设计和实施完善,这是需要反复思考的问题,活动参与主体广、不可控因素多、评估难、对设计实施者要求高,这些都是需要逐个击破的艰难点,在大量理论和实践研究的基础上,尝试着运用创新思路,逐步将聚焦点从以往只关注对活动主体内容的设计转变为活动前对学生特性和需求的了解以及活动后所进行的全面复盘,即全新的"2+1"模式的创设和实施,真正做到形成从学生发展需求出发不断促进学生生涯适应力提升的活动创新设计模板,并付诸实践,在实践中积极收集反馈,对活动进行最终完善。

　　三个系列活动的模板,特别设置了【活动前期规划】、【活动中期执行】和【活动后期总结】三个环节,引导活动设计者和实施者从"2+1"的模式对活动进行全新而深入的思考。活动前期规划中引导老师们从"活动背景"、"活动目的"以及"活动预期成果"对学生特点和需求进行全面的了解,同时对于活动所要达成的目的和成果进行前瞻性的思考,这是活动进行保持有效方向和具体实施的保障;活动中期的执行让老师们从活动基本的流程(准备阶段和实施阶段)进行详细思考与部署;活动后期总结从反馈阶段和优化阶段,对活动进行全面的回顾和复盘,真正实现从 1 到 N,让一个活动的效用最大化。最后拓展的【活动锦囊】,引导设计者从微观角度(活动具体内容的设计有哪些方面的思考,由此真正促进学生发展的关键)和宏观角度(此类型活动创新可以从哪些方面进行思考和实践,如何举一反三,如何避免误区,如何不断完善)对活动再次进行深入的思考和归纳。

《慧生涯》规划设计负责人:徐　娟

第五章　校园生涯适应力活动设计范例

　　本章选取了五个校园经典活动的创新设计，主要聚焦在校内实践和家庭探索这两个维度，校内实践是校园活动的主体，而家庭探索也是校园活动不可缺少的助力部分。义卖活动、学生会招聘、朗诵比赛、社团组建这些都是耳熟能详的校园经典活动，它们是学校的必备活动也是最为传统的活动，由于历史的积淀，传统活动有一定的模式和套路，但中规中矩的设计已经开始和现今学生的特性和发展需求渐离渐远，最后往往会落入"食之无味、弃之可惜"的矛盾之中。其实这些传统活动能够延续至今，是有着它们独特的内涵和优势的，如果能够结合现今学生发展的特点和需求将这些深厚的内涵进行发掘，是可以让这些传统活动散发出迷人的芬芳。

　　本章中的《爱心助人　自我成长》《从校园人到社会人》《沐浴书香　健康成长》《无社团 不精彩》就是从学生生涯适应力成长的角度对校园义卖活动、学生会招聘、朗诵比赛、社团组建这四大传统活动进行了创新的设计，让这些传统活动具备了更加丰韵的内涵和更富充沛的动力。而《亲子 XIN》活动也是对传统的家庭教育指导活动进行了全新的复盘和思考，向我们展示了新时代校园家庭教育活动的"心"设计和新效能！

爱心助人，自我成长

活动性质

校园活动

活动形式

校内实践

活动对象

全校师生

活动地点

校园

活动前期规划

（一）活动背景：

随着社会经济发展和人们生活水平的提高，中学生逐渐成为消费领域中一支不可忽视的力量，由此引发的过度消费、铺张浪费等问题也屡见不鲜。不少学生手中拥有一些闲置物品，毫无用处又弃之不舍，造成不必要的浪费。本活动的设计，让学生不仅在"生涯认识力"之"人际管理"中学习到的人际沟通和合作的能力运用在实践中，培养学生集体意识、社会意识，以及公民意识，还能树立学生的环保意识，锻炼合理理财能力。

（二）活动目的：

1. 通过爱心义卖这一活动，深入践行社会主义核心价值观—友善，使得学生树立关爱他人的意识，养成乐于助人、乐于奉献的良好品质，是培养学生集体意识、社会意识，以及公民意识的校园实践。

2. 丰富校园生活，将在"生涯认识力"之"人际管理"中学习到的人际沟通和合作的能力运用在实践中，同时将"学习管理"模块中的时间管理、制定计划等能力做迁移，运用在学习以外的外生涯活动的策划、组织和执行中。通过这样多模块能力的交叉渗透，从而提升学生生涯适应力的综合运用能力。

3. 通过爱心义卖，让学生真切地认识到自己对他人对社会的价值，同时，结合"生涯认识力"中"认识自我""认识能力"的相关内容，在实践中发现自己的优势和不足，发挥优点，改正缺点，进而更加客观积极的看待自己。

（三）活动预期成果：

评选出最佳爱心小铺、最赞海报制作奖、最佳 sales 等奖项。

 活动中期执行

活动基本流程

（一）准备阶段：

准备阶段是爱心义卖活动最重要的前期工作，学生们需要发挥策划及组织协调能力，制定义卖计划，筹集义卖物品，制作前期物料，同时为即将开展的义卖活动进行人员岗位的相应安排，这些就需要发挥大家各自擅长的能力和优势，同时结合必要性的辅助工具，如时间管理和活动计划表等。而这些恰恰是我们在六年级"生涯认识力"必修课中的重要内容。

1. 各班组织学生募捐物品（七成新以上，以学习用品、装饰物、玩偶等为主）并给物品定价。

2. 爱心义卖班级岗位分工。

由班干部组织同学根据爱心义卖的岗位设置并结合自身特长进行自荐和推荐，最终确定爱心义卖的宣传组、营销组及财务组成员，并进行岗前培训，明确任务。

3. 制作宣传海报及各个爱心小铺的设计。

由宣传组成员根据此次爱心义卖的主题及班级特色，设计海报，力求做到主题明确，特色凸显，有吸引力。爱心小铺的布置要求做到物品摆放整齐，有班级特色。

4. 制定爱心小铺营销方案及助演节目的编排。

由财务组成员负责物品的定价，既要体现物品的价值也要符合学生实际消费能力；由营销组成员负责义卖物品的售卖，讲究营销技巧，力争尽可能多的将班级义卖物品卖掉；由营销组成员编排助演节目，吸引更多学生光顾本班级的爱心小铺。

（二）实施阶段：

将班级物品进行义卖并清点募集的钱款交到学校政教处。这需要学生发挥耐心和细心，抱着诚实负责的态度完成义卖的活动总结。

活动后期总结

（一）反馈阶段

1. 活动评价方式：评选出最佳爱心小铺、最赞海报制作奖、最佳 sales 等奖项。

由学校组织行政及部分老师组成评委会，在活动结束后评选出以上奖项，并在学校升旗仪式上进行表彰。评价阶段是整个爱心活动的升华，极具仪式感的表彰活动会让学生将整个义卖活动的过程和身心体验强化在头脑记忆中，成为他们校园生涯中难忘的一笔，强化他们身为中学学生的自豪感和荣誉感，身为中国人民共和国小公民的社会意识。

2. 活动总结

> **学生说**
>
> 这次的爱心义卖活动，不仅让我们奉献了爱心，帮助他人，让我们充分地发挥了自己的才能和优势，也从中发现自己的不足，是一次很不错的体验。

> **老师说**
>
> 这次的爱心义卖不同于以往都是教师布置任务让学生完成，而是改为让学生自己策划，自己组织，自己计划，自己执行，甚至相互评价，充分发挥了学生的主体作用，展示不同特长的孩子的能力。

> **家长说**
>
> 我的孩子之前用钱大手大脚，想要的东西比较容易被满足，不懂得珍惜，家里有很多闲置物品。通过这次义卖，他不仅奉献了自己的爱心，也锻炼了理财能力和人际交往能力，明白了金钱来之不易。

（二）优化阶段

活动锦囊

1. 爱心义卖是我校的一项传统活动，旨在通过此项活动让学生养成乐于助人、乐于奉献的良好品质。经过修改后的活动方案，更加注重学生生涯适应力的发展，同时有针对性地结合"生涯适应力"校本课程的内容和目标，让学生在活动开展的过程中认知自我，充分发挥自己的特长，积极参与学校开展的活动，丰富校园生涯。活动过程中注重培养学生的团队合作精神，积极地融入同伴与同伴合作，对自己的生涯发展做一个初步的探索和尝试。

2. 以下表一和表二的对比也是活动创新的一个生动呈现，以往的爱心义卖活动的工作岗位，多由班主任根据自己对学生的认知和了解进行分配，而修改后的活动方案充分体现了学生的主体地位，无论是活动的策划和实施，都是在学生充分认识自我能力的基础上进行，对学生生涯适应力的教育是一个生动的实例。

表一　爱心义卖岗位分工表(传统版)

班级：

组　别	负责的具体工作	负责同学
宣传组	海报制作	
	爱心小铺的设计和布置	
营销组	助演节目的编排	
	义卖物品的售卖	
财务组	义卖物品的定价	
	活动结束后钱款的清点	

表二　爱心义卖岗位竞选表(创新版)

班级		姓名	
我要竞选的岗位			
我的特长		未来想从事的职业	
简述竞选理由			
评价	自评	胜任（　）一般（　）不胜任（　）	
	他评	胜任（　）一般（　）不胜任（　）	
参加了这次爱心义卖后,对于自己未来职业的选择有什么影响?			

活动设计：王丽丽

从校园人到职场人

 活动性质

校园活动

 活动形式

校内实践

 活动对象

预备—初二年级学生

 活动地点

校园

 活动前期规划

（一）活动背景

在新中考改革的背景下，学生需要注重生活和实践能力的提升，能将知识运用到学习、生活等多个方面，在生活中体验到知识，也需要善于表达，要求学生有开放性的思维。还要实践体验，让学生在遇到问题或困难时的态度和解决办法，让学生走出教室，在社会课堂中学习才能更有收获。

学校除了教授学生知识之外，搭建各类平台能够让学生在有限的校园里体验各种岗位，品尝各种滋味，发掘学生的生涯好奇，对于困难失败寻求方法，提升问题解决的能力。寻求专业师资的技术支持，培养学生突发的灵感和创意，在岗位上培养个人的全局意识和合作意识，达成成员与成员之间、团队与团队之间要的密切沟通,从而提升学生的生涯自信。

（二）活动目的

1.发掘学生的生涯好奇,对于困难失败寻求方法,提升问题解决的能力。

2.通过不同的分工,培养学生团队合作的能力,提高生涯自信。

（三）活动预期成果

1.岗位竞聘结束之后,把过程性的资料进行汇总,可以是照片、数字故事等音像资料。

2.把岗位中所收集到的资料进行罗列和汇总,做成个性化的个人竞聘材料。

 活动中期执行

活动基本流程(核心部分,重点陈述,特别是对于改变、创新凸显生涯适应力培养的部分再具体叙述)

（一）准备阶段(包括准备阶段的活动及前期宣传的方式等)

1.通过学校微信公众号、大队部、海报、学生干部等途径进行校园岗位竞聘的宣传,鼓励学生积极参与活动。

2.结合学生自身特质,引导学生分析自己擅长和不足之处,在学生认知的基础上,提供更多信息线索,让学生了解各个岗位的特性,以便做出准确的选择。

3.让学生选出擅长的岗位,做好前期准备,参加学校岗位的竞聘。

（二）实施阶段(包括活动的实施步骤及具体活动内容)

1.根据岗位任务和需求,听取学生自己的想法,适当提示补充换角度的思路,来引导学生迁移经验,参加学校的岗位竞聘。

2.对竞聘的学生按照年级进行分组,并告知竞聘要求,做好准备。

3.由相关老师组成面试小组,对岗位竞聘学生进行面试和技能技巧的测试。

4.按照岗位人数、测试结果和年级的比例进行录取,随后进行培训上岗。

 活动后期总结

（一）反馈阶段

1.活动评价方式

学生岗位竞聘的过程性资料和报名竞聘的情况。

2.活动总结

```
┌─ 学生说 ──────────────────────────┐
│                                          │
│    学校的通过竞聘学校的岗位,能够让自己更多的融入校园生活, │
│  做学校的小主人。                          │
│                                          │
└──────────────────────────────────┘
```

```
┌─ 老师说 ──────────────────────────┐
│                                          │
│    职业体验活动有助于孩子形成更为理性的职业规划,激活学生的 │
│  内驱力,唤醒孩子的生涯意识,对孩子的未来发展影响非常深远通过 │
│  校园岗位的竞聘能够为学生搭建更多的舞台,让学生学习之余在校园 │
│  有更多的舞台,培养学生的综合能力。          │
│                                          │
│    通过校园岗位的竞聘能够为学生搭建更多的舞台,让学生学习之 │
│  余在校园有更多的舞台,培养学生的综合能力。  │
│                                          │
└──────────────────────────────────┘
```

```
┌─ 家长说 ──────────────────────────┐
│                                          │
│    通过校园岗位的竞聘能够让孩子锻炼自己的组织能力,学会和老 │
│  师同学多交流,妈妈觉得对你提升人际交流能力会有更大的帮助。 │
│                                          │
└──────────────────────────────────┘
```

(二) 优化阶段

活动锦囊

1.活动具体内容的设计有哪些方面的思考,由此真正促进学生发展的关键。

面对新中考改革,社会对学生的要求不仅限于学业能力,还要培养他们的综合能力,而校园岗位的竞聘,就是为此搭建了一个舞台,让学生模拟,在校内就有体验尝试的地方和机会,通过各种尝试和锻炼、合作和创新、彼此取长补短,提升自我的综合能力。

2.从宏观的角度来谈,此类型活动创新可以从哪些方面进行思考和实践,如何举一反三,如何避免误区,如何不断完善。

校园岗位竞聘适合学校大部分的活动,例如校园电视台、广播台的所有岗位;学校大型活动所有相关工作人员;学校志愿者服务队等。可以聘请企业专业人员按照企业岗位的要求设定方案,对竞聘人员进行专业培训,之后再上岗,如此才能提升学生的综合能力,为将来走向职场做好铺垫。

沐浴书香　健康成长

 活动性质

校园活动

 活动形式

校内实践

 活动对象

全校师生

 活动地点

学校蒙艺堂

 活动前期规划

（一）活动背景

中华民族传统文化是人类的智慧、世界的瑰宝,中华经典诗文承载着中华民族精神和传统文化教育的精华,是建设社会主义先进文化的宝贵资源,是对青少年进行教育的重要载体。开展中华经典诗文诵读活动,对于传承和弘扬中华民族优秀传统文化,激发学生对中华优秀文化的学习和热爱有很大熏陶作用,增强民族自豪感和文化自信心,提升广大青少年的综合素养。

经典诵读对于培养学生的爱国情感,陶冶学生情操,激发学生的热爱祖国语言文字的情感都有重要作用,伴随经典诵读活动的推广,学生的心智得到了极大的熏陶,培养学生对于未来人生的思考,从营造诵读氛围,让孩子爱读,在方法上加以指导,让孩子们会读,从继承到创新,书读百遍,其义自现,慢慢悟进去,将来长大后的学问就广博了,为孩子们将来的人生奠定基础,建立和促进中学生的生涯关注、生涯好奇、生涯控制和生涯自信,进行潜移默化的生涯适应力的培养。

(二) 活动目的

1. 通过经典诵读,陶冶学生情操,培养学生的审美能力。

2. 通过让学生了解经典文本,培养学生的爱国主义情怀,提升民族自豪感。

3. 从经典文学作品中促进学生生涯关注和生涯好奇。

(三) 活动预期成果(学生作品集、实物展示、PBL 项目化成果展示等)

1. 学生自选经典诵读作品,可采用配乐朗诵,学生合作表演等形式。

2. 把学生的优秀朗读作品制作成视频集,利用校园网进行播放。

3. 通过公众号的推送,让学生对所有诵读作品进行网络评价。

 活动中期执行

活动基本流程(核心部分,重点陈述,特别是对于改变、创新凸显生涯适应力培养的部分在要具体叙述)

(一) 准备阶段(包括活动准备阶段的活动及前期宣传的方式等)

以各班为单位组织初赛,推荐优秀节目参加全校决赛(每班推荐一至二个朗诵);各班学生志愿者共同挑选筛选优秀的经典文学作品,请语文老师帮助一起剖析作品,进行文学处理,之后进行班级挑选,推送出朗读优秀的人,参加校级比赛,再由团队协作一起进行配乐和表演者肢体动作的训练等。

活动锻炼了志愿者的综合能力,也培养了朗读者的自我认识力,提高了生涯关注,被选中参加决赛的同学,也提高了生涯好奇和生涯控制。

(二) 实施阶段(包括活动的实施步骤及具体活动内容)

1. 参赛形式:单人、双人或小组朗诵,参赛选手应力求展现诵读水平,同时鼓励穿插舞蹈、吟唱、字画等艺术表演形式,以进一步提升诗文朗诵的艺术表现力、感染力。

2. 朗诵方式可以按照小型情景剧形式,如此既有听觉的享受,也有视觉的冲击。

3. 每个班级的节目时间控制在 2－5 分钟以内。(站在全校的舞台上面对陌生的同学,除了培养学生的表现力还可以很好地提升生涯自信)。

4. 整个活动流程全部有学生志愿者承担,老师只作为一个辅助者,充分发挥学生的自我能动性,发现自我潜能,重新认识自我,培养自己的生涯适应力。

5. 比赛开始前,参赛选手,评委,主持人提前 30 分钟到会场,选手抽取比赛顺序调试配乐熟悉比赛场地。(有志愿者参与安排)

6. 比赛结束后,由学生进行"诵读之星"评选,提高学生的生涯好奇和生涯控制能力。

 活动后期总结

(一) 反馈阶段

1. 活动评价方式

通过直播方式或公众号推送进行推送,选出校园十佳朗读之星。

2. 活动总结

> **学生说**
>
> 本次活动所有环节有志愿者参与,锻炼了我们的综合能力,我觉得"我长大了"。通过诵读让我们多方向了解中国传统文化。

> **老师说**
>
> 朗诵活动可以让学生了解中华经典文化,接受中国传统美德潜移默化的影响和教育。我觉得孩子们更喜欢文学作品了,也提升了朗读能力,培养了他们的生涯自信。

> **家长说**
>
> 可以提升孩子的人文修养,夯实文化功底,提高朗读水平,让孩子们在朗诵进程中得到经典文学的基本熏陶和修养。
>
> 朗读经典让孩子自信了,也比之前更愿意和我们交流学校的事情了,感觉我们的亲子关系也好了很多。

（二）优化阶段

活动锦囊

1. 活动具体内容的设计有哪些方面的思考，由此真正促进学生发展的关键。

要相信学生是有无限潜能的，要让他们尝试不同的挑战，培养他们的责任心、合作能力、自信心，增强生涯适应力。校园活动的设计都是从培养学生的综合能力着手，老师引导，学生自主找寻资料，团队协作以体验过程为关键，最终达成目标。

2. 从宏观的角度来谈，此类型活动创新可以从哪些方面进行思考和实践，如何举一反三，如何避免误区，如何不断完善。

问计于童，看看学生的成长需要哪些元素？从而设计所有活动以此为初心，不要只流于形式，要重视内涵，学生有获得感的活动才是好的活动。活动前期、中期、后期要让学生设计任务单（老师可给予辅助），每个活动一定要有团队协作，发挥每个学生的特长，自动寻求老师、家长、网络全方位的支撑，体现过程体验，提升学生综合能力的提升，从而提高学生的生涯适应力。

《从校园人到职场人》、《沐浴书香 健康成长》活动设计：陆　贤

无社团，不精彩

活动性质

校园活动

活动形式

校内实践

活动对象

全体学生

活动地点

校内

活动前期规划

（一）活动背景：

学生社团是学生自愿组成，为实现会员的共同愿望，按照其章程开展活动的非营利性群众组织，是我国校园文化建设的重要载体，是我国高校第二课堂的引领者。每年各社团以其具有思想性、艺术性、知识性、趣味性、多样性的社团生活吸引广大学生积极参与其中。

在活动中，社团成员的兴趣往往是活动的内在动机，对活动有持续作用。通过参与社团活动，有助于学生培养健康积极的兴趣、爱好，发挥自己的潜力，从而不断成长。其次，参与社团活动有助于培养学生的主体意识，锻炼学生的管理能力。兴趣使每个社员能够走在一起，共同为社团的发展作出自身应有的贡献。这种社团机制非常有利于培养社团成员积极服务管理社团的主体意识，从而提高管理能力。社团活动也有助于让学生通过活动，找到归属感，体会成功，增强自信。社团活动给学生一个自由发挥的空间，在志同道合者的支持下，实现自身价值，获得成功的快乐。这种成功的体验将使他们克服往日畏难、自卑的心理，终得以塑造个人完美的人格。

（二）活动目的：

1.深度认识自我的性格、个性、能力优劣势、兴趣、时间平衡等；

2.了解参加社团的流程、社团的章程、组织分工、目标、活动记录、成果展示等相关方面，为组建、参加社团活动做好准备；

3.提升逆商，对于遇到的困难、挫折能思考合情合理的解决方法；

4.通过参与社团活动，学会客观评价自己与他人，增强自信，提升学生的成就感和自我效能感。

（三）活动预期成果：

各社团进行成果展示。如话剧社：话剧演出；趣味手工社团：手工作品展示；武术社团：武术片段展示；趣配音社团：学生配音视频集与配音比赛等。

 活动中期执行

活动基本流程

（一）准备阶段：

1. 利用校级广播平台、班会或部分结对学生座谈会，鼓励学生参与活动

2. 在学生认知基础上，通过学校网站、大队部、辅导员、海报、学生干部等提供更多信息线索

（二）实施阶段：

1. 发放活动调查问卷，了解学生对此次活动的想法和组件社团的意愿，征集意见。

2. 学生申请组建社团

3. 社团组建成功，制定社团章程，明确团员任务分工，设定活动计划。按照工作计划，详细记录社团活动记录表（时间、内容、收获、建议等）

4. 明确社团成果展示的形式、分工。学生明确个人目标和任务，并按计划列出时间进度表。记录自己在活动过程中遇到的困难和得到的帮助。

5. 思考："社团活动的目标是否达成？""参加本次社团活动，最大的收获是什么？有什么经验、教训可以总结？""对于日常学习生活的启示是什么？"引导学生反思，提升学生自主发展的能力，并将社团活动中的经历经验延伸到日常学习生活的思考，进而衍生到职业生涯的思考，提升学生的生涯意识。

 活动后期总结

（一）反馈阶段

1. 活动评价方式：

自评，互评，他评

2. 活动总结

学生说

通过这次活动,我对自己有了更深的认识。参加活动后,我知道遇到问题,可以从多方面寻求帮助,平时也要从多角度看待问题。对于章程和规范有了更具体的认识。完成自己分工任务的过程中,觉得自己的能力有了很大的提升。

老师说

在组建社团和运营的过程中,老师不再是课堂中的角色,而是从旁协助,成为了一个引导者。看着同学们在探索、讨论的过程中慢慢成长,在他们需要帮助的时候给予适当的引导和支持,看到最终呈现的社团成果,老师为他们感到骄傲!

家长说

看到孩子带回来的成果和照片,感受到了他的喜悦,看到了在学习之外的另一面,孩子变得更自信了。

（二）优化阶段

活动锦囊

1. 从社团活动的设计者、社团的创建者,到低年级开展着社团活动的辅导者;从"寻梦者"到"导梦者",角色的转变将大大提升学生的自我效能感和成就感。教师要引导学生调整心态,让这部分学生力争从导师的角度帮助、引导、辅助低年级学生开展社团活动。

2. 在评价他人时,引导学生学会客观评价人和事,不停留在"好和不好"封闭式的评价,能从细节处看到他人的优点,学会多元的角度评价别人。引导学生更客观的认识自己与评价他人,增强学生的社交能力、领导能力与合作能力,从而提高学生的自我认识与生涯自信。

3. 社团活动能为学生提供自由发展的空间,社团活动为学生充分发挥自己的特长、展示个人才华提供平台。学校应根据不同学生社团的需要,提供相应的支持和帮助,满足学生日益发展的生涯探索与规划的需求。

亲子 XIN

活动性质

校园活动

活动形式

家庭探索

活动对象

全校学生和家长

活动地点

各个学生家庭

活动前期规划

（一）活动背景：

在人的教育生涯中，家庭教育与学校教育、社会教育共同组成了人生教育的主要构成。家庭教育是所有教育类型的根基，家庭作为人生中的第一所学校，父母作为人生中的第一任老师，有着其他教育类型不可比拟的天然的教育性、持续性和不可替代性。家庭教育对学生的健康成长起着举足轻重的作用。爸爸妈妈和孩子如何建立起亲密的依恋关系，如何在互动中学会看见彼此，如何在交流中倾听到彼此的心声，都是我们需要思考和整理的。

现阶段大多数学校的家庭教育指导活动主要包括家长会、家庭教育讲座、家委会等集中形式和由教师通过电话、微信等方式进行一对一个别指导。这些传统的活动对于家庭教育指导有一定的作用,但仍存在局限性。如:讲座等形式较单一,对家长来说过于高大上,对学生的触动不大,不能有针对性地实施。个别指导的覆盖面不广,过于单向,且需要耗费教师大量的精力。为了打破学校家庭教育指导活动的局限性,更好地实施家庭教育指导活动,我们规划了"亲子 XIN"家庭教育指导活动,意图通过新颖的家庭教育故事征集让全校所有学生和家长参与到活动中来。此活动覆盖面广,贴近学生和家长生活,通过亲子故事的形式分享家庭教育的趣事、发现家庭教育的问题,通过专业教师的点评和指导,典型故事的分享和反思,真正落实家庭教育指导,促进亲子依恋关系。

（二）活动目的:

1. 学生通过写亲子故事吐露自己的心声。

2. 家长通过写亲子故事反思自己的教育理念,改进自己的教育方法

3. 学校通过此活动帮助家长与孩子们建立更好的亲子关系,营造更好的家庭氛围,让亲子之间的依恋关系更紧密,沟通更顺畅,从而让学生获得家长的生涯支持。

（三）活动预期成果:

亲子故事作品集,家庭教育故事微视频,成功的家庭教育故事微讲座,家庭教育书签,微信公众号推送:家庭教育指导(家长的话)(学生的心声)等。

 活动中期执行

活动基本流程

（一）准备阶段:

1. 组建家庭教育组,明确活动目标,讨论活动形式

2. 学校公众号推送《看见孩子的宇宙》,号召家长征集亲子故事。

3. 公布《我和孩子》《我和爸妈》亲子故事模板,分享设计思路。各个年级选择部分班级先行先试,完成部分家长和学生亲子故事,抽选家长和学生进行访谈,收集反馈意见,完善亲子故事模板设计及思路调整。

4. 家庭教育组完成案例的筛选,研究活动的可行性,讨论组织全校性的家庭教育活动。

（二）实施阶段:

1. 家庭教育组讨论活动流程和具体实施方案。

2. 决定活动主题,完善实施细节。

3.完成《亲子 xin》活动方案,美化亲子故事模板。

4.通过班级群和校园公众号推送"亲子 XIN"活动专刊,同时提供亲子故事模板及投稿通道,鼓励每位学生和家长参与亲子故事的撰写。

5.在争取学生和家长的同意下,分期推送优秀的亲子故事集,同时请每一位教师也参与到故事集的阅读感受分享中,对故事中的孩子和家长提出真心寄语。

6.制作家庭教育故事微视频启发更多家长和学生;开展成功的家庭教育故事微讲座;分享家庭教育书签;每月微信公众号推送;家长对于家庭教育的思考、学生的心声、教师的感言等。

 活动后期总结

(一)反馈阶段

1.活动评价方式:

自评:"如果是现在的我"学生反思当时自己的行为;"我们是这样引导的"家长阐述自己的教育理念

互评:"我所期待的"学生评价家长的做法,并说明自己内心的想法;"爸妈的感想"家长看过孩子的故事后表达自己的感想

2.活动总结

学生说

有时候我真的很不理解爸爸妈妈的行为,但是看了他们写的故事之后,我才发现,原来他们是这样想的啊!终于能理解他们的爱,也为自己之前不成熟的表现感到抱歉,如果是现在的我,不会再向以前那么做了。

老师说

看了家长和孩子们的亲子故事,这些故事中有爱、有悔、有冲突、有呐喊,更有成长的体会。很多时候,矛盾和冲突都是因为没有恰当的表达出自己真正的想法,良好的沟通会让亲子关系更和谐。希望这次活动能给亲子之间架起一座沟通的桥梁,让心与心贴的更近。

家长说

　　这次写亲子故事的活动让我更加深刻地明白,沟通交流的方式对于母女之间的关系是如此的重要,很多时候作为父母的我们都希望自己的孩子能变得更好,有时也会无形的给他们一些压力来激励他们,往往只有好的沟通方式才能使我和孩子关系更加和睦,孩子更好的发展。

（二）优化阶段

活动锦囊

　　1. 在活动实施前,进行部分家长和学生访谈,了解家长和学生在家庭教育指导方面需要的帮助,在设计案例模板时重点关注。

　　2. 不断修改、完善《我和爸妈》《我和孩子》两个案例模板,用简洁的语言和有趣的插图让学生和家长更愿意倾诉自己的故事。教师撰写评语的过程中对于学生的家庭关系、心理等方面有更多的了解,方便教师进行家庭教育指导。

　　3. 为了最大限度激发家长和学生参与的愿望,让家长和学生能够更好理解活动目的及具体操作,所以事前的充分准备是非常必要的,特别是亲子故事模板的确立和推送显得非常重要。试点时,家长案例的框架为:（生动的）标题,看见孩子（学会解读孩子语言和行为的密码,可能需要老师的指导）,事件重现（清晰、客观、生动,避免主观评价）,我们是这样引导的（经验和理念的提炼,最好有教育学、心理学的理念）（注:这部分可能需要老师和家长沟通、引导）。与之相对应的学生案例的框架为:（鲜明的）标题,事件重现（能清晰、客观、生动地阐述整个亲子故事）,我想让家长知道的（写出自己的当时的感受和内心真正的想法,表明自己的行为背后的意义）,我所期待的（如果当时爸爸/妈妈能这么做就好了）,如果是现在的我…（如果再发生类似的情况,你还会像当时那样做吗? 会不会有不同的处理方法?）。在完善模板时,我们增加了"分享故事后,孩子（爸妈）的感想"这个部分。很多时候矛盾的产生来源于亲子间思维的差异造成的沟通障碍,希望通过增加的这部分内容,表达真实的情感与想法,让亲子间增进了解,把"亲子 xin"活动落到实处。

　　4. 考虑到家长的文字水平相差较大,可以采用征稿或访谈等多种形式。

对于文采较好的家长可以进行征稿,或对确实有案例可写的家长进行约稿;对于配合工作但能力欠缺的家长,可以以访谈并录音或在微信交流时发送语音的形式,到时呈现录音文字内容。

5.学校公众号、家校联系群、晓黑板等媒介可以作为家庭教育指导的桥梁。我校通过学校公众号推送了《看见孩子的宇宙》并在暑假中征集了家长版《我和孩子》和学生版《我和爸妈》亲子故事,获得了很好的反响。很多家长反映:写故事的同时自己也在不断反思自己的教育理念,改进自己的教育方法。而学生们也在故事中吐露了自己的心声。这些故事中有爱、有悔、有冲突、有呐喊,更有成长的体会。通过《亲子 xin》家庭教育指导活动,帮助家长与孩子建立亲密的依恋关系,营造更好的家庭氛围,让家庭教育指导落到实处。

《无社团,不精彩》、《亲子 XIN》活动设计:张　玲

第六章 年级生涯适应力活动设计范例

　　本章从初中四个年段各选取了一个创新型的年级生涯适应力活动设计，分别从校内实践、社会探索、职校探索、基地实践四个维度展开。

　　预备年级的《梦想的起航》是一个基地实践活动，常规的基地实践活动一般都有自己的模板和流程，比较难进行形式上的改变，如果要进行学校个性化的设计和预定，也会面临很多的问题，这里采用了内涵拓展的方式，在不变动原有基本活动形式的基础上，加入学校个性化的内涵引导，并和学校已在开展的生涯适应力课程相结合，起到了深化和强化的双重功效，一举两得。

　　初一年级的《我是职业小达人》是一个职校探索的活动，这里的活动有两个超前，第一个超前是，很多学校学生的职校探索是放在初二年级，这里放在初一年级，体现了对学生生涯职业意识引导的超前。第二个超前是，做足了活动前准备的工作，职校中进行职业体验并不稀奇，但是借助这样的活动，充分带动学生参与活动前的思考和行动力，这是活动设计的超前意识也是宝贵的意识。

　　初二年级的《学哥学姐对我说》是一个兼具社会探索特性的校内实践活动，初二的学生正处于学业较为繁忙的阶段，往往没有充足的时间去进行社会探索，一些流于形式的社会探索又没有实在的效果，所以邀请已步入社会的学哥学姐来和学生进行一个现场的互动，既生动有趣，又让学生做到在校园内也能丰富社会的探索经验。

　　初三年级的《辉煌攀登者》是将传统初三考前的誓师大会进行了创新设计，更加突出了从学生的心理需求出发，而非为加油而加油，激发学生更多的内驱力。"辉煌"的目标令人向往，但更令人奋进的是作为攀登者的过程，让学生更加深刻体会到学习的意义和价值，对人生充满更加积极的向往，同时不断积聚面对中考的正能量！

梦想的启航

 活动性质

年级活动

 活动形式

基地实践

 活动对象

六年级学生

 活动地点

东方绿舟

 活动前期规划

（一）活动背景：

六年级学生正在经历从小学生到中学生的身份转化过程，也在慢慢接受和适应新的环境和新的集体，利用东方绿舟社会实践活动的契机，可以更好地快速适应和融入集体生活，接受身份转变带来的成长信号，意识到自己肩负的责任更加重大，要为自己设立更高的目标，正视及积极看待挑战与成长兼具青春期阶段。

（二）活动目的：

1. 通过国防教育与训练，使学生初步了解军事知识和国防知识，掌握基本军事技能和增强国防意识。结合学校德育特色项目——以学习李白烈士事迹为主线的红色传承系列活动。学生通过这一活动,在确定自身价值的同时,思考作为国家公民的价值和使命感,思考身处和平年代的中学生如何践行社会主义核心价值观—爱国,并充分将这种感情带到学习以及日常的生活中,将自身成长的小生涯融入到祖国发展的大生涯中去看待和思考,是"生涯适应力"中对学生社会意识和公民意识培养的重要启动。

2. 通过队列训练及内务教育,加强对学生的行为规范训练,结合"生涯认识力"必修课学材《变化,让我长大了》《做自己的主人》等内容,对身为中学生的自己提出新的成长性要求。行为规范教育不仅可以更好地快速适应和融入集体生活。此外,遵守集体规范,也是学生自我管理的重要体现。随着新学习任务的深化,学生还需要进一步具备抗挫力、意志力、压力管理等更多的生涯能力,而这些都是从行规教育开始的。

3. 通过六年级建队暨换戴大号红领巾仪式,激发队员对少先队组织的热爱,结合"生涯认识力"必修课学材《我的青春期》等内容,让学生形成新的自我认同,接受身份转变带来的成长信号,意识到自己肩负的责任更加重大,要为自己设立更高的目标,正视及积极看待挑战与成长兼具青春期阶段。

(三) 活动预期成果:

学生寝室内务评比(评出最佳寝室)、各班队列评比(评出队列比赛第一二三等奖)、参观国家安全教育馆观后感、急救救护(评出"急救小卫士")、三角巾包扎比赛。(评出"包扎小能手")

 活动中期执行

(一) 准备阶段:

1. 召开年级大会,对学生进行活动动员及相关的纪律教育。

2. 以班级为单位进行住宿安排,每间寝室安排 1 位寝室长,由年级组长负责召开寝室长会议,明确职责,再由寝室长对寝室成员进行分组会议,明确每位寝室成员的责任。

3. 设计学生活动单和教师引导单。

学生活动单	教师引导单
起始时间—— 活动名称——	1.召开年级组大会,介绍基地活动的相关安排,动员鼓励学生参与活动
这次我们将要前往的基地是—— 我们将参加哪些主题的学习—— 其中我对什么主题最感兴趣, 为什么—— 我对什么主题比较担心,为什么——	2.强调本次基地活动的特殊性,内容丰富,多主题学习,尤其是离家集体生活,考验安全意识和规则遵守。在出发前务必组织学生了解此次活动的全流程安排,尤其是学校对学生提出的要求,根据大要求自己设定小要求,可以是"我想学会……""我想改变……","我想完成……"等;计划和作息是不同的概念,根据时间安排,如何尝试有重点有方法地完成任务,是计划的基本作用
我是否明确活动的全部内容和要求——除了学校提出的目标,我给自己设定三个个人小目标——根据学校的作息安排表,你有什么想法——结合个人目标,拟定一个学习生活计划——梳理物品清单,整理行囊,并请家长复核一遍,——装备齐全真棒!拍照留念	
一月一日:发车,我当时的心情—— 到达基地后,熟悉环境,有哪些和我预想的不一样——	1.强化期待,调整心态,适应环境
我与——同一寝室,我们的室名是——我们的公约——在集体生活中,我擅长——弱项是——我通过什么方式提升自理能力?展示我们的寝室(图)	2.引导学生团队建设,规则意识,寻找补短的方式途径
我的每天社会实践记录单(时间、学习内容、传授者、收获、遇到的困难、努力方向、我的表现自评、一句话感受)	3.养成每天复盘,记录学习心得的习惯,体现过程性自我评价,寻找成就事件,无论大小,帮助学生树立自信,延续学习成长的动力;小研究课题可以在出发前申报,当然也可以在进程中根据实际情况临场选择,做研究的方法技能在平时学生已有所了解和掌握,这个环节主要是引导学生应用实践,课题可大可小,关键是规范加合作加发现
一天小结:今天感觉最有趣的一件事——我懂得的一个道理——我最有成就感的是——	
实践活动中,我选择的研究探索主题是——项目组成员有——我承担主要任务是——我们的精简版探究报告:(时间、探究主题、组员及分工、探究方法、探究流程、最终成果、意外收获、反思展望)	
真厉害,厉害的我,厉害的你,厉害的我们,厉害的国家	4.引导学生观察身边发生的一切,用赞美的眼光看待世界,说清楚谁厉害,厉害在哪里,为什么厉害?

续 表

学生活动单	教师引导单
在整体实践活动过程中,我们了解了不少职业的人,军人、医护、农民、科研人员、校外辅导员等,你最感兴趣的是什么职业?为什么?要胜任这些职业在知识、技能、态度、性格、其他等方面有什么要求	5.在和教官、辅导员、调查对象接触过程中,以及相关学习过程中,对三个行业有所了解,感不感兴趣不是关键,主要是引导学生理解任何职业都是需要一定的要求才能从事的,要提前有所规划的准备。
三天的实践活动即将结束,回顾一下这段有意义的学习生活,学校设定的目标我都完成了吗,我自己的个人目标完成了吗?如果没完成,是出了什么问题——接下来你想怎么做?——听听老师、教官、同学的意见,他们建议—— 在三天中,我们经历了多场竞赛,我印象最深刻的是——比赛,从中,我体会到取得胜利的关键是——三天里,我想感谢_____为什么?(1—3)结营学分卡成绩(拍照,另设计,包括项目得分、自我评价、小组评价、教师评价)本次活动哪些学习收获是可以在今后学习生活中起到影响作用的——哪些是我想进一步强化巩固的——	6.引导学生回顾原先的目标达成度,做出合理的调整,没达成可能是多种因素造成的,要找到问题所在,并有所努力行动;竞赛输赢不重要,从中获得经验和教训是成长的重点;学会感恩,对给与帮助和支持的人表示感谢;学以致用,解决问题的能力、坚持的态度、劳动的意识、节约粮食的意识、生命的珍惜、应急的冷静、研究的严谨、合作的策略等都可以启发学生反思。
回到学校,我们向老师、家长和同学们汇报了我们的学习成果(照片)在家里,我对家长作出自己的事情自己干的承诺(包干协干事务表)——家长的话——根据这段难忘的经历,我从——角度选择主题,写了题为——的作文(照片)	1.回到学校,可以从军训队列检阅、小组成果海报、考察研究成果发布会、自救自护宣传演练等多种形式开展;把学习成果延伸到日常生活,在家里养成劳动习惯,让家长与孩子形成长期共识约定;从语文学科角度,布置学生自选主题写作,可以是集体生活趣事,可以是困难挑战,可以是新农村印象等。

(二) 实施阶段:

1. 内务教育:明确活动的纪律及寝室内务要求,包括每天的作息时间、个人卫生、寝室环境、行为规范等,让学生明确自己的责任,做到能把规范的要求内化为自觉的行动。应用结合"生涯认识力"必修课学材内容,促进同学间的人际合作和沟通,友善、真诚地对待他人。

2. 队列训练:由基地教官负责以班级为单位进行队列训练,包括一次长距离的行走拉练活动,规范学生的行为,锻炼意志,为"生涯认识力"选修课阶段中的意志力以及抗挫力作初步探索,通过活动使学生学会在实践中充分发挥自己的主观能动作用,努力克服各种困难,不退缩,用顽强的意志行动实现既定目标。队列训练:由基地教官负责以班级为单位进行队列训练,包括一次长距离的行走拉练活动,规范学生的行为,锻炼意志。

3. 国防教育:参观国家安全教育馆,全面了解在革命战争、新中国建立和改革开放等各个历史时期,隐蔽战线上的重大事件和重要人物,学习他们艰苦卓绝的斗争精神和不朽功勋,培养学生的社会责任感,为七年级社会意识课程提高生涯理解力,树立在承担责任中成长,努力做一个负责任、维护国家尊严的青少年。

4. 通过建队暨换戴大号红领巾仪式,激发队员对少先队组织的热爱,结合六年级生涯适应力课程(我的青春期),让学生意识到成长后的自己肩负的责任更加重大,要为自己设立更高的目标,肩负新使命,实现新进步。

5. 安全实训:参观公共安全实训中心及进行火灾逃生、急救救护、三角巾包扎等活动。安全实训教育不仅是中学生自我保护的重要内容,同时也是他们未来适应社会可能出现的各种突发紧急状况的求生必备能力,也是救助他人的重要能力,符合"大生涯"的核心定义。

 活动后期总结

(一) 反馈阶段

1. 活动评价方式:

由学校行政带队老师、班主任、基地教官及学生代表组成评委会,结合"生涯适应力"相关教学培养目标,评选出最佳寝室小集体(集体意识)、优秀营员(行规表现)、最佳"急救小卫士"《生存考验》等奖项,利用升旗仪式进行表彰。各班在活动结束后,利用少先队活动课进行活动的总结及学生反馈,每位同学写一份活动小洁并进行交流。

2. 活动总结

学生说

　　进入中学后的第一次外出活动,我不仅能更好地规范自己的行为,学习在新的环境下和老师同学相处,更明确了自己作为一名新时代的少先队员的责任,迈好中学第一步

老师说

这次活动孩子们都很开心,我也觉得他们通过整理自己的内务、队列训练等活动规范了自己的行为,对班集体的建设有帮助。这可以帮助他们形成很好的集体意识,也更好与班级同学相处。

家长说

我们家长一开始是有些担心的,毕竟孩子要离开家里,在外面和老师同学一起度过三天两晚,老师或许无法兼顾到每位学生,更多的是生活方面的担心。但是从活动中老师发来的照片和活动结束后孩子回来的反馈,我们觉得这是一次很有意义的活动,仿佛一下子能感受到孩子的改变,开始慢慢长大了,期待他在实验中学的四年能够学有所成。

(二)优化阶段

活动锦囊

六年级的东方绿舟研学实践活动是为了全面做好初中生综合素质评价工作而进行的一次三天两晚的社会实践活动,在我们学校也是第一次尝试,经过修改后的活动方案,希望在落实学校办学理念的基础上。推进学校生涯适应力课程体系的推进,针对六年级的这种身份,我们结合了"生涯认识力"必修课阶段和选修课阶段学材的多个教学目标,注重学生的学习能力、实践能力、创新能力,让学生在活动开展的过程中认知自我,发挥自己的特长,培养团队合作精神,明确自己的责任和担当,学会在新的环境中的同伴关系及师生关系的建构,最终旨在学生的大生涯能力和综合素质培养。

活动设计:王丽丽

我是职业小达人

 活动性质

年级活动

 活动形式

职校探索

 活动对象

初一年级

 活动地点

中职校实训中心

 活动前期规划

（一）活动背景：

1. 七学生已经逐渐适应了初中生活，心智逐渐成熟，开始对未来有了一定的规划意识。但是局限于自己的

2. 七年级学生正处于世界观、人生观和价值观形成的关键时期，需要在社会实践中进一步认知自己、认知社会，从而更深层次地理解不同职业，形成初步的人生理想目标及发展规划。

（二）活动目的：

1. 让中学生走近各行各业，了解不同行业的工作特质，对整体的行业知识进行系统的认知，让学生对体验的职业有较为全面的了解。

2. 通过培训课程以及实地操作,学生可以不断地学习、成长,提升自我认知,明确职业生涯规划的方向。

3. 通过体验不同的职业,树立孩子的生涯意识,帮助他们明晰自己的未来。

(三) 活动预期成果(学生作品集、实物展示、PBL 项目化成果展示等)

《我的职业体验故事》——学生作品集展示

 活动中期执行

活动基本流程

(一) 准备阶段:

1. 通过网站宣传,将暑假职业体验学校及活动清单相关信息传达给学生,让学生对活动的相关信息有充分的了解,激发参与的兴趣。

2. 根据学生的兴趣,选择不同的职业活动,进行分组。兴趣是最好的老师,基于自我个性的选择,更有利于学生充分认知自我,体验相应的职业。

3. 学生分组查找及搜集职业体验项目的相关资料及图片,对活动项目充分了解。分组查找资料,帮助学生对自己要体验的职业有了初步的认识,也会产生相应的问题,带着问题去体验职业,在实践中解惑才是职业体验的真正意义。

(二) 实施阶段

1. 分组到达职业体验学校,进入实训中心。

2. 通过实践体验,动手操作,了解所体验职业的职业特点、职业要求等。通过职业体验,学生也实现了从"玩"到"职业体验"的转变。学生对不同的职业有了更实际、更深入的感受,对职业产生了浓厚的兴趣、态度和行动

3. 活动过程中收集照片、视频等,为撰写职业体验报告积累素材。活动中小组成员进行分工,开展探究合作,记录活动中的所学、所思及所得。

4. 体验结束后,各小组对前期活动的资料进行汇总整理。组员将在体验中学到的知识,掌握的本领,体会的劳动快乐,获得难得的感受,进行分享,完成《我的职业体验故事》的撰写。

活动后期总结

（一）反馈阶段

1. 活动评价方式3

《我的职业体验故事》分享，评选职业小

学生通过自己的职业体验故事，分享职业体验中或难忘或感人的时刻，评选职业小达人，鼓励学生参与的积极性，也可以提升活动在社会、学校、学生、家长中的影响力。

2. 活动总结

> **学生说**
>
> 通过职业体验活动，我动手制作了很多作品，收获满满。同时我也对一些陌生的职业有了新的了解，我觉得这一切都充满了神奇的魔力。我期待了解更多的新职业！

> **老师说**
>
> 职业体验活动有助于孩子形成更为理性的职业规划，激活学生的内驱力，唤醒孩子的生涯意识，对孩子的未来发展影响非常深远通过校园岗位的竞聘能够为学生搭建更多的舞台，让学生学习之余在校园有更多的舞台，培养学生的综合能力。通过校园岗位的竞聘能够为学生搭建更多的舞台，让学生学习之余在校园有更多的舞台，培养学生的综合能力。

> **家长说**
>
> 这些职业体验活动内容丰富，孩子开阔了自己的眼界。虽然不可能通过一次体验活动学到很多知识，但是在潜移默化中提升了孩子对于职业的认知，这种教育是在课堂中无法实现的。

（二）优化阶段

活动锦囊

1. 职业体验为代表的职业教育不再是枯燥刷题或者照本宣科，而是通过采取"尊重劳动,尊重技能"的现场体验式活动,让孩子们在动手操作的过程中,收获平时在封闭课堂里学不到的职业技能知识,培养了孩子们的动手能力、独立思考能力等,更在孩子们幼小的心灵里埋下一颗职业梦的种子。在活动中,大部分是学生自发参加,如果家长可以一起参与,互相交流学习,有助于家长转变教育观念,有助于学生的职业发展。

2. 职业体验日活动,只是一颗"种子",我们并不寄希望于一次体验就能找到职业方向。学生可以通过体验,然后通过网络、实践,进一步了解自己喜欢的职业,例如,电子工程师、动漫、木工等等。职业体验只是探索未来的第一步,职业体验的后续活动如作品展示、体验故事分享,以及未来更多的职业探索等,一切才刚刚开始……

活动设计:李婷婷

学哥学姐对我说

 活动性质

校园活动

 活动形式

校内实践、社会实践

 活动对象

初二年级全体学生

 活动地点

录播室

活动前期规划

（一）活动背景：

初二年级的同学很快就要步入初三,面对人生第一次的生涯选择,很多人都很迷茫。一方面对现状的没有把握,另一方面对未知信息没有了解。而他们的父母家人可能也没有这方面的资源,或者也对这些一无所知。所以我们可以给他们提供一些信息的普及,而本校学长的经验传递不仅能扩大他们的生涯选择的信息量,也更容易让他们建立信任感。

（二）活动目的：

让他们从学长的经历中学习到经验,帮助自己树立生涯控制意识,懂得如何为自己做生涯决策。

（三）活动预期成果：

学长的演讲介绍PPT,学生的体会感想或者更进一步的信息搜集分享。

 活动中期执行

目前很多学生都想考高中,但是为什么想考高中,自己和高中分数线的差距,考了之后高中的学习状态,高中之后的人生方向选择,大多数学生都一无所知。他们也不知道中职技校的专业学习有哪些比较适合自己。

让学生先列举出自己目前的困惑(可能很多学生连困惑都没有,都在浑浑噩噩过日子),再联系 2017 届现在正在大一的学生,来针对现在学生的问题做针对性的讲座,为他们的生涯控制来做个切实可行的指导。

	学生任务单
准备阶段	征集学生感兴趣的升学问题,设计问题汇总表格。
实施阶段	下发问题汇总表。邀请 2017 届学生来进行交流分享。结合图片和视频,既有个人学习经历分享,又有职业领域的讲解介绍。
反馈阶段	完成问题汇总表
优化阶段	根据已完成的问题汇总表,为自己做一份初三学习方向规划。

活动基本流程

（一）准备阶段：

首先让学生写一份初中毕业后的发展方向的设想，了解学生对初中毕业后去向的计划。

再让学生就自己对初中毕业后的计划每人提出 3－5 个问题，把问题加以归类整理。

（二）实施阶段

1.班主任挑选具有代表性的且善于表达的历届学生进行联系。

2.把学生的初中毕业方向设想和提的问题给学长，让他们准备交流分享的内容。

3.请他们来校，用拓展课的时间和学生进行交流探讨。

 活动后期总结

（一）反馈阶段

1.活动评价方式

用"晓黑板"设计了问卷调查，设计了题目进行自我评价总结。

1）你在初中阶段的学习成绩如何？

Ａ Ａ等　　　　Ｂ Ｂ等　　　　Ｃ Ｃ等　　　　Ｄ Ｄ等

2）你是参加中考还是随迁子女考试？

Ａ 中考　　　　Ｂ 随迁子女考试

3）你对自己的升学的目标是什么？

Ａ 考重点高中

Ｂ 能考高中最好，考不上就读中职校

Ｃ 就想考中职校，学个自己喜欢的专业

Ｄ 没想过

4）你对自己未来规划的依据是什么？

Ａ 家人、同学的影响

Ｂ 自己的兴趣爱好

Ｃ 不知道，没方向

5）你觉得学长的分享对你的初中毕业生涯规划有没有帮助？

Ａ 有很大帮助

B 有一点帮助,但还是不知道自己该怎么做

C 没什么帮助,我没有听懂

6)听过分享之后你对自己的初中生涯规划的设想有没有改变?

A 有,我觉得应该提高学习成绩,给自己定更高的目标。

B 有,我更明确了兴趣爱好和自身实力的重要性

C 很模糊,我还是没有想好自己的目标和计划

7)如果下次还有类似的分享交流活动,你有什么期待吗? 请用自己的话写下来。

2. 活动总结

> **学生说**
>
> 　　学长的学习经历我觉得又熟悉又陌生,好多和我一样的学习经历,但也有好多是我从来没有考虑过的。我觉得自己有点得过且过,并没有认真为自己的未来切实做过什么。我应该先明确自己的目标,再为自己定一个可行的计划。

> **老师说**
>
> 　　这些毕业了的孩子都是我们看着长大的,我们亲手送出去了,看到他们的成长真高兴! 他们的体验分享让现在的学生觉得很接地气,比我们讲大道理好多了!

> **家长说**
>
> 　　我们家长知道这些升学和个人发展的信息太少了,感谢学校能为我们的孩子提供开阔眼界的机会。我们也知道了一点怎么帮助孩子规划生涯的方法,这样的活动再更丰富一些就好了!

(二)优化阶段

 活动锦囊

　　以往的初三生涯指导大多都是请中职技校的招生老师来校介绍专业,或者请专家给家长做报考指导。但我们很多家长都不太能听得懂,也不了解行情,学生也很迷茫。

我们这个活动的优势在于,首先我们老师能有针对性地选择来宣讲分享的对象,哪些历届孩子更适合现在学生的情况。比如我们现在的生源更多是外地的,我们就可以请外地户籍的历届学生来分享他们是如何选择回老家与留在上海的,如何选择中职技校的专业的,从哪些方面考虑的。分享内容一定是在现在学生的盲点和认识误区上来设计的。还有一些优秀的历届学生给考高中的学生分享学习的成功经验和寄语。

活动设计:谈　晴

辉煌攀登者

活动性质

年级活动

活动形式

社会探索

活动对象

初三年级

活动地点

适合登高望远的场所

活动前期规划

(一) 活动背景

初三的学生马上要经历二模考和最后的中考冲刺,他们在心理和生理上都承受着巨大的压力。理想压力空前增大想进重点的欲望陡然提升;理想热情大打折扣几次考试不理想就自暴自弃,一点点小小的打击就萎靡不振,丢掉早先的升学目标;有部分学生厌学情绪继续激化,上课不听讲、作业不愿意写;自我管理两极分化有些孩子已能把握自己,有的孩子则完全不能自我管理。针对学生出现的考试前的诸多问题,为了激发学生最后阶段的学习热情,更好地备战中考,争取取得中考的全面辉煌,为学生进入以后的学习奠定良好的基础,我们将原先的誓师大会进行升级,组织开展一次别具一格的《辉煌攀登者》活动。

（二）活动目的:

1. 在初中阶段所强调的生涯规划,是一种个人生涯发展的引导,并非要个体提出一个清晰的生涯规划,而是帮助个体建立正确的生涯观念,初步掌握作决定的方法与技巧,随着初中生年龄的增长,他们可以更有效地了解生涯规划的历程,掌握自己的生涯发展。

2. 初中阶段的学生大多数属于职业探索阶段,也有一部分学生在毕业后会选择中等职业学校就读,对这一部分学生,在校期间对职业做一些探究性的了解,可能会对其专业选择以及之后的职业定向有帮助。初中生涯发展教育的重点为:生涯探索和生涯计划,并开展升学与择业辅导。

3. 初三的学生面临的最实际的问题就是模考后的志愿填写,让学生对自己有个清醒的认识,对未来有个明确的目标,更要切实抓好初三年级二模考前20天,中考考前100天的教育教学工作,充分调动全体初三年级师生的工作、学习积极性,进一步激发师生的工作、学习热情,更好地备战中考,争取中考的全面辉煌,为学生进入以后的学习奠定良好的基础。

 活动中期执行

活动基本流程(核心部分,重点陈述,特别是对于改变、创新凸显生涯适应力培养的部分在要具体叙述)

（一）准备阶段(包括活动准备阶段的活动及前期宣传的方式等)

1. 设计问卷调查:

（1）了解"学生对上阶段学习表现是否满意",问题包括:情绪状况,成绩情况,目标与信心,学习复习效果,班级氛围,困扰与阻力等;

（2）了解"一模考试后和二模考试前的影响",问题包括:对目前学习状态的评价,如何看待一模成绩,对未来两个月备考的展望,目前最需要解决的问题等。

（3）了解"学生对老师、家长的看法和建议",问题包括:我与老师、家长的关系,家长对我的关心程度,老师的哪些言行能带给我动力,哪些言行会让我感到难受,爸妈(老师)我想对你说等。

通过问卷调查,了解学生这个阶段的心理状况,根据学生反映出的问题设计相应的活动内容。

2. 职业角色扮演,准备服装道具等。让学生通过活动准备,对自己感兴趣的职业有更深入的了解。

（二）实施阶段

1. 学生主持宣布大会开始

2. 年级组长动员讲话

3. 学生代表畅谈我最喜爱的职业

最好请一部分参加过职业体验活动的学生来说,这样他们可以更多地了解工作中的快乐与辛苦,寻找工作的技能,了解工作环境,获得工作经验,为将来进入工作做一些适当的心理准备。

4. 职业演出

游戏道具:写有职业名称的卡片(让同学们自己提出一些职业,然后写在卡片上)。

游戏步骤:

将参加的老师和同学分为若干组,先拿一个卡片上的职业展示给其中一个老师,然后这个老师用动作把这个职业表演出来,让其他的同学来猜是什么职业。猜完之后,大家进行分享,游戏中展示了不同的同学对同一个职业的不同的认识,也能够加深同学们对职业的认识。

这个活动学生参与之后,可以根据自己对职业素质要求完善自身知识结构,确立自己的生涯目标。

5. 初三全体学生宣誓

6. 校领导总结发言

7. 学生填写心愿祈福卡

学生写下对未来的期许,让学生确立短期的学习目标和长期的奋斗目标,以此激励自己调整心态,以积极向上的心态面对冲刺阶段的学习生活。

活动后期总结

1. 活动评价方式：

（1）实践活动本身是一个过程，所以我们要注重过程性评价。

（2）学生自评、生生互评、教师评价相结合

学生自我评价是培养学生正确认识自我、认识社会以及促进学生自我反思的最基本的手段，科学合理的学生自我评价能够极大地激发学生的内在动因，不断地推动学生的成长成才；生生互评，是给其他学生一次直观性的教育，更能体现评价的公平、公正；教师对学生的评价，可以比较客观、公正、科学、合理，可以满足学生的他人认同感，并转化为其学习的内在动力。

2. 活动总结

> **学生说**
>
> 觉得此次誓师大会给他们在学习上增添了信心，使他们在下阶段的学习更有动力了。"让我们今天的奋斗成为明天最美好的回忆！"

> **老师说**
>
> 学生们从誓师大会之后，上课听课效率更高了，作业更认真了，感觉终于进入了中考冲刺的状态。

> **家长说**
>
> 孩子回家能主动做作业了，再也不用盯在屁股后面催了，好像一夜之间长大了。

（二）优化阶段

 活动锦囊

1. 充分了解学生的心理状态和需求是活动设计的核心线索，也是能否具有实效的保证。"辉煌"是追求的结果，而最为关键的是体会和感受作为攀登者的过程，由此带来源源不断的动力。

2. 增加职业体验游戏环节

通过游戏中,可以了解不同的同学对同一个职业的不同的认识,也能够加深同学们对职业的认识。这个环节的设计活跃了整个活动的气氛,展现出学生的想象力与青春风采,同时培养学生的团队协作能力,引导学生树立正确的生涯目标。

活动设计:高　馨

第七章　班级生涯适应力活动设计范例

本章选取了各个年级中一些有代表性的班级生涯适应力特色活动设计，班级活动是最日常也是对学生影响至深的。

让我们从《爱心小卖铺》、《五个关键事件》、《未来的我》、《我的生涯我作主》、《榜样的力量》、《成果的意义》这些活动设计中体味班主任们的独具匠心吧！

爱心小卖铺

 活动性质

班级活动

 活动形式

校内实践

 活动对象

初一班级学生

 活动地点

校园

活动前期规划

（一）活动背景：

随着人们生活水平的提高，家里的闲置物品越来越多，不少物品有七八成新，留之无用、弃之可惜。若把它们捐献出来，帮助困难家庭的学生不失为一举两得的好举措。

初一年级的学生正处于青春期的初始阶段，好奇心和探索欲已萌发，自主意识逐渐增强，他们需要能提升自我发展的活动为自己赋能。这些活动对他们未来的职业发展可能起到引领作用，对他们生涯适应力的发展也会有促进作用。

（二）活动目的：

1. 通过班级活动创新，使他们较全面地认识自己，发挥自身特长。

2. 使学生对今后的生涯规划有了更明晰的目标，促进学生综合素质发展的生涯适应力之生涯理解力的探索。

（三）活动预期成果：

1. 筹集爱心资金，送到班里需要关怀的学生手中。

2. 通过班级公众号，发文配图，让更多人了解这次活动。

活动中期执行

活动基本流程

（一）准备阶段：

1. 教师召开班会或部分学生座谈会，了解学生的想法，鼓励学生积极参与活动。（只有学生真正全情投入班级活动，才能发挥他们的巨大能量，获得意想不到的效果。）

2. 教师在学生认知基础上，提供更多信息线索（学校公众号、学校海报、学校广播等），明晰"义卖"概念、义卖商品来源、义卖形式、钱款用途。

3. 引导学生梳理义卖时间、地点、商品信息、交易规则、团队支持、清货盘账、突发预案等环节。（教师发挥引领作用，让学生对义卖活动有更全面的了解）

4. 设计义卖纪念贴图，名称"让我们留个纪念！"

（或：准备拍摄义卖小视频）

（二）实施阶段：

1. 组建团队：教师通过提问挖掘学生深层次的期待探索，引导学生采取合适的方式组建团队（自我介绍、任务认领、统筹分配等）分为：宣传组、营销组、财务组。

2. 团队分工：

a）宣传组（擅长绘画排版的学生）负责设计海报、收集义卖物品。

b）财务组（做事细致严谨的学生）负责对义卖物品进行分类、定价，定价标准参考同类商品原价、折旧率、市场需求、网上信息查阅、征询师生、家长意见……（若有个别学生家境困难可免予捐物，参加服务也是献出爱心）

c）营销组（擅长与人沟通的学生）负责当天爱心物品的售卖。

3. 其他学生作为买方准备好钱款购买义卖物品。

4. 义卖当天，宣传组布置爱心店铺：摆放海报和义卖商品。营销组售卖义卖商品。宣传组成员邀请别班学生光临本班店铺。

5. 义卖活动结束，财务组清点并上缴钱款。宣传组和营销组清理店铺。

 活动后期总结

（一）反馈阶段

1. 活动评价方式（学生自评）

	目标达成	能力提升	沟通协作	态度意志
赞				
还行				
需努力				

（采用学生自评的填表方式，简洁明了，易于学生进行自我评价。符合这次班级活动以教师为引领者，以学生为活动主体的设计理念。）

2. 活动总结

学生说

　　我在爱心义卖活动中奉献了爱心，帮助了需要帮助的同学，感到无比快乐！从中我也发现了自己的特长，更了解我自己了。

老师说

　　这次爱心义卖活动,在教师的引导下,学生们发挥了较强的主观能动性,根据自己的爱好和特长筹备、组织和开展活动。

家长说

　　在这次爱心义卖活动中,孩子们既奉献了爱心又锻炼了自己,让我对孩子有了新的认识。

（二）优化阶段

 活动锦囊

　　本活动的设计出于两方面的思考:一、培养学生的爱心、同理心,让奉献、关爱等优秀品质陪伴学生的一生。二、通过活动的筹备和开展,使学生更全面地了解自己,认识到"我是谁?"助力学生在今后的生涯发展中有更合适的选择。

　　开展爱心义卖活动的动员不是"走过场"流于形式,而是让学生切实了解到帮助同伴的意义。爱心义卖活动的开展不是教师布置任务,学生被动地接受、机械地实施;而是教师扮演"引领者"的角色,充分挖掘学生深层次的期待探索,发挥他们的特长与能力,通过"自我探索"知道"我是谁?"助力学生今后的生涯选择。

　　爱心义卖活动会有结束之时,但奉献爱心没有终点。通过活动的开展,扩大辐射效应,在平日的校园生活中,处处有爱心的举动……

活动设计:虞　薇

五个关键事件

 活动性质

五个关键事件

活动形式

校内实践

 活动对象

初一班级学生

 活动地点

本班教室

 活动前期规划

（一）活动背景：

课前演讲不仅锻炼学生的口语表达能力,也有益于培养学生对生活的感知能力,让学生对生活多些观察与思考,这也是内生涯教育的方式。从教语文学科以来,我一直坚持让学生做课前演讲的分享,演讲形式从最初的读稿子,后来的脱稿讲,再到配合 ppt 演示。演讲主题主要从"阅读分享"、"兴趣爱好介绍"、"我关注的社会现象"三大领域入手。多年的实践经验,让我更加坚信,课前演讲不仅有益于教师的语文教学,学生的语文学习,更有益于学生的生涯成长。

传统演讲的目的有训练学生口头表达、引领学生对某一话题的关注和积累写作素材的作用。而我们这个活动,应该不仅有以上这些目的,更要同时提升学生的生涯意识。

如何让学生课前愿意讲、讲得好,讲有所获,是我们在做课前演讲时应思考的地方。一个好的学习活动,应该承载着明确的目的,才能有的放矢。那么,我可以在演讲活动做哪些调整和设计,让我的学生认识生涯,并开始关注生涯呢?

（二）活动目的：

在调整演讲设计思路之前,我先明确,生涯概念涉及四个方面:生命、生存、生活、生涯。四个概念互相练习、互相制约、缺一不可。期中涉及到家庭背景、先天因素,还有复杂的社会经历。结合我多年的语文教学经验,我想将演讲主题定位在引导他们关注家庭背景和个人经历上,从这个点启发他们来关注自己的生涯,以达到提高自己的生涯控制能力的目的。当然,这只是我个人的设计初衷,能够达到这个效果,就需要边实践,边调整了。因为专业水平还不够过硬,所以我把这个活动定义为生涯认知和生涯控制的探索实践。

(三)活动预期成果:

学生演讲 PPT 和演讲稿

 活动中期执行

活动基本流程

(一)准备阶段(包括活动准备阶段的活动及前期宣传的方式等)

在活动开展前,我在班级了解了他们小学阶段是否有进行过演讲活动,了解他们演讲的基础和水平如何。也通过日常交流了解到他们最课前演讲有什么期待。学生表示,不想做要背一大段稿子的演讲,也不想写难度大的演讲稿,觉得压力很大很紧张。

所以,我想让他们有个没有难度的开始,一个比较有内容的开始。于是以生涯规划教育的序列为基础定下了《成长中的五个重要事件》为主题的演讲内容。演讲要求:一是做简单 ppt,若时间不够用,可选择在 word 中打出五个事件名称;二是要讲清事件经过,并说出这些中对你有影响的关键人物。三是这五件事是是从记事至今,记忆排名前五的事件,不论好坏,是否有价值或有意义。

(二)实施阶段(包括活动的实施步骤及具体活动内容)

每天语文课之前、午自修、下午作业辅导课开展演讲活动,按照学号排序,原则上每天一个人。

演讲时间控制在 10 分钟之内,如果 10 分钟不够,可以留到午自修或者作业辅导课上继续讲完,也可以用多节课的课前时间来进行。

演讲的内容就是分享自己成长过程中的五个最重要事件,一定要提到这个事件中的关键人物,还必须讲到自己为什么对这个事件印象深刻,它对自己的影响是什么?

这三点讲清楚,也就是帮学生对过往经历进行一个自我梳理,不仅仅是无意识的记忆,而是挖掘记忆对于成长的意义,自己进行有意识的归纳和总结。

 活动后期总结

(一) 反馈阶段

1. 活动评价方式

评分表

	PPT (30分)	内容 (40分)	课堂表现 (30分)	总分 (100分)
姓名				

因为每天都有学生演讲,每天都要给学生一个反馈,评分表比较简单,一目了然,便于我听过之后快速给出一个反馈,得出的分数计入学生的单元测验分,这样可能促进他们更加认真对待这个演讲活动。

当然这个评分表并不能从很细小的维度去体现学生在生涯意识上的表现和能力,因为是我个人操作和时间上的困难,目前没有更细分的评价表格。

活动的整体评价并不是以这个分数去体现的,对于生涯指导上的评价,是让学生写一份自己的演讲反思,思考这五个关键事件对自己未来人生的意义何在,字数要求不高,200-300字即可。

2. 活动总结

学生说

班级是我可以信任的地方,我能把我的心事都分享给大家听。有些经历藏在心底不敢触碰,有些是忘记不掉的伤痛和快乐,能分享给大家我觉得很棒。

老师说

原来这个孩子这么可怜,小时候经历了这么多事情,我们应该对他更多一些关爱和理解。我们真的应该深入了解学生,多元看待学生。

┌───┐
 家长说

　　我们真的不够了解孩子,他们很多时候也不愿意跟我们说。很高兴看到他能在学校里和同学和老师交流。我们也要给孩子更多的关心和帮助,和老师一起帮助孩子更好成长。
└───┘

（二）优化阶段

 活动锦囊

1. 活动具体内容的设计有哪些方面的思考,由此真正促进学生发展的关键。

一轮演讲耗费的时间其实挺多的,早读、午自修、作业辅导课,有时候也会用阅读和写字课,做练习以及复习默写可能会相应减少一点。但我们一直都说学诗是工夫在诗外,学语文工夫也该在语文书本之外。

自我认知一定是内生涯的第一步,正确认识自我,才能发现自我的优越性避免陷入自我误区,建立更好自我价值高,从而树立学习信心,而在这个过程中,集体之间、师生之间互相理解的融洽氛围也能更好重建,这也是一个良性循环。

2. 从宏观的角度来谈,此类型活动创新可以从哪些方面进行思考和实践,如何举一反三,如何避免误区,如何不断完善。

其实,不论演讲中暴露的问题也好,看到的优势也好,都能让我们共同去思考,如何在原有基础上去提升学生的生涯控制力。

首先这种能力要来自教师更多的理解和帮助。其实也就是我们古已有之的"因材施教"的概念。因为更加了解学生,我们更能用适合他的方式去交流,让学生"亲其师,信其道",有更好的教育效果。

其次,班集体同学在彼此打开心扉的演讲后能更深入了解彼此,对创建一个更和谐、温暖的集体是有促进作用的。来自现实生活中的同伴的支持帮助能帮助他们建立生涯自信,有更多的硬件支撑和精神支撑后,他们的生涯控制力也能得到提升。

第三,很多学生在暴露了自己的缺点、弱点之后,会更产生对老师和同学的信任感,同时也会更多关注生活中是否会有更多同样的问题存在,这些问题也能从演讲后的理论指导中获得自我解决问题的一些能力,主观上提高自己的内生涯的能力。

活动设计:谈　晴

未来的我

 活动性质

班级活动

 活动形式

职业探索

 活动对象

初一年级学生

 活动地点

商贸职业学校

 活动前期规划

（一）活动背景：

初一阶段学生自我意识飞速发展,开始逐渐对于外部世界形成自己独有的看法和认识,在这个时期学生对于职业的概念是薄弱的,对于一些具体职业的内容也是模糊的。如果学生能通过一些职校探索活动对一些职业有正确的认识和了解,就能够更早更好地进行生涯规划准备。

班级同学有比较强的好奇心,对于未接触过的事物愿意尝试。在对于一些职业的认识上,他们仅仅停留于通过媒体等形式给予他们留下的印象,对于职业的认识有所偏颇,因此,在真正的实践中体验职业的机会对他们来说是很宝贵的。

(二) 活动目的:

1. 通过职业体验活动帮助学生对三种职业有一定认识与了解(导游、电脑编程、财务管理)。

2. 通过职业体验活动帮助学生积极探索自己的生涯角色,增强学生生涯好奇,对自我和未来规划形成认识。

(三) 活动预期成果:

1. 学生参加不同的体验活动,完成职业体验手册。

2. 开展职业体验主题班会课,学生相互交流自己在体验中的心得体会,起到一加一大于二的效果。

 活动中期执行

活动基本流程

(一) 准备阶段:

1. 参加职业体验活动之前,组织学生对于参加的几个体验项目进行资料收集并进行分享,帮助学生在体验课之前对于将要参加的体验活动有一定的了解。

2. 通过班级家长微信群等平台对于即将开设的职业体验项目进行介绍,对于开展职业体验课的目的和意义进行宣传,取得家长的配合。

3. 学生根据自己的了解选择想要体验的职业课程,进行分组。

(二) 实施阶段:

在职业体验活动前,班级进行一项问卷调查,选出班级学生最感兴趣的三项职业分别是:导游、电脑编程和会计。其中选电脑编程的男生比例较高,选择会计和导游的则女生偏多,在和体验校沟通后选择了这三项作为体验项目。

1. 学生由专业老师带领参与职业体验课程,对于导游、电脑编程、财务管理这三种职业进行仿真模拟实践。考虑到学校虹口有多处历史人文故居,学校有机会可以与相关单位合作给予学生实地实践的机会,因此导游体验我们定位在馆内解说这一方面。而电脑编程则是教学生利用简单的编程软件去制作一些平日会使用的电子贺卡等等。财务管理课通过场景模拟,帮助学生去学习如何规划资金,也能让学生对资金分配和管理有概念。

• 导游:体验如何在博物馆做一名博物馆解说员,包括肢体动作及语言艺术的学习。

• 电脑编程:学习如何进行简单的电脑程序编写,小组合作编写简单的小程序。

• 财务管理:学习以小组为单位,对于模拟项目进行财务分配,并讨论合理性。

2. 在体验过程中完成实践体验手册。

活动后期总结

(一)反馈阶段

1. 活动评价方式:活动从两个维度进行评价:实践体验手册以及班会课交流展示成果。

根据体验手册的完成度和学生在交流展示课上的展示情况评选最佳"未来职业星"小队。

2. 活动总结

> **学生说**
>
> 体验课非常有趣,学了很多在学校里学不到的东西,对于导游这个职业有了与以往不同的认识。

> **老师说**
>
> 职业体验课让学生们对于不同的职业有了更多更完整的认识,提升了学生的生涯好奇心,也给学生带来了生涯规划的意识。

> **家长说**
>
> 职业体验课给孩子带来了许多新的尝试,孩子非常喜欢这样的课程,也对孩子的成长有很多帮助。

（二）优化阶段

活动锦囊

1. 职业体验课程的重点在于让学生在模拟的环境下切实体验到不同职业的工作内容。职校课程专注于给学生提供一个真实的模拟操作环境，因此设计的课程内容必须贴合工作的真实环境，而不是流于形式，才能给学生带来真正的成长与发展。

2. 职业体验课程给学生提供了近距离体验职业的机会，类似这种模拟真实环境的体验能够在许多方面进行尝试，与一些职业技术学校进行合作，为学生提供更多的实践活动。例如：初二学工体验中可加入实践操作体验，学生对于电子元件、机修、面点等进行实践操作。

活动设计：金艳雯

我的生涯，我做主

活动性质

班级活动

活动形式

职校探索

活动对象

班级学生

活动地点

南湖职校

活动前期规划

（一）活动背景：

2014年《国务院关于加快发展现代职业教育的决定》首次提出在普通中小学开展职业教育。现实中,不少学校缺少职业体验课程系统建设和深入研究经验,职业规划或职业指导依然停留在学校内部交流学习层面,缺乏真实的职业体验环节。我校依托南湖职校的实训中心,进行系统的职业体验活动,旨在提升学生的生涯适应力。

随着中考改革,让即将迎接中考的八年级学生主动适应中考新政,为学生的终身发展服务,关注学生探究学习、职业体验等综合实践活动,引导学生把课程学习内容与真实生活情境相结合,注重团队合作意识,提高自身综合素质,因此以班级为单位的职业体验活动是非常有必要的。

（二）活动目的：

1. 通过职业体验活动,发展兴趣专长,形成初步的职业生涯规划意识和能力。

2. 通过实践活动,形成积极的职业观念和态度,培养学生的生涯自信。

3. 在职业了解和体验过程中,发现自身对职业理解的不足,对如何实现理想有更清晰的理解。

（三）活动预期成果

收集学生的手工作品,录制视频

 活动中期执行

活动基本流程

（一）准备阶段：

（1）形成小组

学生根据自己感兴趣的体验项目,选择小组(4－6人),选出组长,确定小组活动内容主题,选出组长,明确小组分工。

（2）方案设计

活动小组根据确定的体验项目,结合已有的活动经验,设计活动方案,进一步深入讨论和探究,确定小组研究任务,撰写活动方案,填写小组活动计划表：

小组活动计划表			
小组名称		组长	
活动主题			
活动目标			
活动时间和地点			
活动成员和分工			
活动内容和步骤			
活动研究方法			
预期成果和表现形式			
可能遇到的问题和对策			

（二）实施阶段

1. 各小组根据选择的内容，开展职业体验实践，活动过程中收集照片、实践、成果文字记录等资料。

2. 利用午休时间，进入实践学校的实训室，感受更多不同职业的要求与特点。

3. 经过前面阶段的研究和体验，各小组都已经对所研究的职业有了更深入的认识，但也产生了很多的新的问题和疑惑，如："感兴趣的职业是否适合自己？""要通过怎样的努力才能从事这个行业？"等。各小组将搜集的问题进行分类汇总，借助网络资源，查阅相关内容；或者请教体验学校的指导教师进行答疑。在活动结束后，将召开一次班会课，以小组的形式进行探讨及分享。

 ## 活动后期总结

（一）反馈阶段

1. 活动评价方式：

开展职业体验结业展示会，各小组将实践体验成果在展览会上面向全体师生和家长进行展示，展示内容包括活动过程（活动照片、活动记录、活动风采等）展示和活动成果展示。

在展示会结束后，由全体师生和家长进行投票，将选出以下几个奖项：

最具前景职业奖

最优职业介绍奖

最佳职业体验人

最受欢迎职业奖

……

在交流过程中,小组之间可以认识到各自展示中的优点及不足,对存在的问题提出解决思路或者建议;通过自我评价、小组讨论和教师的评价,认识到自己通过活动得到了哪些方面能力的提升,思考如何在将来把这些知识和能力运用到生活实践之中。

2. 活动总结

学生说

通过这次活动,我知道了原来学好物理的作用这么大,我居然做出了一个灯串!我以后想做一名工程师,通过这次体验,我更加清楚了自己的方向,会更加认真学习好每一门功课。

老师说

在成绩为唯一评判标准的教学中,很多孩子的优点被忽视了。在职业体验周,我看到了看很多孩子从来没有展示过的一面,他们专心致志制作工艺品的时候,让人充满感动。每一个孩子都应该被关注,被鼓励,在以后的教学中,应该尝试多元化评价一个学生,帮助每一个孩子找到自己的自信。

家长说

这个活动很好地锻炼了小孩的能力,让学生学习到了很多课堂之外的很多知识,视野也开阔了很多。

(二)优化阶段

 活动锦囊

1. 本次综合实践活动通过从学生的亲身实践出发,形成对社会多种职业探究和体验,通过亲身参与综合实践活动过程,让学生更深入地了解多种职业的劳动价值,通过亲身实践,让学生形成积极的职业观念和态度,形成初步的职业生涯意识。

2. 职业体验活动,是将"职业性"与"体验性"融合的过程。体验项目并不只是简单的模拟和操作,而是发挥学生想象力,通过一种尝试和探索,引发学生的创意热情和兴趣。基于职业体验活动后的班会课,是对整个活动的复盘及成果巩固的过程。同时将家长邀请至展示活动现场,让家长也深入了解生涯规划的内容,助力孩子的未来发展。

活动设计:李婷婷

榜样的力量

 活动性质

班级活动

 活动形式

校内实践

 活动对象

全校师生

 活动地点

班级

 活动前期规划

(一)活动背景:

合作式项目学习为学生开辟了一个学习的新模式,学生在这个过程中需发挥极强的自主性,通过团队内的任务分配、方案调整等完成目标任务。

学生步入初二阶段,对于许多事物开始有自己的想法和见解。这一时段的孩子也进入了青春期,对于家长和老师的话也开始存在反抗心理。事实上,这个学段的孩子更愿意听同伴的建议,当然,他们所喜爱的明星也会给他们带来很大的影响,那些名人的故事会影响他们对于事物的看法。

通过对于感兴趣的名人自传的解读,通过认识名人,发掘他们身上的一些品质来审视自己,对于学生来说是一个很好的自我认识和发展的过程。

(二)活动目的:

1. 通过阅读成果创新展示活动的前期准备,帮助学生提高自主探究、合作学习的能力,促进学生生涯适应力的提升。

2. 通过对各行各业名人的认识和了解,结合自身,提高学生对自我的认识和对成长价值的认识。

3. 通过德育课展示,回顾各小组完成阅读成果创新展示活动的过程,分享困难解决方案,拓展学生多元思维。

(三)活动预期成果:

1. 小组阅读简报　2. 小组实物成果或概念产品　3. 阅读课成果汇报

 活动中期执行

活动基本流程

(一)准备阶段:

1. 学生进行分组,5-7人一组班级共分成5组,确定组长。

学生自行进行分组,老师不介入干预。学生可以选择自己真正喜欢的名人进行解读。学生所选择的名人来自各个行业,男生多对体育明星感兴趣,女生则偏向历史人文人物多一些。对于大部分孩子所喜欢的如今的流量明星,我们不建议选择,因为我们要解读人物传记,没有一定时间岁月的沉淀可能没有类似的传记可以阅读。

2. 各小组按照活动要求主题:人物传记选择一个领域的人物并且决定最终呈现方式。

各小组最终决定:

A:《鲁迅传》—vlog

B:《爱因斯坦传》—手机 APP 概念产品 SEEDS(短剧)

C:《C 罗传》—电子手帐

D:《鲁迅传》—文创产品展示(直播间)

E:《毛泽东》—编年史表/朗诵

(二) 实施阶段:

1. 学生按小组先进行组内分工,根据各组决定的最终呈现方式来确定各个阶段所需完成的任务,并按此来分配任务,完成进度表的制作。

组内分工可以确保团队里每个学生都参与了活动过程,每个人都能发挥自己的强项和优势为团队做出贡献。制定进度表则能给孩子带来规划意识,让他们在做事情之前都有对事情进度预设的能力。

2. 各小组按照进度表推进小组活动,首先进行书目分析、阅读并且收集相关资料,随后根据各小组的呈现方式进行实物制作和后期的小组排练。

在这个过程中各小组都按照进度表推进项目,这个过程对于学生来说是最重要的,他们会遇到一系列的困难,在此期间通过线上线下自行组织活动来解决问题,完成后期成果展示,这是一个锻炼沟通能力,解决困难的能力以及目标实施的综合能力的运用,也是最为重要的一环节。

3. 各小组进行中期成果展示,教师给出相关建议后各组进行进一步完善。

中期汇报是班主任督促项目推进的一种方式,通过中期成果展示,班主任对于每一组已经完成的内容有所了解,并且可以给出一定的指导性意见,帮助学生进一步完善自己的成果。

4. 各小组参与成果汇报课彩排,主持人做好组间串场工作,准备主持稿。

彩排的过程能帮助学生熟悉展示课的流程,主持人在了解流程过后可以自行商量,准备主持稿。

5. 阅读成果创新展示《榜样的力量》。

成果展示展示的不仅是小组最后的成品,也有小组开展活动的展示,小组在这个过程中所遇到的小组"关键词"以及背后的故事都是展示课分享的重点。这能帮助小组队员意识到重要的不只是最后的成果,还有这一路走过的过程。

活动后期总结

(一) 反馈阶段

1. 活动评价方式:活动评价分成三大部分:1. 小组阅读简报　2. 小组实

物成果或概念产品   3. 阅读课成果汇报。

根据各小组各个部分的完成度以班级投票的形式选出最佳 MVP 小组。

2. 活动总结

```
┌─ 学生说 ─────────────────────────────────┐

    这次的小组阅读活动让我受益匪浅,从一开始分工到最后的展
示,虽然过程中困难重重,但是最后当我们完成展示时,我感到非常
自豪。

└──────────────────────────────────────┘
```

```
┌─ 老师说 ─────────────────────────────────┐

    学生在这次的小组合作中体会到了团队合作的重要性,其实最后
的结果并不是最重要的,学生在这个过程中相互合作,解决问题的过
程才是最为宝贵的地方。

└──────────────────────────────────────┘
```

```
┌─ 家长说 ─────────────────────────────────┐

    孩子们通过这个活动,体会到了什么是集体荣誉感,什么是团队
合作,非常好。

└──────────────────────────────────────┘
```

（二）优化阶段

 活动锦囊

1. 基于问题的项目式小组学习是一次新的尝试,学生们以小组为单位,针对一个主题进行分工合作,最后进行成果展示。这个过程的特点是时间跨度较长,对学生的自主性与能力要求较高。但是学习的过程能充分调动学生的自主学习性,最后的成果展示也是对学生付出的一种肯定,是一种很好的提高班级凝聚力、增强学生合作能力的方式。

2. 作为班主任,我全程参与了每个小组的活动过程,看着每个小组从最开始的"零",一点一滴地慢慢完整起来。有好几组的方案还全部推倒重来过,那阵子大家焦头烂额的。但是所有的辛苦都是值得的。榜样的力量,这个榜样他不仅给那个时代带来的影响,同时也影响着在座的我们,他们的成功源于背后的品质,而我们的榜样来自不同的领域也告诉我们人各有长,我们也应该

发掘自身的闪光点更好地发展自身的优势。

活动设计：金艳雯

成果的意义

活动性质

成果的意义

活动形式

校内实践

活动对象

初二班级学生

活动地点

本班教室

活动前期规划

（一）活动背景：

初二年级的我们已经有了 3 年的初中学习生活经历，学校的生涯教育活动也参与过很多，如中预年级时的生涯拓展课、初一年级的以学习李白烈士为主题系列活动、还有本学期初的京歌合唱活动。我们的学生已经初步开启了生涯意识，树立了生涯观念。9 月末，学校布置了一个人物传记的阅读活动，让学生在传记作品中寻找榜样。于是就开展了这个以小组为单位的集体阅读任务传记的活动。

（二）活动目的：

提升学生的生涯认知力和理解力，在对作品的品读探究活动中，了解榜样人物的生平，理解他们的人生发展，从他们的人生经历中品味他们的得失成败，从而提升自己的生涯控制力。

（三）活动预期成果：

学生读后感、汇报 PPT 以及定制或原创的文创用品

 活动中期执行

（一）准备阶段（包括活动准备阶段的活动及前期宣传的方式等）

1. 国庆节前，先给学生提供了一个很大范围的书单布置好阅读人物传记的任务。

（包括了各种类型的人物传记，有政治名人，如拿破仑、毛泽东、唐太宗李世民等，有文化名人李白、杨绛、茨威格笔下的三大师，还有体育名人李娜、科比、C 罗、贝克汉姆等，还有科技名人。）

2. 学生自由分组，每组商讨选择一本书来读。

3. 全班分成 4 个组，选择了这四本书进行阅读。

（二）实施阶段（包括活动的实施步骤及具体活动内容）

具体任务有三个，首先要在规定时间内把书都看完；其次要每个人都写下自己的读后感，然后还要小组讨论阅读感受汇总形成小组统一的阅读感受或启发用来交流，这两项是必做任务；还有进阶任务就是设计至少一种跟传记人物有关的周边产品，可以是文创用品，也可以是笔记手账，甚至可以是一些概念或者创意产品，比如手机 APP 之类的，这一项尽力而为，是选做任务。

具体实施步骤：

9 月底布置书单、分组、小组确定书目（充分自由的选择，让大家从同学相处和兴趣爱好出发，便于后面活动开张更有动力，更容易合作）

10 月初小组集体活动，买书，制定活动计划。（这个环节可以线下，也可以通过微信群、Q 群线上进行。不过第一次小组活动线下更好，既能让小组成员更好磨合，也更具探索性和趣味性。）

10 月底前完成书籍的阅读（时间比较紧，也逼迫学生抓紧碎片时间来阅读，对阅读能力提升，对办事效率的提升也有个适当压力，这个适度压力能让他们进步。）

10 月末各组成员撰写读后感并小组汇总（个人感受的梳理后展示，便于之后小组共同理念的提炼。）

11 月初小组绘制阅读海报（多元能力的展示，小组协作共同完成。）

11 月中旬之前完成文创用品的设计制作（这是最艰巨也最有亮点的一个活动，是对作品的综合理解，也是综合能力和行动力的最佳体现。）

11 月 20 日展示汇报（经历了好几次反复地排练，一次比一次更加节奏紧凑，表现也一次比一次更好。）

11 月底完成自我评价报告调查问卷（复盘，总结。）

 ## 活动后期总结

（一）反馈阶段

1. 活动评价方式

用"晓黑板"设计了问卷调查，设计了 18 道题进行自我评价总结。

2. 活动总结

学生说

这次的活动我觉得的大家都很努力,在自己分工的地方都在尽我所能完成,我本来平时家里就有书,但是不怎么经常翻看,因为之前我觉得阅读非常的无聊且乏味,不能给我带来实际上的收益,但经过这次的阅读活动我觉得阅读其实很有意思,也让我对我的同学有了更加深刻的认识。我觉得我可以像苏东坡学习,乐观向上地面对世界和生活。

老师说

这次活动占用了太多的课上课下时间,他们整天逗满口都是科比、李白什么的。不过,有的学习成绩不怎么样的学生,居然能力也挺强。

家长说

孩子对这次活动非常投入,原来不看课外书的,这次天天捧着书看,吃饭还要跟我们谈论苏东坡,跟我们说做人要是能学到十分之一苏轼的洒脱就好了!

(二) 优化阶段

活动锦囊

1. 首先分组方式比较好——自由组合。但自由组合也有原则基础。语文学习上,我按照成绩给学生分过 ABC 三个档次,我让他们分组的时候一定要每个小组都必须包含各个档次的,这样每组的能力也相对比较平均。这个他们在活动过程中也能感受到。怎样成为一个优秀的团队成员,今后在选择团队成员的时候怎样能有更优选择。还有就是小组汇报 PPT 制作过程,这是个很艰苦的磨练。分工、准备演讲词,提炼读后感,上台演讲汇报,这是对小组成员能力的综合考验,也能让学生有很大程度的能力上的进步。这个磨合的过程比阅读书籍本身带来的收获更有生涯指导意义。

2. 这类实践创新体验活动我们是第一次开展,设计的初衷是做一个 PBL 的活动,但因为活动时间很紧,学生的能力也不是特别强,要做出一个成熟的

PBL 活动就非常困难,所以在实践中我们边做边改进,最后以成果呈现带出实践过程的方式来进行,也让学生体会到这个活动过程的宝贵。

这类活动的设计应充分结合学生实际,以他们的意愿和兴趣为出发点,更容易让活动的热度一直保持。其次,活动最好以小组集体为单位去执行,而且务必保证每个学生各司其职,都有具体的明确分工,避免能者多劳一人包揽和滥竽充数,在互帮互助的过程中各自都得到能力的提升。第三,活动的目标最好要有实物和具体有趣味性的形式来呈现,而不是停留在虚幻的理论总结阶段,这样让活动成果有形化,让学生找到成就感。

活动设计:谈　晴

第八章 学生生涯活动探索学习单范例

本章列举了七篇由我们团队精心设计的学生生涯活动探索学习单,学习单贯穿学生活动体验的全过程,特别体现了活动的"2+1"的用心,让学生不是盲目活动、不是表浅活动、不是低效活动。在活动单的引导下,学生是为自己活动、是深入活动、是高效能活动。

七个活动单分别从校园岗位竞聘、社团组建及运营、小组跟岗、爱心义卖、家庭职业树、基地探索的角度、职校考察体验角度展开。

这里要特别感谢虹口区初中德育学科研修团队领衔人郑臻宇老师,郑老师亲自设计学习单模块,并在我们具体的学习单设计和完善的过程中给予了精心的指导,最终呈现出了以下完备精彩的学习单!

ACT. 基地探索学习任务单

梦境序章:在这里,你可以了解和体验国防、医护、农业等行业的相关知识;在这里,你可以提升自理、自律、自救自护、合作的意识和能力;在这里,你可以和同伴们一起克服困难,合作共进……基地探索,开启不一样的体验之旅!

时间数轴_____

梦境坐标_____

好开心啊,学校将组织我们前往的基地是_____

我们将参加的主题学习是_____

这个活动中我最感兴趣的主题是_____因为_____

这个活动中我比较担心的主题是_____因为_____

我还想了解更多信息:_____

途径1:_____　　效果:_____

途径2_____　　效果:_____

对于这次活动的基地,我通过途径了解到具体的内容有_____

我对于这个活动的想法有:我想学会_____

我想改变_____

我想完成_____

班级同学、朋友对这个活动的想法是_____

根据学校的作息安排表,我给自己拟定的学习生活计划是_____

我要带的物品有_____

为此,我所做的准备有:_____

准备过程中,我所经历的流程是:

在准备过程中,我遇到的趣事有＿＿＿＿＿＿＿＿＿＿＿＿＿＿＿＿＿
此外,我还遇到了一些困难:

＿＿＿＿＿＿＿＿＿＿＿＿＿＿＿＿＿＿＿＿＿＿＿＿＿＿＿＿＿＿＿

遇到的困难和挫折:	我的应对方法

兴奋期盼的出发日子终于到来了,此刻我的心情是＿＿＿＿＿＿＿＿＿

＿＿＿＿＿＿＿＿＿＿＿＿＿＿＿＿＿＿＿＿＿＿＿＿＿＿＿＿＿＿＿

终于到达基地!伙伴们集结完毕!熟悉环境后,我发现和我预想不一样的有我与＿＿＿＿＿＿＿＿同一寝室,我们的寝室名是＿＿＿＿＿＿＿＿＿

▽ 就我所知,寝室公约的作用是＿＿＿＿＿＿＿＿＿＿＿＿＿＿＿＿

＿＿＿＿＿＿＿＿＿＿＿＿＿＿＿＿＿＿＿＿＿＿＿＿＿＿＿＿＿＿＿

我们寝室的公约是：

在集体生活中，我擅长的是＿＿＿＿＿＿我的弱项是＿＿＿＿＿＿

我是这样提升自理能力的：1.＿＿＿＿＿＿＿＿＿＿＿＿＿＿＿＿

　　　　　　　　　　　　2.＿＿＿＿＿＿＿＿＿＿＿＿＿＿＿＿

　　　　　　　　　　　　3.＿＿＿＿＿＿＿＿＿＿＿＿＿＿＿＿

我的社会实践记录单

时间	内容	传授者	收获	困难	努力方向	自评	感受

今天最有趣的一件事是＿＿＿＿＿＿＿＿＿＿＿＿＿＿＿＿＿＿

我懂得的一个道理是＿＿＿＿＿＿＿＿＿＿＿＿＿＿＿＿＿＿＿

我最有成就感的是＿＿＿＿＿＿＿＿＿＿＿＿＿＿＿＿＿＿＿＿

按照活动计划，完成探索活动记录表

时间	活动内容	收获	建议

　　在整体实践活动过程中,我们了解了不少职业的人,军人、医护、农民、科研人员、校外辅导员等,我最感兴趣的职业是_____因为_____

　　要胜任这个职业,我要做的准备有_____

　　五天的实践活动即将结束,回顾这段有意义的学习生活

　　学校设定的目标,我完成的情况_____

　　我自己的个人目标完成的情况_____

　　本次活动中我的任务是_____

　　为了完成我的任务,我做了哪些努力?

_____

_____

_____

　　给我的工作列一个时间进度表

时间	工作内容	进度	效果

在完成我的任务的过程中

我(想)得到的帮助：	我遇到的困难：

最终的结果：	

好激动！五天中,我们经历了多场竞赛,我印象最深刻的比赛是_____
我体会到取得胜利的关键是_____

耶～～～活动结束了了！
一句话表达我对本次活动的感觉是_____
＊最出彩的亮点是_____

我在这次活动中的风采展示(有图有真相)

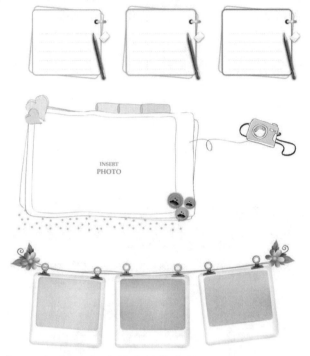

参加本次基地探索活动,我最大的收获是

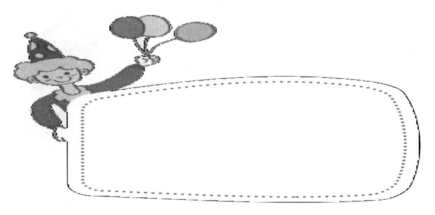

这次活动对我日常学习生活的启示是＿＿＿＿＿＿＿＿＿＿＿＿＿＿＿＿

＿＿＿＿＿＿＿＿＿＿＿＿＿＿＿＿＿＿＿＿＿＿＿＿＿＿＿＿＿＿＿＿

如果要评价一下自己在本次社团活动中的表现,我给自己打的等第是

＿＿＿＿＿＿＿＿＿＿＿＿＿＿＿＿＿＿＿＿＿＿＿＿＿＿＿＿＿＿＿＿

原因是＿＿＿＿＿＿＿＿＿＿＿＿＿＿＿＿＿＿＿＿＿＿＿

其他人对我的评价是：

＿＿＿＿＿＿＿＿＿＿＿＿＿＿＿＿＿＿＿＿＿＿＿＿＿＿＿

老师说：＿＿＿＿＿＿＿＿＿＿＿＿＿＿＿＿＿＿＿＿＿＿

基地带队老师说：＿＿＿＿＿＿＿＿＿＿＿＿＿＿＿＿＿＿

伙伴说：＿＿＿＿＿＿＿＿＿＿＿＿＿＿＿＿＿＿＿＿＿＿

＿＿＿＿＿＿＿＿＿＿＿＿＿＿＿＿＿＿＿＿＿＿＿＿＿＿＿

＿＿＿＿＿＿＿＿＿＿＿＿＿＿＿＿＿＿＿＿＿＿＿＿＿＿＿

家长说：＿＿＿＿＿＿＿＿＿＿＿＿＿＿＿＿＿＿＿＿＿＿

如果还有参加基地探索活动的机会,我会＿＿＿＿＿＿＿＿＿＿＿＿＿＿

根据这段难忘的经历,我要写一篇作文 MARK 一下！

ACT. 校园常设岗位竞聘

梦境序章:在校园的一角,有那么一个地方只要你愿意,都可以来参加岗位的竞聘,不管你是否能说会道、是否内敛低调,我们都能包容和接纳。这是一个展示自我放飞梦想的舞台,通过各种尝试和锻炼、合作和创新、彼此取长补短,让你在这里熠熠发光,乘风破浪,快来吧! 不要当吃瓜群众了,看看哪个岗位是你的菜。

时间数轴_____

梦境坐标_____

我是从_____了解到校园常设岗位竞聘的。

有点**好奇**,这个岗位竞聘的要求是_____

我的哪些**特质**可以让我来试一试_____

校园常设岗位可以**提升我的**_____

如果我想竞聘上喜欢的岗位,我可以从哪里知道更多的信息呢:

渠道 1:_____ 效果:_____

渠道 2:_____ 效果:_____

对于校园常设岗位竞聘,我通过以上渠道了解到具体的工作内容有

_____

我对于校园常设岗位竞聘的**期待**是_____

我的**同学、朋友**对校园常设岗位竞聘的**期待**是＿＿＿＿＿＿＿＿＿＿＿＿

据我了解，校园常设岗位有如下几个，每个岗位有不同的要求，看看我喜欢哪个岗位，我能胜任哪个岗位，让我的小脑筋转一下。

岗　位	岗位 1	岗位 2	岗位 3	岗位 4	岗位 5
岗位要求					
我的优势					
胜任的岗位（√）					

我选中了两个既喜欢又感觉能胜任的岗位，我要**去准备**啰。

在面试前我有点小紧张，通过网络查询和学长处了解到我选的岗位所需要做的准备＿＿＿＿＿＿＿＿＿＿＿＿＿＿＿＿＿＿＿＿＿＿＿＿＿＿＿＿＿＿＿＿

在准备的过程中我遇到了一些**困难**，之后**借助外力解决**啦
＿＿＿＿＿＿＿＿＿＿＿＿＿＿＿＿＿＿＿＿＿＿＿＿＿＿＿＿＿＿＿＿＿＿＿
＿＿＿＿＿＿＿＿＿＿＿＿＿＿＿＿＿＿＿＿＿＿＿＿＿＿＿

期盼的结果总算出来了，最终我竞聘到了喜欢的岗位＿＿＿＿＿＿＿＿＿
＿＿＿＿＿＿＿＿＿＿＿＿＿＿＿＿＿＿＿我一定会好好去完成的，加油必胜！

＊假如没能竞聘成功，我也不会气馁的，我要查找一下我的问题有＿＿＿＿＿＿＿＿＿＿＿＿＿＿＿＿＿＿＿＿＿＿＿＿＿＿＿＿＿＿＿＿

我接下来的**打算**是＿＿＿＿＿＿＿＿＿＿＿＿＿＿＿＿＿＿＿＿＿＿＿＿

本次竞聘岗位的**目标**是＿＿＿＿＿＿＿＿＿＿＿＿＿＿＿＿＿＿＿＿＿＿

岗位和职务以及相关的**内容**有：

岗位分工

岗位或职务	姓名	分工内容

岗位工作的**章程和公约**

为了出色地完成任务,我们一定要好好地思考一下岗位,看看如何才能做到完美。

岗位的背景_____

重难点_____

具体内容_____

保障支持_____

岗位的进度表是这样的：

时间	完成进度	困难	解决方法	收获	过程性照片	建议

团队的成果来了，本处可展示（**实物**、**数字故事**、**过程性资料**等）

我**在团队中的岗位**是＿＿＿＿＿＿＿＿＿＿＿＿＿＿＿＿＿＿＿

虽然我做出了一点**贡献**＿＿＿＿＿＿＿＿＿＿＿＿＿＿＿，但也需要**改进**
的地方是＿＿＿＿＿＿＿＿＿＿＿＿＿＿＿＿＿＿＿＿＿＿＿＿＿

我**最初的**期待实现了吗？＿＿＿＿＿＿＿＿＿＿＿＿＿＿＿＿＿

完成了本次岗位的实践后，我的**感受**＿＿＿＿＿＿＿我的**评价**＿＿＿＿
＿＿＿＿＿＿＿＿＿＿＿＿我的**建议**＿＿＿＿＿＿＿＿＿＿＿＿＿

有没有**预料之外的情况**出现？如果有，是如何**解决**的…

本次岗位实践有哪些获得可以**迁移**到我们的日常学习生活中＿＿＿＿＿＿
让我们脑洞大开一下

如果下次还有这样的岗位竞聘，你还会选择这个岗位吗？

如果是,你会有什么新的期待或设想?

_____

如果改变选择,原因是什么呢?

_____

有哪些启发或注意要点在新岗位尝试中可以借鉴

_____

给自己的表现打个分吧

超级赞	很赞	赞	还行	需努力

在岗位过程中我感觉**最开心满意最成功**的是

看看大家对我的评价吧:

团队小伙伴们对我说:_____

辅导老师对我说_____

家长对我说_____

最后,让我们**留个纪念**吧!(贴图、绘画、留言等)期待下次再见!

ACT. 学校社团组建及运营

梦境序章：在这里，你可以遇见一些志同道合的同伴；在这里，你可以遇见许多有趣的灵魂；在这里，你可以尽情展现自己的才华……学校社团，没你不行！

时间数轴＿＿＿＿＿＿＿＿

梦境坐标＿＿＿＿＿＿＿＿

我从＿＿＿＿＿＿＿＿＿＿＿＿＿＿＿＿＿了解到学校将组建学生社团

这个活动主要要求是＿＿＿＿＿＿＿＿＿＿＿＿＿＿＿＿＿＿＿＿

我还想了解更多信息：＿＿＿＿＿＿＿＿＿＿＿＿＿＿＿＿＿＿

途径 1：＿＿＿＿＿＿＿＿　　效果：＿＿＿＿＿＿＿＿

途径 2＿＿＿＿＿＿＿＿＿　　效果：＿＿＿＿＿＿＿＿

对于社团，我通过途径了解到具体的工作内容有＿＿＿＿＿＿＿＿＿

＿＿＿＿＿＿＿＿＿＿＿＿＿＿＿＿＿＿＿＿＿＿＿＿＿＿＿＿＿

我对于这个活动的想法是＿＿＿＿＿＿＿＿＿＿＿＿＿＿＿＿＿＿

班级同学、朋友对这个活动的想法是＿＿＿＿＿＿＿＿＿＿＿＿＿

经过考虑，我想组建【 】参加【 】(打钩)社团＿＿＿＿＿＿＿＿＿

我做出这个决定是因为＿＿＿＿＿＿＿＿＿＿＿＿＿＿＿＿＿＿＿

我想组建/参与的社团是＿＿＿＿＿＿＿＿＿＿＿＿＿＿＿＿：

原因是＿＿＿＿＿＿＿＿＿＿＿＿＿＿＿＿＿＿＿＿＿＿＿＿＿＿

为此，我所做的准备有：＿＿＿＿＿＿＿＿＿＿＿＿＿＿＿＿＿＿

申请过程中，我所经历的流程是：

在申请过程中,我遇到的趣事有_____
此外,我还遇到了一些困难:

_____

遇到的困难和挫折:	我的应对方法

    紧张期盼的申请结果出来了_____
＊如果没能成功组建社团,我接下来的打算是_____

撸起袖子开始干! 伙伴们集结完毕!

　　就我所知,社团章程的作用是_____
我们社团的章程是:

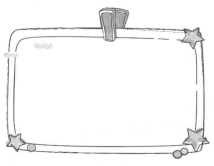

我们社团的目标是＿＿＿＿＿＿＿＿＿＿＿＿＿＿＿＿＿＿＿＿＿＿

活动计划:1.＿＿＿＿＿＿＿＿＿＿＿＿＿＿＿＿＿＿＿＿＿＿＿＿＿

　　　　2.＿＿＿＿＿＿＿＿＿＿＿＿＿＿＿＿＿＿＿＿＿＿＿＿＿

　　　　3.＿＿＿＿＿＿＿＿＿＿＿＿＿＿＿＿＿＿＿＿＿＿＿＿＿

我们社团成员的组织分工是

岗位或职务	姓名	具体分工内容

我的岗位工作内容是＿＿＿＿＿＿＿＿＿＿＿＿＿＿＿＿＿＿

我在社团活动中的作用是＿＿＿＿＿＿＿＿＿＿＿＿＿＿＿＿＿＿＿

我将对社团发展做出的贡献有＿＿＿＿＿＿＿＿＿＿＿＿＿＿＿＿

按照工作计划,完成社团活动记录表

时间	活动内容	收获	建议

社团成果将展示,我们的展示形式是＿＿＿＿＿＿＿＿＿＿＿＿

成果展示分工,我的任务是＿＿＿＿＿＿＿＿＿＿＿＿＿＿

为了完成我的任务,我做了哪些努力?

＿＿＿＿＿＿＿＿＿＿＿＿＿＿＿＿＿＿＿＿＿＿＿＿＿＿

＿＿＿＿＿＿＿＿＿＿＿＿＿＿＿＿＿＿＿＿＿＿＿＿＿＿

＿＿＿＿＿＿＿＿＿＿＿＿＿＿＿＿＿＿＿＿＿＿＿＿＿＿

给我的工作列一个时间进度表

时间	工作内容	进度	效果

在完成我的任务的过程中

我遇到的困难:

我(想)得到的帮助:

最终的结果:

好激动！今天投入正式活动了,成败在此一举!

现场忙碌中……

耶～～～收工了!

一句话表达我对整场活动的感觉是＿＿＿＿＿＿＿＿＿＿＿＿＿＿＿＿＿＿

＊最出彩的亮点是＿＿＿＿＿＿＿＿＿＿＿＿＿＿＿＿＿＿＿＿＿＿＿＿＿＿

　　我们的社团成果展示(有图有真相)

> 黏贴处

我们的社团目标达成了吗?＿＿＿＿＿＿　＊＊还可以完善的部分是＿＿＿＿＿＿

参加本次社团活动,我最大的收获是

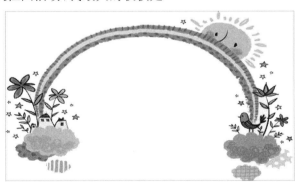

这次活动对我日常学习生活的启示是＿＿＿＿＿＿＿＿＿＿＿＿

＿＿＿＿＿＿＿＿＿＿＿＿＿＿＿＿＿＿＿＿＿＿＿＿＿＿＿＿

如果要评价一下自己在本次社团活动中的表现,我给自己打的等第

是＿＿＿＿＿＿＿＿＿＿

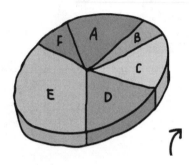

原因是＿＿＿＿＿＿＿＿＿＿＿＿＿＿＿＿＿＿＿＿＿＿＿＿

其他人对我的评价是:

＿＿＿＿＿＿＿＿＿＿＿＿＿＿＿＿＿＿＿＿＿＿＿＿＿＿＿＿

老师说:＿＿＿＿＿＿＿＿＿＿＿＿＿＿＿＿＿＿＿＿＿＿＿

＿＿＿＿＿＿＿＿＿＿＿＿＿＿＿＿＿＿＿＿＿＿＿＿＿＿＿＿

社长说:＿＿＿＿＿＿＿＿＿＿＿＿＿＿＿＿＿＿＿＿＿＿＿

＿＿＿＿＿＿＿＿＿＿＿＿＿＿＿＿＿＿＿＿＿＿＿＿＿＿＿＿

伙伴说:＿＿＿＿＿＿＿＿＿＿＿＿＿＿＿＿＿＿＿＿＿＿＿

 如果还有参加社团的机会,我会＿＿＿＿＿＿＿＿＿＿＿

如果我是社团管理者,我觉得社团有效发展的关键因素是

＿＿＿＿＿＿＿＿＿＿＿＿＿＿＿＿＿＿＿＿＿＿＿＿＿＿＿＿

＊＊如果有机会辅导低年级开展社团活动,我会怎么做?

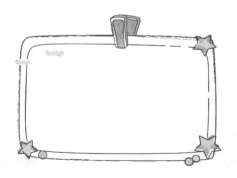

ACT. 小组跟岗深度职业探索

梦境序章：每个人都有自己的职业梦想，你对未来想从事的职业深入了解过吗？你想知道你感兴趣的职业需要什么条件呢？快来和你的小伙伴一起探索吧！发挥你的想象，把你的无限创意融入到你的职业探索中，成为最具个性才华的那一个……LET'S GO!

时间数轴_____

梦境坐标_____

我曾经□有 □没有深入参与过职业岗位的探索或观察

我觉得更有效的职业探索需要做的有：

_____

_____

与学校保持稳定合作的企事业单位实践基地有哪些？

我还想了解更多的深度体验的职业岗位

基地名称	所属行业	职业名称	具体岗位	获得途径	联系方式

途径 1：＿＿＿＿＿＿＿＿＿＿效果：＿＿＿＿＿＿＿＿＿＿

途径 2：＿＿＿＿＿＿＿＿＿＿效果：＿＿＿＿＿＿＿＿＿＿

把你了解到的职业岗位写下来吧！

我们要探索 ＿＿＿＿＿＿＿＿＿＿＿＿

＿＿＿＿＿＿＿＿＿＿＿＿＿＿老师为我们保驾护航！

这个工作我一个人无法完成，我需要一个 TEAM，它就叫＿＿＿＿＿＿＿

我们小队的探索目标是

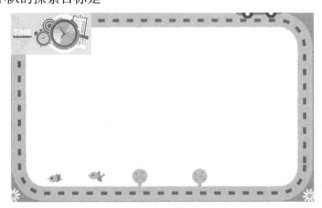

我们通过＿＿＿＿＿＿＿＿＿＿＿方式与基地联系人进行了联络沟通

沟通的结果（如果失败，调整基地）

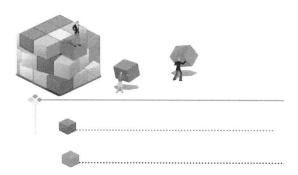

我们的学习日程安排表

做好准备，出发！

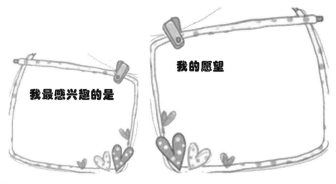

基地导师_____老师也来加入我们啦！

我与导师（黏贴你与导师的合影）

听了基地导师的介绍基地后,我了解到 _____

_____

_____

探索活动的流程和内容是怎样的? 请简要记录一下:

探索的岗位是: _____

我了解到的主要工作内容有:

1. _____

2. _____

3. _____

......_____

胜任这项工作需要的条件有:

_____

_____

我所做的力所能及的事有:

_____

_____

自我的体会和感受:

_____

_____

我的新发现:

_____

_____

过程性材料(活动照片、成果照片等):

交流分享

我最为_____的分享点赞👍

因为_____照片里的故事（贴一张值得纪念或有典型意义的照片）

我遇到的困难是_____

我是如何解决的？

别放弃
即使前面荆棘成林

对今后我参与类似的活动或者学习生活的启示

我的最大收获是：

这次探索活动，我的表现：

 老师说＿＿＿＿＿＿＿＿＿＿＿＿＿＿＿＿＿＿＿

同伴说＿＿＿＿＿＿＿＿＿＿＿＿＿＿＿＿＿＿＿

我说＿＿＿＿＿＿＿＿＿＿＿＿＿＿＿＿＿＿＿＿

再给我参与其他基地的跟岗活动，我会＿＿＿＿＿＿＿＿＿＿＿＿＿

如果我是负责人，我觉得吸引学生积极参与活动的关键因素有：

在整个活动中□有□没有预料之外的情况，原因是＿＿＿＿＿＿＿

如果有，是如何解决的

以小组为单位，把学习成果在班级、年级甚至全校进行汇报展示吧！

ACT. 家庭职业树

梦境序章:我们的家庭是个大大的宝藏,每个家庭成员对我来说都是一笔财富。每个人的职业、身份以及这背后的人生故事都够我读上好一阵子!让我们把目光聚焦自己的大家庭,去开启这一本本家庭成员职业宝书吧。

时间数轴＿＿＿＿＿＿＿＿＿

梦境坐标＿＿＿＿＿＿＿＿＿

这个活动主要内容是＿＿＿＿＿＿＿＿＿＿＿＿＿＿＿＿

我认为这棵家庭职业树的作业是:

如果让我来设计树,我的初步设想是样的

要想完成此项探索任务，我觉得最困难的是＿＿＿＿＿＿＿＿＿＿＿＿＿

＿＿＿＿＿＿＿＿＿＿＿＿＿＿＿＿＿＿＿＿＿＿＿＿＿＿＿＿＿＿＿＿

我的对策是＿＿＿＿＿＿＿＿＿＿＿＿＿＿＿＿＿＿＿＿＿＿＿＿＿＿＿

＿＿＿＿＿＿＿＿＿＿＿＿＿＿＿＿＿＿＿＿＿＿＿＿＿＿＿＿＿＿＿＿

家庭职业树需要搜集很多家庭成员的信息，比如年龄、职业、学历等等，搜集信息的过程也会比较辛苦哦！我打算用以下形式获取这些信息：

1.＿＿＿＿＿＿＿＿＿＿＿＿＿＿＿＿＿＿＿＿＿＿＿＿＿＿

2.＿＿＿＿＿＿＿＿＿＿＿＿＿＿＿＿＿＿＿＿＿＿＿＿＿＿

3.＿＿＿＿＿＿＿＿＿＿＿＿＿＿＿＿＿＿＿＿＿＿＿＿＿＿

4.＿＿＿＿＿＿＿＿＿＿＿＿＿＿＿＿＿＿＿＿＿＿＿＿＿＿

为了更高效地完成任务，我给自己做了一个时间节点流程单

时　间	内　容	备　注

作为家庭职业树的绘制者，我的访谈清单如下

Q1＿＿＿＿＿＿＿＿＿＿＿＿＿＿＿＿＿＿＿＿＿＿＿

Q2＿＿＿＿＿＿＿＿＿＿＿＿＿＿＿＿＿＿＿＿＿＿＿

Q3＿＿＿＿＿＿＿＿＿＿＿＿＿＿＿＿＿＿＿＿＿＿＿

Q4＿＿＿＿＿＿＿＿＿＿＿＿＿＿＿＿＿＿＿＿＿＿＿

Q5＿＿＿＿＿＿＿＿＿＿＿＿＿＿＿＿＿＿＿＿＿＿＿

经过一阶段辛苦地计划、访谈,我已经对自己的家庭成员的职业信息有了一个比较清楚详细的认知啦! 现在,我要把它画成我自己的家庭职业树。

家族成员从事的这些职业有相似之处吗?　　　□有　　　□没有

如果有相似之处,我觉得相似的原因是＿＿＿＿＿＿＿＿＿＿＿＿＿＿＿＿＿＿

　　我的家庭成员的学历(专业)与其职业相关性之探讨:

家庭成员	学历(专业)	职业	他们的看法	我的看法

我的家族中_____对自己的职业最满意,满意的原因是_____

_____

我的家族中_____对自己的职业最不满意,不满意的原因是___

_____

我的家族成员大多数都最羡慕_____的职业,他们羡慕地主要原因是_____

对此,我的看法是_____

_____

家族中的_____是我的偶像,因为_____

_____

大家推荐我从事的职业有:

1_____
2_____
3_____
理由:_____

_____

_____

不建议我从事的职业有:

1_____
2_____
3_____
理由:_____

_____

_____

对于以上看法,我自己赞同的在表情图标上打√,有不同看法的的在表情图标上打?

谢谢大家捧场

我来告诉大家,我的以下兴趣、能力和职业价值观是受到家族影响而得来的:

我的_____爱好是受家族中_____影响;

我的_____能力是受家族中_____影响;

我对_____职业的向往是受家族中_____影响。

对于职业选择,我最看中的因素是(按照重要程度由高到低写三条):

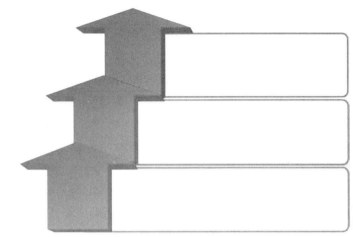

总结回顾,完成下表

我的新发现:	我的总体自评:

当初的困难解决了吗?	获得的经验教训是:

在_____范围内交流分享自己的探访学习成果,我获得了_____个认同点赞,从同伴的分享中的我获得新的启发和灵感是_____

_____

_____

选做题：

选择一个我感兴趣的职业，我想做一个深度探索，可附方案。

ACT. 爱心义卖

梦境序章：亲爱的小伙伴，爱心是一泓清泉，爱心是一缕阳光，爱心是一股暖流，爱心是最好的治愈药！当我们在窗明几净的校园里读书时，当我们与同学说说笑笑结伴同行时，当我们与家人围坐在一起尽享亲情时，你可曾想到，在同一片蓝天下还有一群同龄人，他们需要我们的帮助！让我们伸出友爱之手吧！想不想挑战自我？发挥你的特长，寻找合作小伙伴，爆发你的"小宇宙"吧！

时间数轴_____

梦境坐标_____

献出你的爱、伸出你的双手，参加学校举行的_____活动吧！

这个活动主要内容是_____

我从以下哪些途径知道这个活动的(   )(可多选)

A 学校大队部广播

B 辅导员宣传

C 学生干部宣传

D 校园海报

E 其他

我想了解的义卖活动有哪些方面?(   )(可多选)

A 什么是"义卖"

B 义卖商品的来源

C 义卖的形式

D 钱款用途

E 其他

我对此次活动的态度(   )

A 不太想参加这次活动

B 参与活动,做个买家

C 想参与活动的组建团队中,用自己的特长组建团队,帮助班级筹得更多善款

产生这种想法的原因是 _____

作为卖方\买方前期可能需要做哪些准备?

姓名	工作项目	工作内容	工作目的

在准备工作中,遇到了哪些困难? _____

是否解决【 】是【 】否(打钩)

我是如何应对的 _____

给我带来的经验或教训是 _____

  * 在前期工作中,我对本次义卖活动的调整建议或

意见是 _____

_____

  * 通过什么途径向主办方提议 _____

＊结果如何？有何感想？＿＿＿＿＿＿＿＿＿＿＿＿＿＿＿＿＿＿

如果我是卖方，是否需要组建销售团队【 】是【 】否（打钩）

若选择"是"，团队的目标＿＿＿＿＿＿＿＿＿＿＿＿＿＿＿＿＿＿＿

团队的口号＿＿＿＿＿＿＿＿＿＿＿＿＿＿＿＿＿＿＿＿＿＿＿＿

团队的分工＿＿＿＿＿＿＿＿＿＿＿＿＿＿＿＿＿＿＿＿＿＿＿＿

我在团队中的岗位是＿＿＿＿＿＿＿＿＿＿＿＿＿＿＿＿＿＿＿＿

我主要负责＿＿＿＿＿＿＿＿＿＿＿＿＿＿＿＿＿＿＿＿＿＿＿＿

我如何做好这个岗位＿＿＿＿＿＿＿＿＿＿＿＿＿＿＿＿＿＿＿＿

我们铺位商品的来源是＿＿＿＿＿＿＿＿＿＿＿＿＿＿＿＿＿＿＿

我们是如何对销售商品进行分类与定价？（是否征询过各方人士的意见\
获得哪些建议\设想价格过高或过低导致的后果）＿＿＿＿＿＿＿＿＿

是否合理？为什么？＿＿＿＿＿＿＿＿＿＿＿＿＿＿＿＿＿＿＿＿

对于货品陈列的想法：

＿＿＿＿＿＿＿＿＿＿＿＿＿＿＿＿＿＿＿＿＿＿＿＿＿＿＿＿＿＿

这样陈列的利弊＿＿＿＿＿＿＿＿＿＿＿＿＿＿＿＿＿＿＿＿＿＿

一旦发生火爆拥挤场面，如何采取有效应对措施？

＿＿＿＿＿＿＿＿＿＿＿＿＿＿＿＿＿＿＿＿＿＿＿＿＿＿＿＿＿＿

拍一张完成的售货铺位与销售团队照留作纪念

如果我是买方，本次义卖我提供了商品吗？若提供了是什么商品？

＿＿＿＿＿＿＿＿＿＿＿＿＿＿＿＿＿＿＿＿＿＿＿＿＿＿＿＿＿＿

捐出商品时我的想法是＿＿＿＿＿＿＿＿＿＿＿＿＿＿＿＿＿＿＿

有什么特别想要的商品，列一个心愿清单：＿＿＿＿＿＿＿＿＿＿

> 书籍类：
>
> 装饰类：
>
> 文具类：
>
> 玩具类：
>
> ……

拥有的货币资源能否满足完成计划购买？　【 】是【 】否（打钩）

能否给自己一个更完善的备选预案？

活动开始时间：＿＿年＿＿月＿＿日＿＿点钟

卖方用一句话概述义卖情况＿＿＿＿＿＿＿＿＿＿＿＿

开展工作过程中是否与其他团队有过合作交流？【 】是【 】否（打钩）

若有，合作中最大的启发和帮助是＿＿＿＿＿＿＿＿＿

商品出售比例是＿＿＿＿％　最热销商品＿＿＿＿＿＿＿

滞销商品＿＿＿＿＿＿＿＿＿＿

原因会是什么呢？＿＿＿＿＿＿＿＿＿＿

最终，我们铺位的销售额是（　　　）元

销售过程中有否突发事件？预案是否启动？效果如何？

＿＿＿＿＿＿＿＿＿＿＿＿＿＿

＊团队工作成果展示：（可形式多样：例如数字故事、宣传海报、小视频等）

＊成果最大的特色亮点是：＿＿＿＿＿＿＿＿＿＿

买方用一句话评论今天的集市：＿＿＿＿＿＿＿＿

购买计划是否完美实现？　【 】是【 】否（打钩）

有什么收获或教训：＿＿＿＿＿＿＿＿＿＿

有没有遇到困难或意外的事？我是如何解决的？

说说我看到的有趣的事\感人的事\遗憾的事

作为顾客,我对销售人员的建议是 _____

我认为成功的销售关键是由什么决定的 _____

＊我对整体活动提出的建设性的意见和建议有(例如:精彩之处\欠缺之处\如何改进等)_____

好了,本次岗位工作告一段落,来回顾一下自己的表现吧！给自己打个分(赞、还行、需努力)

	目标达成	能力提升	沟通协作	态度意志
赞				
还行				
需努力				

过程中我感觉最满意最成功的是 _____

老师和同伴对我的评价是

老师说: _____

伙伴说: _____

回家把工作过程分享给家长,他们对我的成果收获的评价是

_____

家长 _____

让我们留个纪念,下次做得更好！(选取义卖活动中体现自己岗位工作的典型照片或团队筹备过程中特殊意义的照片,贴图纪念)

ACT. 职校考察体验

梦境序章:"好想,好想看看外面的世界啊!"这可能是我们很多同学的心声,无奈现实中总是受到内在、外在等各种因素的干扰而无法实现,于是只能在心中默默感叹"大大的世界,小小的一个我。"别郁闷了,看,一个绝好的机会来啦,这就是我们的"职校考察体验活动"。还愣着干嘛,赶快加入吧!

时间数轴_____

梦境坐标_____

好棒呀,我们要去职校参加体验活动_____

我概念中的职校是怎样的?(可用完整的话,也可用脑海中浮现的关键词概括)

对于这次职校体验活动,我最想了解的三个问题是:

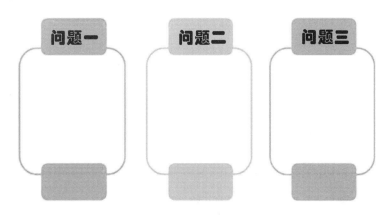

我分别打算通过什么形式去了解：

_____

_____

_____

根据体验菜单，我希望前去体验的职业岗位是（从希望程度的高到低，列举 3 个），理由又是什么呢？

序号	我心仪的体验职业	心仪理由
1		
2		
3		

为了更好地参与体验，我可以先做些什么准备呢？

_____

_____

我还有哪些困惑？

现实活动的流程和内容是怎样的？请简要记录一下：

时间：＿＿＿＿＿＿＿＿

地点：＿＿＿＿＿＿＿

活动流程和内容：

1. ＿＿＿＿＿＿＿＿＿＿＿＿＿＿＿＿＿＿＿＿＿＿＿＿＿＿＿＿

2. ＿＿＿＿＿＿＿＿＿＿＿＿＿＿＿＿＿＿＿＿＿＿＿＿＿＿＿＿

3. ＿＿＿＿＿＿＿＿＿＿＿＿＿＿＿＿＿＿＿＿＿＿＿＿＿＿＿＿

······＿＿＿＿＿＿＿＿＿＿＿＿＿＿＿＿＿＿＿＿＿＿＿＿＿＿＿

自我感受：

＿＿＿＿＿＿＿＿＿＿＿＿＿＿＿＿＿＿＿＿＿＿＿＿＿＿＿＿＿＿＿

过程性材料（活动照片、成果照片等）：

在整个体验活动中，我觉得最重要的流程和内容是＿＿＿＿＿＿＿＿＿＿

＿＿＿＿＿＿＿＿＿＿＿＿＿＿＿＿＿＿＿＿＿＿＿＿＿＿＿＿＿＿＿＿＿

通过这次职校体验活动，我对职校有了新的认识：

在新获得的专业信息后，我最感兴趣的专业是＿＿＿＿＿＿＿＿＿

此专业毕业后的职业方向是＿＿＿＿＿＿＿＿＿＿＿＿＿＿＿＿＿＿

职校从何途径获得更高的学历

我体验到自己希望体验的职业岗位了吗?

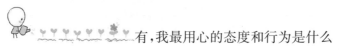 有,我最用心的态度和行为是什么

_____

_____

没有,我又是以怎样的态度和行为参与其中的

_____

_____

在操作体验过程中,你是否顺利完成了标准要求?

□ 顺利   □ 不顺利   □ 有时顺利有时不顺利   □ 不知道顺不顺利

你认为做好这项工作关键要素是:(按照要素的重要程度填写在在相应大小的圆环内)

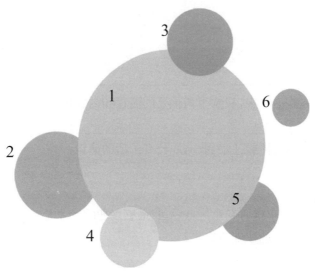

在整体活动中,如果觉得是可以给自己点赞的事,请说说这个赞具体赞的是什么?

_____

_____

如果是困难和挫折,请说说又是如何度过的呢?

在与职校的老师和学生交流访谈过程中,我获得了新的信息

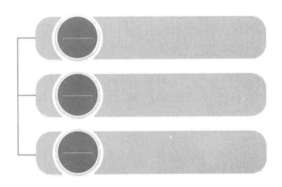

请以自身的经历给本次体验活动(内容和流程)打个分。0-10分,0很不满意,10非常满意,请在相应的分数上画个圈。得分点是什么？扣分点又是什么？

0 1 2 3 4 5 6 7 8 9 10

 得分点是什么：_____

 扣分点是什么：_____

在体验中我获得了怎样的收获？

如果没有任何收获,你觉得原因是什么呢?

* 如果让我来设计本次的体验活动,我可能会有哪些改变或更好的建议呢?

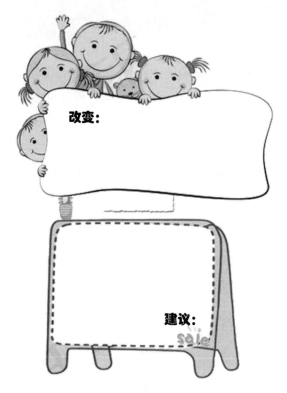

改变:

建议:

分析自身现状,我的升学初步设想是——(升学就业路径模拟图,包括初中、职校专业、高中、职高贯通、高考、专业、职业)要实现设想,我现在还需要做哪些事情。

＊＊本次的职业体验活动，让你对自己的未来人生又有什么不一样的看法和感受。可以通过绘画、讲故事、情境表演、小视频等你喜欢的方式来生动呈现。

绘生涯

第九章 "绘声绘色"生涯适应力
辅导匠心独运

面向全体学生的生涯适应力课程、活动解决了大部分学生生涯适应力发展的问题,但对于一些有着特殊成长背景、特别心理需求的学生,还需要更加深入而有针对性的辅导方法。由此我们特别创设了"绘声绘色"生涯适应力特色辅导方法,帮助这些特别群体的学生更好地发展生涯适应力。这里的"绘声绘色"辅导方法主要有两种,一种是绘本"心理式"阅读,另一种是戏剧性游戏的方法。

绘本"心理式"阅读是指充分挖掘绘本中的心理因素,以认知发展理论为基础,借鉴团体心理辅导实践经验,引导学生觉察在绘本阅读过程中所产生的自我情绪感受,在对真实情绪的感受和触动中,引发自我反省,在反省中不断激发自我探索的愿望,在探索的过程中,聚焦自我力量和优势,并尝试着转化为具体的行动力,让学生在更好地了解自己,在懂得自己的需要中对未来进行积极的展望和规划。

戏剧性游戏指的是以真实生活作为背景,模拟社会生活中的各种场景,让学生想象、模仿、表现他人的角色,帮助学生认识自己、理解他人、观察社会,形成所期待的品质和行为的活动。"戏剧性"可以很好地模拟社会的各种场景,给学生提供更多的活动空间和生涯体验,"游戏"让学生处于一种非常自然、轻松的状态,没有任何的负担,更真实地展现自我。

这两种方式都曾是本人所开展过的实践探索项目,在实践反馈和研究对比中,两种方式对于青少年积极心理品质的培养都卓有成效,当然这里并不是将两种方式做简单叠加,而是根据学生的特点需求及达成的目标方向进行深入研究和优化整合,以此探索出促进学生生涯适应力提升的特色而实效的辅导方法。

该特色辅导方法的探索我们持续了两年,第一年是准备年,主要是对于此方法的建构、论证和理论上的优化,同时对初中学生的生命意义感进行排摸和调查研究,第二年是探索年,根据前期问卷调查的结果,选出了实验班和对照班,具体开展"绘声绘色"的生涯适应力辅导方法的探索。

　　下面是一位参加了我们所开设的一个学年的"绘声绘色"生涯适应力辅导拓展课程的初一女生在课程结束时所创作的作品,还记得刚刚走进这个拓展课中的她,低着头,不说话,脸上淡淡的忧伤,一个学年下来,笑容已越来越多地浮现在她的脸庞,她已能精准细腻地描述自己的感受,勇敢自然地分享自己的故事,轻松自在地与他人合作。《假如我能重新选择自己》是她精彩的作品,更是她积极成长的印记。她对生命的感觉已经焕然一新,我想未来无论面对怎样的生活变化,她都应该能够积极以对,就像最后她所说的那一句"一切大风大浪都将归于风平浪静"!

假如我能重新选择自己

昕　妍

假如,我能重新选择自己
我可能会选择成为乡野路边的静谧
　玫瑰
在路一旁静静感受夜晚的安宁
看身旁一切如何变化
或许,有人注意到我,为我拍照,散
　布在网络上……

假如，我能重新选择自己
我可能会成为灯火通明街头上红绿
　　灯中的黄灯
短暂的闪烁
看来来往往的车辆，为梦想奔波的
　　人们
每天的城市是否"特立独行"还是
　　"如出一辙"

假如，我能重新选择自己
我想成为一副耳机
聆听热门生活的点点滴滴
在各式各样的音乐中沉浸、享受

假如，我能重新选择自己
我想成为素描教室里的一座石膏像
在各个不同的角度被人所画
与其他石膏像相像对视，并什么也
　　不说

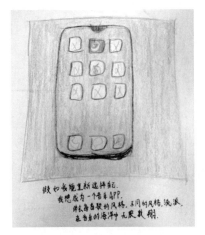

假如，我能重新选择自己
我想成为一个音乐 APP
体会每首歌的风格，不同流派
在音乐的海洋中无限翱翔

假如，我能重新选择自己
我想成为一只小野猫
无忧无虑、自由自在、没有约束

假如，我能重新选择自己
我想成为游乐园中的棉花糖
给小孩子们带去一份甜蜜、快乐

假如,我能重新选择自己
我想成为海边的一颗贝壳
可能会被人捡起,精心收藏
也可能会静静地躺在沙滩上
感受一切大海的静谧、汹涌
一切大风大浪终将归于风平浪静

《绘生涯》规划设计负责人:徐　娟

第十章　"绘声绘色"生涯适应力特色辅导方法实践案例及效果分析

一、生命意义感与生涯适应力

（一）生命意义感对于初中生的重要性

1. 生命意义感的内涵

生命意义感最初由弗兰克尔（Frankl）带进心理领域，他认为每个人都有"求意义的意志"，并在生活中不断地去追求自己的目标，实现自己的生命意义。如果人对意义的追求存在挫折即"存在之挫折"，将会导致神经官能症，对于这类病症，弗兰克尔创办了它的"意义疗法"，帮助患者直面并重新认识生命的意义。在他的基础上，Crumbaugh 认为生命意义就是能给予个体方向感与价值感的目标，并且实现目标的过程，同时编制了生命目的测验，包括生活感受，生活目标，生活态度，生活自主 4 个维度，用来作为生命意义感的测量工具。Reker 认为生命意义感是一个多维度概念，包括一个人对自己存在目标的认知与制定对有价值目标的追求与实现，以及追求目标过程的成就感、获得感等情感的满足。之后 Wang 和 Reker 分析了生命意义的工程，提出生命意义有认知、动机、情感三个部分组成的观点。Steger 提出生命意义感是个人对自我存在意义与价值的认识，他将生命意义感分为两个维度；拥有意义和追寻意义。拥有意义是个人对自我生命意义的认识程度，重视当下的结果；追寻意义是个人积极追寻生命意义的程度，重视过程。

国内学者陈秀云（2007）提出生命意义感是每个人对自我存在价值和目标的认识，包含着认识感受动机三部分。张利燕（2010）认为生命意义感是以目标感、统合感以及实现感为核心特征的心理构念。周静将生命意义感界定为人们基于自身过去的经验,用来解释自己对生命意义的认知,并对自己生命中能赋予自己价值感、成就感和目标的追求过程。

基于文献我们不难发现。国内外研究者对于生命意义感的讨论,有相同之处也有不同之处。但是他们普遍的共识就是生命意义感,包含了对存在意义的感知和对生活目标的追求。

2. 初中生生命意义感的基本状态

生命意义感是个体有目标、有追求、能够理解自己生活的价值。近年来,随着精神世界与物质世界距离不断加宽,较少有青少年对生命的价值进行思考,甚至产生厌世的念头。根据弗兰克尔的意义治疗理论,当个体缺乏对生命价值的探索时,就会产生一些诸如空虚、无聊等消极行为感受,长此以往会引发自伤乃至更严重的后果。初中阶段是人生发展的关键期,该时期被称为自我意识发展的第二个飞跃期,个体正在不断发展和完善自我同一性,在这个时期个体的生理和心理都得到了飞速的发展和变化,这些变化常使得他们处于矛盾之中。在此阶段如果缺乏对学生进行生命意义感的辅导和教育,将会极大影响他们的身心发展,反之,如果能够不断提升初中生的生命意义感,帮助其清晰自我概念,将能有效避免逆反心理的产生,使得他们能够拥有更好的学习和生活的适应能力。

3. 生命意义感与生涯适应力的关系

生涯适应力是在不同阶段生涯角色发生变化时,个体在不同的其中保持平衡的能力(赵小云,郭成,2010)。生涯教育是中小学教育中的重要话题。黄天中在《生涯体验——生涯发展与规划》中提到,生涯规划中应当包含个体的生命价值观体验。在认识和珍爱生命的基础上,应该体验生命的意义和价值。

生命意义感作为一种积极心理素质,对个体的职业生涯适应具有积极影响。Yuan 和 Yau(2015)的研究表明,生涯适应力受到生命意义感的正向影响。叶宝娟、李露和杨强(2019)的研究表明,生命意义感可以显著正向预测生涯适应力。谭蔓(2018)等人的研究发现,生命意义感与社会适应显著正相关。从现有研究可以得出,生命意义感能够有效促进个体生涯适应力的水平。

(二)聚焦于生命意义感提升的课堂对于学生生涯适应力的促进

提升学生生涯适应力的前提是学生能够充分了解自我。但在现实生活中,很多学生在没有了解自我的情况下,先否定了生命的价值。因此,本课程聚焦于对学生进行生命教育,通过生命教育,满足学生生涯需求,促使学生思考未来的发展,聚焦到当下的行动,在启发帮助学生提升生命意义感的同时,助力学生进行生涯探索,提升学生生涯适应力。

二、"绘声绘色"生涯适应力特色辅导课堂实施举措

(一) 课程基本构思

初中生处于心理生理发展的重要时期,在这一时期内,生命意义感的提升无疑能够促进学生生涯适应力的发展。通过前期的生命意义感测试,选出生命意义感相对较弱的学生群体,以这个群体为课程对象,课程旨在通过四大维度生活态度、生活目标、生活自主、生命价值相关的绘本"心理式"阅读以及戏剧性游戏帮助学生更全面地去认识自己、他人与社会从而提升此群体的生命意义感和生涯适应力的发展。

(二) 绘本"心理式"阅读及戏剧性活动菜单

绘本"心理式"阅读中,教师从四大维度:生活态度、生活目标、生活自主、生命价值来组织学生有针对性地进行绘本阅读。每个维度由一本主绘本加拓展绘本组成。主绘本课上由教师带领学生一起阅读,期间教师通过提问引导学生层层深入,让学生在阅读过程中感受自我、反省自我、探索自我从而更好地认识自己。而拓展绘本则提供了学生更多同一维度相关的绘本资料,让学生在自主阅读中进一步探索自身发展。

绘本"心理式"阅读菜单

生命教育维度	生命教育内涵	绘本名称
生活态度	认识自己	《我不知道我是谁》《你很特别》《你很快就会长高》《爱花的牛》《糟糕,身上长条纹了!》《小绿狼》《像狼一样嚎叫》《田鼠阿佛》《有个性的羊》
	认识身体 自我保护	《对待陌生人》《怪叔叔》《躲猫猫大王》《最低年级里个子最小的女孩》《风需要休息》《每一个善举》《了不起的身体》《小威向前冲》《身体里的荷先生和荷太太》

续 表

生命教育维度	生命教育内涵	绘本名称
生活自主	情绪管理	《我变成一只喷火龙了》《我的情绪小怪兽》《我喜欢我自己》《生气汤》《我的情绪我控制》《杰瑞的冷静太空》《胆小鬼威利》《一口袋的吻》《再见了,小怪物》
	亲情	《我爸爸》《我妈妈》《我的爸爸叫焦尼》《团圆》《记忆的项链》《大猩猩》《妈妈你好吗》《歌舞爷爷》《我要回到妈妈的肚子里》《说100次我爱你》
	社会交往	《我有友情要出租》《威利和朋友》《彩虹色的花》《烟花》《蚂蚁和西瓜》《左左和右右》《小喜鹊和岩石山》《织毛线的多多》
生活目标	追寻梦想	《莎娜想要演马戏》《大脚丫跳芭蕾》《小火龙找工作》《爱爬树的奶牛》《月亮之歌》《色彩的翅膀》《美丽的梦想》
生命价值	成长与感恩	《小恩的秘密花园》《我等待》《生命可以看见》《葡萄》《长大做个好爷爷》《爷爷一定有办法》《外婆住在香水村》《会飞的抱抱》《莲蓬和小鸟》《永远永远爱你》
	人与自然	《花婆婆》《一片叶子落下来》《勇敢的叶子》《风中的树叶》《地球感冒了》《天空的绘本》《森林的绘本》《公园里的声音》
	爱和分享	《彩虹色的花》《猜猜我有多爱你》《凯琪的包裹》《你睡不着吗》《小狐狸买手套》《搬过来,搬过去》
	生命的意义	《活了100万次的猫》《精彩过一生》《獾的礼物》《当鸭子遇见死神》《我永远爱你》《再见莫格》《爷爷变成了幽灵》《我的忧伤像一头大象》《小伤疤》

　　教师在主绘本阅读结束后,带领学生进行主题相关的"戏剧性游戏"探索,这类游戏涵盖范围广,形式丰富多样,自由度高。在这个环节,学生能够通过游戏将绘本传达的与他们自身进行联结,进一步加深课堂感受,提升学生的人生意义感。

生命教育维度	生命教育内涵	戏剧性游戏名称
生活态度	认识自己	我的自画像＋自画像"解说"
	认识身体、自我保护	场景演绎："自我保护宣传日"
生活自主	情绪管理	绘画创作＋场景演绎："我的情绪小怪兽"
	亲情	绘画创作＋采访分享："亲情瞬间"
	社会交往	故事演绎："我生命中的小喜鹊"
生活目标	追寻梦想	围读＋分享："线索猜猜猜"（梦想是什么）
生命价值	成长与感恩	"我的生命线" 在某个阶段遇到的一些挫折、得到的一些温暖，会发生什么样的故事
	人与自然	"生命的重生" （寻找校园里的落叶，制作一幅故事图，探寻生命的意义。）
	爱和分享	"生命·阳光" （生命可以被看见。思考我是从哪来，我为什么热爱生命，从温暖的拥抱、甜蜜的亲吻，感受成长中、挫折中的生命力量。）
	生命的意义	"人生选择题" （通过人生选择题的游戏模拟人生，在人生中的重大时刻我们都面临选择，怎么选择取决于我们对待生命的不同看法。）

（三）实施说明（基础、拓展、重点三类活动）

基础活动：教师根据生活态度、生活目标、生活自主、生命价值四大维度挑选相关绘本，每个维度选择一本主绘本在课堂上进行重点阅读，并通过教师提问以及课堂集体讨论充分挖掘绘本中的心理因素。

拓展活动：课堂上为学生提供更多相关主题和维度的绘本让学生进行自主阅读，进一步进行自我探索和发展。

重点活动：带领学生进行主题相关的"戏剧性游戏"探索。这类游戏涵盖范围广，既可以是学生通过画笔对日常生活或内心世界的展示，也可以是学生通过肢体表演和语言表述来描绘自身的相关经历和想法等等。

三、实践案例及效果分析

(一) 案例概况

1. 对象

初一年级学生

初一年级学生,自我意识增强,开始用批判的眼光看待事物,情绪波动大,生命的意义和价值成为很多学生开始思考的问题。此时,如果缺乏对学生进行生命意义感的辅导和教育,将极大影响学生的心理健康水平,学生陷入思维误区,严重的甚至会产生轻生的意识,如果不及时加以引导,很可能会酿成悲剧。

2. 测量工具

采用生命意义感量表(PIL)。由 Frankl 的意义治疗理论由 Crumbaugh 和 Maholic 编制而成。问卷经台湾学者尹美琪修订后,共 20 个题目,四个维度。包括:生活态度、生活目标、生命价值和生活自主。采用七级量表计分。α系数为 0.67。

(二) 实施过程

1. 前测阶段

用《生命意义感量表》筛选被试。

得分低于 92 分的学生,随机分为实验组(15 人)和对照组(15 人)。

表 1　被试的基本情况

	实验组		对照组	
	男	女	男	女
人数	8	7	9	6
总计	15	15		

2. 具体实施阶段

对实验组进行实验干预"绘声绘色"生涯适应力特色辅导,而对照组则不进行干预。最后再对两组进行后测,通过比较两组的前后测间的差异是否显著来评价该干预方案的效果。

3. 后测阶段

再次完成《生命意义感量表》

(三) 效果分析

1. 数据分析

以组别为自变量,两组被试生命意义感的四个维度以及总分为因变量,采用独立样本 T 检验,分别查验实验组和对照组在干预之前的生命意义感是否有差异,结果见表 2。

**表 2 对照组实验组与对照组各维度及总分前
测得分差异检验结果(M±SD)**

	实验组(N=15)	对照组(N=15)	t
生活态度	27.73±4.68	26.87±4.10	0.54
生活目标	16.00±5.70	17.47±5.58	—0.71
生命价值	18.13±4.75	18.68±6.56	0.64
生活自主	16.20±4.77	13.73±5.74	1.28
总 分	78.07±13.99	74.67±14.46	0.66

注:＊代表 $p<0.05$;＊＊代表 $p<0.01$;＊＊＊代表 $p<0.001$。下同。

由表 2 数据分析结果表明,实验组与对照组在生命意义感各维度及总分上均无显著差异,说明实验组与对照组被试在实验前生命意义感相当,同质性良好。

对收集到的数据进行描述性统计,得到实验组、对照组被试在前后两次评估中生命意义感各维度上的得分情况,实验组与对照组前后测中,生命意义感各维度以及总分得分情况见表 3。

表3 实验组与对照组生命意义感各维度及
总分前后测得分情况(M±SD)

组别	实验组		对照组	
	前 测	后 测	前 测	后 测
生活态度	27.73±4.68	34.60±5.33	26.87±4.10	31.00±7.59
生活目标	16.00±5.70	22.27±5.06	17.47±5.58	18.00±5.73
生命价值	18.13±4.75	25.00±4.31	18.68±6.56	19.73±7.15
生活自主	16.20±4.77	19.93±5.16	13.73±5.74	18.73±6.11
总 分	78.07±13.99	101.80±14.70	74.67±14.46	87.47±21.68

由表3的数据分析表明,实验组和对照组各个维度后测平均分均高于前测平均分。后测和前测分数相比,实验组提升比对照组大。且实验组生命意义感总分高于92分。以测试(前测 vs 后测)为组内变量;以组别(实验组 vs 对照组)为组间变量;以生命意义感的分数为因变量进行重复测量方差分析。检验结果如表4所示。

表4 实验组、对照组前后测中被试在生命意
感各维度及总分的差异检验结果

	变异来源	III型平方和	自由度	均方	F
生活态度	组别	74.82	1	74.82	1.78***
	测试	453.75	1	453.75	22.38
	组别×测试	28.01	1	28.01	1.38
生活目标	组别	29.40	1	29.40	0.63
	测试	173.40	1	173.40	11.92**
	组别×测试	123.27	1	123.27	8.47**
生命价值	组别	104.2	1	104.2	3.55*
	测试	360.15	1	303.75	16.66***
	组别×测试	58.02	1	25.35	2.68
生活自主	组别	50.42	1	50.42	1.14***
	测试	286.02	1	286.02	18.31
	组别×测试	6.02	1	6.02	0.39
总分	组别	1179.27	1	1179.27	2.68
	测试	5005.07	1	5005.07	47.34***
	组别×测试	448.27	1	448.27	4.23*

结果发现,在生活态度维度上,组别的主效应显著 $F_{(1, 30)} = 1.78$,

p<0.01。

在生活目标维度上,测试的主效应显著 $F(1,30)=11.92$,p<0.01,组别和测试的交互作用显著 $F(1,30)=8.47$,p<0.01。

在生命价值维度,组别的的主效应显著 $F(1,30)=3.55$,p<0.05,测试的主效应显著 $F(1,30)=16.66$,p<0.001。

在生命意义感总分上,测试的主效应显著 $F(1,30)=47.34$,p<0.001,组别和测试的交互作用显著 $F(1,30)=4.23$,p<0.05。

数据结果说明,通过生命意义感绘本阅读活动,实验组被试的生命意义感获得了有效提高,在生活目标维度上,干预效果显著。

综上,通过"绘声绘色"生涯适应力辅导,能够有效提升学生生命意义感。

2. 反馈

(1) 授课教师视角

一学年以后,课程结束了,在走廊里遇到上拓展课的孩子们,都在追问我们下学期是不是还有这样的拓展课,看着学生们亮晶晶的眼睛中充满了期待的眼神,我们知道,我们的课程对孩子来说是有用的、有趣的、更是有效的。

运用"绘声绘色"生涯适应力特色辅导,来提高学生的生命意义感,是一种有效的手段。生命意义感需要个体主动去体验,主动去探索才能获得,体验式的"绘声绘色"辅导、突破时空间限制,让学生充分体验,主动探索。通过相关主题的绘本式"心理"阅读,戏剧性游戏,老师带领学生进行探讨,提升了学生对自己的认识、情绪的识别、人际关系的处理、梦想的理解和对生命意义的更多感悟。

(2) 学生视角

详见后面《我们的故事(学生篇)》

第十一章 "绘声绘色"课堂活动设计

本章选取了一个学年中包括四个生命维度的主体课程设计,每一次活动从结构上来说包括基础活动、重点活动和拓展活动三个部分,从辅导的主要方法来说,主要就是前文中所重点介绍的"绘本式心理阅读"和"戏剧性游戏"的方式,根据不同的主题需要和学生的反馈会进行灵活性的调整和优化。

每一次活动"灵动性"是课堂的主要特色,在这样的活动中学生的反应都是最真实生动也是无法预估的,所以这对于教师的课堂应变和经验发挥是个极大的挑战。这样的课堂中教师和学生是一体共在的,你倾听我,我理解你,随着课程的推进,学生对于老师的喜爱和信任也越来越强烈。

每一次课前,设计实施者反复讨论,精心设计,每一次课后,认真总结,完善修改,就这样在不断的课前、课后的强化和巩固中,课程设计越来越精彩。

"绘声绘色"课堂活动设计(一)

 活动背景

以绘本为载体,开展生命教育,有利于唤醒和培养学生的生命意识、生命道德与生命智慧,能够滋养学生的生命。图语即情语,学生可以通过图画、形象、色彩、空间、光影以及构图等视觉语言的处理,感受到图画中承载和诠释的生命情感,进而在体验与感悟中改造生命经验。

本节课是生命教育拓展课程的第一节课,旨在让学生了解绘本的含义,认识本学期上课的内容,制定上课公约。同时使成员之间相互认识,为接下来的课程做准备。

活动目标

1. 以绘本《这不是我的帽子》为例,了解绘本的含义
2. 学生了解本学期上课的内容。
3. 根据学生对本节课的期待,制定课堂公约。
4. 团体成立,制定名牌。

活动准备

绘本 ppt、A4 彩纸、硬纸、双面胶

活动时间

2 个课时

活动过程

(一) 第一板块——认识绘本

1. 以《这不是我的帽子》为例,介绍什么是绘本。
2. 学生分享在读完绘本以后的感受。

【设计意图】

《这不是我的帽子》讲的是,一条小鱼戴着一顶圆圆的蓝色帽子游进我们的视野,它一边往前游,一边自言自语:"这不是我的帽子,是我偷来的。帽子的主人可能不会发现,因为它睡着了。就算发现了,也不会知道是我偷的;就算知道是我偷的,它也不会找到我……"它戴着帽子一路潜逃,可是就在它浑然不觉的时候,帽子的主人,一条很大很大的大鱼已经睁开了眼睛,悄悄地尾随其后……

通过绘本,形象化的向学生介绍绘本是图×文相辅相成来表达一个完整的故事,即绘本是由图画和文字组成并完整叙述故事的书籍,文字和图画相互作用,共同传达信息。

通过绘本,向学生展示我们接下来的课程是以绘本会载体,开展一系列的拓展活动。

（二）第二板块——团体约定

1.组建团队,以自愿为原则,五人一组

2.根据小组,学生分享对《生命教育拓展课程》的期待、对小组成员的期待。如你希望在本次绘本课程开展中学到什么? 你对小组成员有哪些期待?

3.根据对课程的、小组成员的期待,制定团体公约。

（1）教师引导学生思考:为了能够达到大家期待的课堂目标,有一个大家都喜欢的班级氛围,我们应该做些什么?

（团体）为了达到期待的目标,我们需要做哪些课堂约定（具体的行为）。例如,在课堂上大家要相互尊重,为了实现这一目标,不管回答的问题对与错,都不要有批评和指责。请大家以小组为单位进行讨论,并写出最具代表性的3条。

（个人）为了实现课堂公约,为了维护课堂的效率,其作为团体的一员,我可以做到什么呢? 请大家每个人写一条具体的行为在课堂公约的下方。并署上自己的名字。

（2）请大家派小组代表对我们所填写的课堂公约进行分享,在全班进行投票。票数多的公约将作为我们的团体公约。票数较少的公约我们也会进行保留,作为我们的附属条约。

【设计意图】

一是建立团体的基本规则和规范。

二是以学生为主体,满足学生在课堂中对"归属感"的需求,这种需求是学生在课堂中渴望被重视,被欣赏,被需要以及超越自我。当学生在整个团体中,感受到被需要,被认可的时候,课堂效率会直线上升,学生适应力也会提高。

（三）第三板块——制作姓名牌

1.自由联想,当我想要给别人自我介绍的时候,我想到的关键词是什么? 最想让别人了解的是自己的哪个方面。也就是,找到自己突出的一些特质。（教师可以用几个关键词来介绍自己引发学生思考）

2.选择自己喜欢的 A4 纸颜色,把你想要表达的写在 A4 纸上。（比如说你觉得你想让别让了解你的兴趣爱好,你可以画自己的兴趣爱好等）

3.以小组为单位进行交流。

4.以班级为单位,进行自我介绍。

【设计意图】

一是帮助团体成员尽快相识,鼓励成员投入团体,努力促进信任感的发展。二是使对团体成员坦诚相待,营造良好的接纳气氛。

课堂掠影

上课图片 1

上课图片 2

上课图片 3

"绘声绘色"课堂活动设计(二)

活动背景

"我从哪来、我是谁、我为什么会是这样、他为什么那样……"。这其实是人类永恒思考的问题,因为我们每个人终其一生,都在不断寻找自我,树立一个明确的自我形象,初中生处于青春期,对自己的认知也处于逐渐形成的过程中,在这个过程中帮助孩子、引导孩子更全面地认识自己是一个值得探讨和深思的问题。

活动目标

1. 帮助学生更加全面地认识自己。
2. 帮助学生多角度去地看待自己身上的"不足"。
3. 帮助学生体验生命中的"美好瞬间",建立自信。

活动准备

自我认知相关绘本 15 本左右、PPT、4F 单、活动用大纸 15 张。

活动时间

4 个课时

活动过程

(一) 第一板块——基础活动

读《我不知道我是谁》并针对故事内容进行讨论,思考以下几个问题:

1. 达利对哪些方面产生困惑?
2. 达利为何会坐在树上吃橡子?
3. 为何其他兔子会提醒达利黄鼠狼来了?
4. 达利为何不怕黄鼠狼?
5. 达利最后认识自己了么?

【设计意图】

《我不知道我是谁》的故事主角是兔子达利 B,在他的生活中,他充满了烦恼和疑问,他是谁? 他应该住在哪里? 他应该吃什么? 这些对于这只兔子而言,他都一无所知,当可怕的黄鼠狼洁西 D 出现在森林里时,这只兔子达利 B

找到了所有的答案。

通过一系列的提问引导孩子去意识到认识自己可以从以下几方面着手：1.外貌 2.居住环境 3.饮食 4.自己的身体 5.别人对自己的认识

（二）第二板块——拓展活动

学生读自我认识的相关绘本并分享绘本故事

【设计意图】

学生在读相关绘本时完成 4F 单,部分同学上台分享自己读到的故事,并且对如何认识自己做进一步的补充。在读绘本时学生也能够更全面地去了解如何认识自己。

（三）第三板块——重点活动

1.名牌制作:每个学生制作属于自己的名牌,可以在名牌上加上任何装饰,使其成为独一无二的名牌。

【设计意图】

名牌是学生自己对自己的认识和概括,有许多学生的名牌上有许多个人的信息,这是一种认识;还有一些学生用图画来表达,这也是一种认识。在用语言描绘名牌时也是对自己的一个描述。

2.我的"大脚":让学生想想自己的"大脚"是什么,并且将它写下贴到苹果树上,并讲一讲如果我们从另一面去看待"大脚",是不是会有新的发现?

【设计意图】

达利不知道自己的大脚是干嘛用的,他非常困惑自己的脚为何如此大,但是最后在面对黄鼠狼的时候,他的大脚在关键时刻救了达利的命,原来有点被"嫌弃"的大脚是达利的宝贝。

通过这个问题让学生认识到自己身上一些"缺点"也会有"有用"的时候。

3.我的"高光时刻":通过人体描摹加再创造,让学生描绘出自己生命中最精彩的一瞬间

【设计意图】

达利一脚把黄鼠狼踹出去的时候一定是他的"高光时刻"。我们一生中会有很多"高光时刻",这些瞬间让我们感受到最棒的自己。通过这个活动,让学生重新体验当时的感觉,重新感受当时的自己。

（四）第四板块——教师总结

【设计意图】

帮助学生理清思路,让学生能够在今后的生活当中运用我们所学的去更

好地认识自己，从不同的角度去看待自己的"不足"、建立自信。

课堂掠影

上课图片 1

上课图片 2

上课图片 3

上课图片 4

上课图片 5

上课图片 6

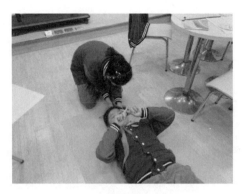

上课图片 7

"绘声绘色"课堂活动设计(三)

活动背景

　　梦想,是对未来的一种期望,心中努力想要实现的目标。梦想是人们生活的动力,纵然现实有着许多的不如意,但是梦想总是能够成为我们的指明灯,引领着我们前行。在初中阶段能够确立自己的梦想能够帮助学生以更积极的心态去面对生活中的困难,能在前进途中不迷失自己,始终明确自己的方向。

活动目标

　　1. 帮助学生认识什么是梦想。
　　2. 帮助学生认识到如何去面对梦想道路上的坎坷与困难。
　　3. 帮助学生认识到要达成梦想需要什么必备素质和技能。

活动准备

　　彩纸若干,画图用具。

活动时间

4 个课时

 活动过程

（一）第一板块——基础活动

读主题绘本《大脚丫跳芭蕾》并针对故事内容进行讨论,思考以下几个问题:

1. 大脚丫在跳芭蕾的路上遇到了什么样的困难?

2. 她放弃了自己的梦想吗?

3. 她是怎么将自己的梦想延续下去的?

【设计意图】

《大脚丫跳芭蕾》的故事主角大脚丫喜欢跳芭蕾,但是由于她有一双大脚,在跳舞的路上遇到了许多的阻碍。她也曾经想要放弃去做别的事情,但是在饭馆打工的过程中他发现自己仍旧热爱跳舞,并且把这种热爱分享给了餐馆的客人,也因此又获得了跳舞的机会。

通过一系列的提问引导孩子去认识以下几点:1.梦想是指引人前进的明灯 2.追寻梦想的路上一定有坎坷,要用积极的心态去面对。

（二）第二板块——拓展活动

学生读自我追寻梦想相关绘本并分享绘本故事

【设计意图】

学生在读相关绘本时完成 4F 单,部分同学上台分享自己读到的故事,并且对如何认识自己做进一步的补充。让学生通过绘本阅读了解更多关于梦想的故事,从阅读中体会梦想的力量,认识到梦想对于学生的重要性。

（三）第三板块——重点活动

梦想"线索环":学生在纸做的手环上画上自己梦想职业的关键线索,画完之后上台展示,让其他同学猜猜是什么职业。然后设计者上台分享自己对于梦想职业的展望。

关键线索:例如,梦想职业是记者,关键线索就可能是"笔记本"（良好的用文字叙述的能力）"照相机"（实时捕捉信息的敏锐度）"话筒"（较强的口头表述

能力）

【设计意图】

通过这个游戏环节让学生去思考要达成自己的梦想需要具备哪些能力？这些能力要通过什么途径去获取？不同的梦想所需的必备素质并不相同。

（四）第四板块——教师总结

【设计意图】

每个人都应该要有自己的人生目标，在寻找梦想的路上不断前进。梦想不同要求学生具备不同的素质和技能，因此在梦想的路上要有所规划，锻炼自己去获取达成梦想的必备素质。这一路一定困难重重，坚持到底的人才能梦想成真。

 课堂掠影

上课图片 1

上课图片 2

上课图片 3

"绘声绘色"课堂活动设计(四)

 活动背景

初中阶段是人生发展的关键期,生理和心理都得到飞速的发展。《中小学心理健康教育指导纲要》(2012 修订)中指出,要鼓励学生进行积极的情绪体验与表达,并对自己的情绪进行有效管理。

在日常生活中,我发现有的学生诉说自己的烦恼的时候,往往用"老师,我觉得很烦。""我不开心",这样的话语来诉说。每当问到发生什么事情的时候,学生往往没有意识到"很烦、不开心"背后隐藏的情绪。之所以这样,是因为学生缺少"情绪觉察"能力。另一方面,初中生已经开始有了主动调节自我情绪的需求,也采取了一些情绪调节的方法。他们会觉得的确需要运用各种方法让自己冷静下来,但不知道怎么去处理情绪;有些学生常常对自己的负面情绪产生自责感;还有的学生面对一些问题与困难,简单的采用回避的方法。

 活动目标

1. 认知生活中常见的情绪。

2. 了解情绪的多变性,明白情绪无好坏之分,每一种情绪都有存在的价值。

3. 掌握合理应对其情绪的方法,学会合理调节情绪,表达自己的情绪,争做情绪的主人。

 活动准备

情绪类绘本 15 本、PPT、4F 单、硬纸板、彩色卡纸、胶棒、胶带、绘画本

 活动时间

4 个课时

活动过程

（一）第一板块——基础活动

读《我的情绪小怪兽》并针对故事内容进行讨论。

师生共读绘本,学生思考并回答几个问题:

1."情绪小怪兽。他今天起床以后,也不知道为什么,感觉心里怪怪的,心情乱乱的。"他为什么会心情乱乱的?

2."哎呀,又弄得一团乱啦?你得学会怎么整理才行。"你会怎么去整理这些情绪?

3.绘本描述了几种情绪?快乐、伤心、愤怒、害怕、平静的情绪,小怪兽在绘本中是怎么觉察的,它是怎么表现的?你的这些情绪又是怎么觉察和表现出来的?

【设计意图】

《我的情绪小怪兽》围绕一只由红色、黄色、蓝色、绿色和黑色混合的小怪兽展开。小怪兽感觉非常糟糕和混乱,就去向朋友求助。朋友告诉他应该先把各种颜色的情绪分开,于是它就变成了不同颜色的小怪兽。绘本把情绪用颜色作为象征,黄色代表快乐,蓝色代表忧伤,红色代表愤怒,绿色代表平静,黑色代表害怕。故事的结尾,小怪兽变成了粉红色,这又是哪一种情绪呢?

从认识情绪有哪些、认知情绪的颜色、理解情绪产生的线索、感受不同的情绪和整理情绪,让学生能够认识情绪、学习觉察情绪和调节情绪。

（二）第二板块——拓展活动

学生读情绪类相关的绘本并分享绘本故事

【设计意图】

学生在读相关绘本时完成4F单,部分同学上台分享自己读到的故事,并且对学到的情绪相关知识做进一步的补充。在读绘本时学生也能够更好的认识、识别和调节情绪。

（三）第三板块——重点活动

我的情绪使用手册。

分为三个部分。

第一部分——头脑风暴

1.以"快乐、伤心、愤怒、害怕、平静"五个情绪为代表,制做卡纸,让学生抽签。抽到相同情绪的同学为一组,共分为5组。

2.思考最近一段时间,因为什么样的事情,产生了这个情绪。(因为哪些事情,我们会产生这样的情绪?)

3.在这个情绪中,当时你是怎么识别到这个情绪的?(生理反应、心理反应)

4.你觉得这个情绪有什么样的存在价值(在这个事情中的价值,除此以外,这个情绪的价值。)

5.产生这个情绪的时候,你的处理方式是?

根据以上问题,思考讨论,小组分享。

第二部分——制作体验

体验制作绘本的某一个画面。任选一个,通过绘画、剪纸等方式加以丰富,形成属于小组的绘本。绘本主题为《我的情绪使用手册》,绘本名字自拟。

第三部分:绘本再现——情绪的天空

以小组为单位,进行展示。

1.分享创作的内容和故事。

2.对创作的内容进行重现——表演。

老师总结。

【设计意图】

关注自己的情绪。从自己日常生活中经历的事情中,觉察、表达、接纳和调节自己的情绪。认识到每一种情绪都有存在的价值,促进学生更好的驾驭情绪,建立和维护良好的情绪状态,从而在社会生活中实现良好的人际交往。

 课堂掠影

上课图片1

上课图片2

作品 1　吃甜品能使人开心

作品 2　成绩没考好的害怕

作品 3　一脸平静

作品 4　和朋友吵架的伤心

"绘声绘色"课堂活动设计(五)

 活动背景

　　生命教育是初中阶段学生心理辅导的重要内容之一。生命教育其目标在于使学生学会尊重生命,理解生命的意义以及生命与天人物我之间的关系,学会积极生存健康生活和独立发展。并通过彼此间对生命的呵护、记录感恩和分享,获得身体与心灵的和谐,体会生命中的美好与珍贵,并勇敢的面对生命中可能有的"缺憾",树立正确的生命态度。

活动目标

1. 让学生通过对叶子一年四季色彩的变化来感受生命的历程。

2. 通过整体赏读和绘画,感受叶子的故事,体悟生命的意义和价值。

3. 激发学生对生命的尊重,坦然地面对生活中的每一个阶段,并发现美好。

活动准备

绘本 15 本、PPT、4F 单、剪刀、胶棒、胶带、绘画本

活动时间

4 个课时

活动过程

(一) 第一板块——基础活动

读《一片叶子落下来》并针对故事内容进行讨论。

师生共读绘本,学生思考并回答几个问题:

1. 叶子弗雷德是经历了什么?

2. 他的好朋友丹尼尔告诉他志愿是什么?

3. 他体会到生命的意义了吗?

4. 读了这个故事,你对生命有了哪些理解?

【设计意图】

《一片叶子落下来》,它还有一个幅标题——关于生命的故事。

书中一片叫做弗雷迪的叶子和它的伙伴们经历了四季的变化。从最开始享受生活到面对死亡感到恐惧,再到坦然地接受死亡,朋友丹尼尔给予弗雷迪很多精神层面的帮助,他逐渐懂得了生命的意义在于经历美好的事物和给别人带来快乐;明白了死亡并不代表毁灭一切而是另一种形式的新生。

叶子的一生象征了我们人的一生。叶子的一生只有一年不到,而我们人的一生要长得多。叶子的一生有春夏秋冬,我们一生中也有春夏秋冬,但不是一年里的春夏秋冬,而是一生中的春夏秋冬。人活着,就要勇于经历风雨,充分享受生命的快乐,就要有美好的理想,做好事情。

(二) 第二板块——拓展活动

学生读人与自然相关的绘本并分享绘本故事。

【设计意图】

学生在读相关绘本时完成 4F 单,部分同学上台分享自己读到的故事,并且对学到的生命意义的相关知识做进一步的补充。在读绘本时学生也能够更好的解生命的存在与逝去不同阶段的意义:生命的存在都是有理由的。世界上没有两片相同的叶子,经历不一样,成长环境不同,所以自身的特点别人无法复制。生命永远都存在,我们只是生命中的一部分,生命就像风,它会来到我们身边,也会离我们而去;它也像秋天的落叶,最终与泥土合二为一。

(三) 第三板块——重点活动

分为三个部分

第一部分:感受自然

以小组为单位,在操场感受自然地美好。

1. 感受:聆听安静地校园中,静静感受大自然发出的美好声音。

2. 回忆:回忆生命中印象深刻的美好的事情。当时的情境是怎样的? 和谁在一起? 有哪些对话? 内心的感受?

第二部分:亲近自然

寻找你喜欢的树叶,花瓣,数量不限。

第三部分:自然的馈赠

用你心仪的树叶,把你内心感受到的美好时刻表现出来。并给自己的作品命名。

展示与分享

【设计意图】

通过感受自然,和自己联结,感受生命的美好。我们一生中也有春夏秋冬,充分感受生命的快乐,要有美好的理想并做一些好事情。通过体验、联想和创作,让学生加深对绘本内容的感知,体悟生命的价值和意义。

课堂掠影

上课图片 1

上课图片 2

上课图片 3

作品 1:当上中队委。理想:是在一个
临海的小屋子里简单快乐的生活。

作品 2:生命的美好时刻必定是
游戏胜利之后的美好时刻。

作品3："干饭"、打游戏、睡觉、看夕阳。

作品4：弟弟的到来

作品5：休息时；躺在草地上；听着音乐；
吃着小零食；看着小朋友们在玩耍；
沐浴着阳光；昏昏欲睡。

作品6：在我做饭时，在我请
同学吃我做的饭时。

作品7：公园小道，自然的气息环绕在我心头，
久久不能散去。牵着她的手走在公园小道，
落日的余晖洒在肩上，抬头望向远方，
那是我未来的方向，加油吧，少女！

作品8：发呆，躺着画画，听歌，看电影。

作品9:做个社畜,朝九晚五,回家后见着
自己养的宠物,平平淡淡的过完一生。

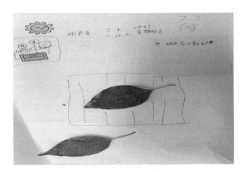

作品10:想拥有一家小紫龙生产厂。

作品11:第一次拿标就有两人。

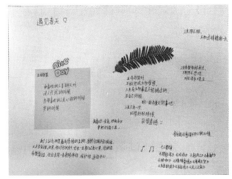

作品12:生活便签:和喜欢的人聊天时
没人打扰的时候,当你喜欢的人
关心你的时候,哭的时候。

作品13:在森林里享受大自然
带来的美好,阳光散在树叶上。

作品14:打游戏,弹琴,学习,
吃养猫,睡觉画画。

"绘声绘色"课堂活动设计(六)

 活动背景

学生在前面的课程中已经对于绘本有了很多的了解。通过绘本,我们已经从生活态度、生活目标、生活自主和生命价值四个方面来帮助学生更好地去认识自己、他人和自然。学生对于绘本如何去表达内心世界也有了认识,在这样的基础之上本堂课希望学生能够用结合所有所学的内容去创作一本属于自己的绘本。

 活动目标

1. 回顾课程内所学过的几大板块的主题。

2. 学生通过选择一个维度创作属于自己的短绘本,呈现自己在课程中的学习成果。

 活动准备

空白画纸若干,水彩笔,彩色铅笔,硬板纸,铅笔橡皮等绘画工具。

 活动时间

2个课时

 活动过程

(一) 第一板块——基础活动

回顾课程:回顾课程中我们所学过的主题及相关绘本,进行梳理。

主要回顾内容:

1. 绘本介绍:什么是绘本? 绘本是如何构成的?
2. 生活态度:《我不知道我是谁》(认识自我)
3. 生活自主:《我的情绪小怪兽》(情绪管理)
4. 生活目标:《大脚丫跳芭蕾》(追寻梦想)
5. 生命价值:《一片叶子落下来》(认识自然)

【设计意图】

帮助学生从不同维度再一次去回顾我们已经阅读的绘本,为随后的绘本创作做好准备。

(二) 第二板块——绘前准备

绘本设计步骤总结:讨论总结绘本设计的过程。引导学生去想如果自己要制作一本绘本,应该经过哪些步骤?

1) 确定主题。2)用文字先表述故事,写下故事大纲。3)设定画面内容。4)着手画绘本。

【设计意图】

帮助学生掌握画绘本的过程,在讨论的过程中进行总结,找到制作绘本的关键步骤,为接下来绘本创作做准备。

(三) 第三板块——重点活动

绘本创作:学生进行绘本创作。学生利用绘画工具在图纸上创作属于自己的绘本作品。

【设计意图】

学生能结合之前在课堂上所学的所感悟的创作出属于自己的绘本,用绘本的方式来表达出自己的内心世界。

(四) 第四板块——教师总结

【设计意图】

绘本阅读不是孩子的专利。无论你身处哪个年龄段,绘本阅读都能给内心带来新的思考和体验。学生创作出属于自己的绘本,这是学生内心世界的一种表达。通过绘本创作,学生能将本课程中对自己触动最深的东西用绘本的形式表达出来,这是他们对自己、他人和社会所表达出的自己的见解。

课堂掠影

上课图片 1

上课图片 2

上课图片 3

"绘声绘色"课堂活动设计(一)(四)(五):曲倩倩
"绘声绘色"课堂活动设计(二)(三)(六):金艳雯

我们的成长故事(学生篇)

1

记得有一次在课上,老师和我们谈论生命的意义。

在读绘本的过程中,一片叶子的一生,经历过的一切。叶,春季的萌发生机勃勃,对新世界充满向往期待;夏季茂盛,看着世界的一切在炙热的盛夏发生变化;秋天风吹过的温柔,慢慢枯黄,下落;最后落下,生命结束自然分解一切归于大自然,等到新一年新叶重新萌发,经历一样的事,无限循环。

有句话让我思考了很久:既然生命终究要结束,那么活着的意义是什么呢? 生命的意义又是什么呢? 我曾无数次思考这个问题,答案是不知道。

在不同的情况下,我对待这个问题的答案都不一样,之前我的想法总是很悲观,把所有的事情想得很坏,总觉得身边的一切都和自己作对,自己与世界格格不入,不能和家人敞开心扉交流,不能融入同学所谈论的事物,觉得自己的性格行为任何的一切都招人不喜欢,明明没做错什么好像被全世界针对了一样,在当时那样的状态下我就想过这个问题:生命都要结束早点晚点不都一样吗? 那我为什么不能早点结束? 那时我感觉处处针对我,学习也学不进去,干什么都平平无奇,想过结束生命,觉得一切毫无意义,活着很迷茫很空虚。

但之后我就突然想通了,也不一定全都是坏的,把所有事情往好的方向想,每天做自己想做的事情,喜欢感兴趣的事情使生活变得更充实,学会了许多新技能写歌词,做饭,画画画,打打篮球,复习功课看看课外书,觉得每天的时间都不够干这些事,不像以前什么都没做,一天就过去了,同时我还感受到身边朋友的关爱,能很好的相处,我也感到家长们对我的爱,去理解他们,不再是一味地反抗,叛逆,其实一切都没有想象中的那么坏。

回到那个问题,我现在的想法是既然生命总归要结束,是让他平平无奇黯然失色,还是绚丽多彩,回忆起来值得骄傲能呢,答案一定是选择后者,我的生命终究会结束,但是活得怎么样、过得开心或难过、平淡或多彩这些选择都在我自己。我没有必要永远悲观地过属于我自己的生活,我想,自己能感到生活充实,感到事物的美好,就是生命的意义了吧。

很喜欢的一个歌手写过的一首歌:《风的颜色》。它是我心中的"白月光",在后来的一首歌中她又写到"风的颜色一直在改变我的梦不是停在这瞬间",我想是这句话引导了我吧。希望未来更好。

——昕　妍

2

刚进入这个拓展班的时候我并不清楚这门课是做什么的,刚踏进教室的时候也有些忐忑。课上老师会问些什么问题呢? 我并不是很想和陌生人分享心里的想法……

但是渐渐地,我发现这门课和我们通常学的主课内容不同。我还记得老师跟我们说情绪小怪兽的那节课。我们大家一起分享绘本,以前我觉得这只是幼儿园孩子读的东西,没想到大家一起读来却发现里面有许多的道理。

进入初中我发现很多事情都很容易影响我的情绪,每天生活中的小事,和朋友的一些小摩擦、一次考试的失利就会让我否定全世界,而一次小小的成功或者买到自己喜欢的东西也会让我激动开心地不能自已。我的情绪波动很大,很多时候我也不能很好地处理我的情绪,这给我带来了很多的困扰。但是通过这节课,我认识到了每个人都会有喜怒哀乐,所有的情绪都是人类正常的反应而已,所以当有情绪的时候,我们不需要去排斥它,而应该学着接受它。

知道了这一点后,我开始学着去正视我的情绪,当我遇到困难的时候,当我沮丧的时候,我会先告诉我自己"我可以难过一会儿",然后做一些自己喜欢的事情:听听音乐来放松自己,缓解自己的情绪。我发现当我能够正确处理情绪时,我不再这么患得患失。虽然有时我还是会受情绪摆布,但是我想我已经开始学着和我的"情绪小怪兽们"和睦相处了。

——露　露

3

这么多年,我一直有一个解决不了的问题那就是生命的意义到底是什么?于是我便踏上了寻找生命的意义的火车。

刚开始上课的时候,我很疑惑想搞明白生命的意义到底是什么。在课上老师给我们讲了一个故事大概是这样的。

从前,有一颗树上长了许多叶子,但有一片叶子和我一样,很疑惑生命到底是什么,到了夏天,它交了许多朋友,想问问他们生命的意义到底是什么,结果没有一个知道,到了秋天它们都慢慢地变"老"了,掉落在了草地上,这时它们才明白了,生命就像一列一去不复返的火车,带着我们浏览风景享受生活,渡过一个个难关,穿过一个个隧道。

听完老师讲的故事我有了收获,也有了改变,我明白了,生命的意义就像袁隆平爷爷一样研究杂交水稻,拯救全中国人民,生命是无价的,是只有一次的,是不能重来的,是让我们去感受的。

——福　海

4

这个学年我们一共上了十二节拓展课。我是第一次接触这个类型的拓展课,它给我带来的感觉和其他的课程非常的不一样。在课上我们没有过多的学业压力和心理压力,老师在和我们交谈的时候,就好像朋友一般和我们一起去讨论很多我们生命当中非常有意义的话题。

我们讨论了关于自己的话题。我是谁? 应该怎么去定义我自己。我们也讨论了关于亲情友情的话题,在这个过程当中,我明白了如何去更好的和身边的亲人以及朋友相处。课上我们做了许多非常有趣味性的活动,其中我最喜欢那个活动就是最后一堂课的制作绘本活动。

老师让我们去制作一本属于自己的绘本。我不太擅长画画,老师说没关系,任何的表达方式都是可以的,可以是抽象表达,可以借助纸板做立体场景道具等等。于是我也埋头干了起来,也有了自己非常满意的作品。这堂拓展课很愉快,因为在课上没有对错,没有繁重的作业,我觉得我的很多想法都可以在这堂课里表达出来,老师不会批评我,而是和大伙儿一起讨论每一个同学不同的观点。这让我觉得很放松舒适。

——锦　惠

5

我非常喜欢心灵驿站这节拓展课。和平时上的主课不一样,这堂拓展课的氛围相当的轻松和愉悦。我们在课堂上和老师一起分享绘本,一起去思考我们平时不太去思考的一些问题,这些问题也同时使我们改变了对很多事情的看法。

记得第一堂课上来我们就一起分享了绘本《我不知道我是谁》。这本绘本中提到了达利,有一只非常大的脚丫,达利一直不知道这个脚丫对他来说有什么用。但是当最后要对付黄鼠狼达西的时候,达利 B 的大脚起到了作用。随后老师就让我们想,在我们的生活当中,是不是也有一些我们平常所认为的缺点? 这些缺点是不是可以转换成我们生活中的一个优点?

平日里我做事情会比较拖延。为此母亲也经常因为这个事情说我。但是有很多时候,我的拖延是因为我在做决定的时候会考虑过多而犹豫不决。但是从另一方面来说,我对待每件事情的思虑会比较的周全,我会考虑到事情的方方面面。我想也许没有绝对的优缺点吧,每种性格都有优势有劣势,我们如果从正面来看待,我们也许就能通过一些微小的改变来将它改变成为我们进步的"原料"。这样的感觉在这堂拓展课里我感受到很多,有很多的方面我改变了我看待事物的看法,这也使我的生活态度更积极。

——皓　宇

6

心灵驿站这堂拓展课非常有趣。刚开始每堂课老师会跟我们分享绘本,每堂课都会有一个主题,我们一起读一本绘本。随后老师会给我们一段时间进行自由的绘本阅读。我们每个人读不同的绘本,然后有时候会跟其他同学分享自己手中的绘本。

最后一节课的活动让我特别难忘,老师让我们创作一本属于自己的绘本,我们从写故事大纲开始,到打线稿,完稿,上色,添加文字都是由自己来完成的。我的绘本名字叫《为什么活着?》,这也是我从这堂课中感触最深的一点。我们为了爱活着,我们在这个世上拥有亲情,拥有友情,哪怕是与陪伴自己的小动物一起的岁月,也是叫我们难忘的。因为有爱我们才能走得更远。因为有爱,我们在遇到困难的时候会有伙伴伸出援助之手。同样地,在他人遇到困难时,我们也应该尽可能去帮助别人。我想对我所有的伙伴说:生活很美好,我们遇到困难、跌倒了就站起来,生活难免有挫折,但一定要乐观面对,积极向上。

——俊　飞

7

记得第一节课我们一起读的绘本叫《我不知道我是谁》,故事主角是兔子达利 B,在他的生活中,他充满了烦恼和疑问,他是谁? 他应该住在哪里? 他应该吃什么? 这些对于这只兔子而言,他都一无所知,当可怕的黄鼠狼洁西 D 出现在森林里时,这只兔子达利 B 找到了所有的答案。

刚开始的时候我很困惑:为何要问我是谁? 在看完故事以后,我发现我对于"我是谁"的理解是很浅显的。"我"是从出生开始所有经历,生活背景等等的总和。在这堂课上我们做了属于自己的名牌,做名牌的时候,我写下了我的姓名、也想到了我的爱好、画上了自己的自画像。要向别人介绍我自己我想到了很多方面,因为这些方方面面的不同才有了独一无二的我。

老师问了我们名牌的意义,因为是自己制作的所以我觉得和同学们相互分享的过程很有趣。我认识到我们每个人都是不同的,就像我们找不到一样的叶子,每个人都是特别的,所以我们不需要一直去和别人比较,做好自己,展现自己最真实的状态,自然会吸引和我志趣相投的朋友。

——晨　曦

8

第一堂课上老师告诉我们心灵驿站这节拓展课是一堂我们一起分享绘本的课程。在分享绘本的过程当中,帮助我们去了解人生的意义。

课堂上老师根据不同的主题跟我们分享了许多有趣的绘本。其中我印象最深刻的一件是关于梦想主题的。这本绘本的名字叫大脚丫跳芭蕾。讲述的是一个热爱跳芭蕾,但是却受到自己大脚丫影响的女孩。旁人都觉得女孩不适合去跳芭蕾,但是女孩非常的喜欢芭蕾。最后她通过她的坚持和努力,使自己的梦想成真。

长大以后成为一名医生是我的梦想,但是学习真的非常辛苦,有时候我也会给自己找借口偷偷懒。绘本的阅读过程让我明白了偷懒是能让自己舒服些,但是我也会离自己的梦想越来越远。生活中有各种各样的"诱惑",有时候被手机吸引了注意,有时候又想要和同学出去玩,哪样都比学习来的轻松,就像故事里的主人公一样,她可以放弃芭蕾找一份工作,但是女孩还是选择了舞蹈,即使是在餐馆工作的时候,她一直没忘记自己的目标。

我想目标就像是一盏远方的灯塔,我们在迷茫、懒惰、想要放弃的时候都应该抬头去看看那远方的灯塔,这样我们就不会偏离方向,达成自己的梦想。

——晨　希

9

情绪是每天伴随我们身边的。在绘本分享中,我们一同分享了情绪的颜色,还做了关于情绪的场景创作。

创作的过程很愉快,我和小组成员们选定的情绪主题是"快乐"。我们讨论了什么能让我们快乐呢? 当我们能够品尝到美食和甜品的时候会很快乐! 于是我们的创作场景以我最喜欢的小恐龙作为主角,我们利用了硬板纸上的"85℃"的字样做了指示牌,然后用色彩纸做了个巨大的蛋糕! 上面还放了香蕉、橘子等各种水果。

平日里买一些小零食是下课经常做的事情,我们并没有觉得做这件事的时候有巨大的快乐,但是在这堂课上当老师让我们去回忆的时候,我们却都想到了这个场景,突然发现生活中有很多的小快乐是我们平时所忽视的,如果我们仔细去感受我们生活中的点滴,我们就能从生活中汲取更多的快乐。

这堂课让我们感受到了我们生活中的"小确幸",也让我们明白了生活中无论是哪种情绪,都应该用心去感受并且冷静地去处理,不能让情绪来操控我们。

——轩　逸

10

小时候我们会有很多很伟大的梦想。我还记得小学里很多同班同学说,以后长大想要成为科学家,成为偶像歌手或者成为一个艺术家。但是在进了初中以后,我发现我的梦想渐渐变得模糊了,渐渐的失去了原本的动力与热情。我不知道在毕业以后我要从事什么样的工作? 对此感到非常的迷茫。

在拓展课当中,我找回了一些答案,对于梦想这个词也有了一些新的认识。老师在课上跟我们分享了大脚丫跳芭蕾的故事,故事的主人公热爱芭蕾,但是呢,由于他的大脚丫,所以他并没有能够去在比赛当中脱颖而出,评委认为有着大脚丫的她是不适合成为一名芭蕾舞演员的。女孩非常的伤心,她选择去一家餐厅当服务员。但是她发现她仍旧热爱芭蕾。女孩在餐厅里表演芭蕾舞给客人看,得到了所有客人的赞赏。而在这个过程当中,她也被伯乐所发现,于是她又重新踏上了芭蕾舞的舞台。

这个故事让我知道了拥有梦想并不只是一个空话。除了有这个想法之外,我们必须付出很多的努力与实践。我们必须拥有能够使我们梦想成真所需要的技能,而这些技能的达成是依靠我们日夜不断的苦练所达到的。所以当我重新去看待梦想这个词的时候,我知道它是需要基于现实基础之上的。所以从现在开始,我也会为了我的梦想付出实践,去努力达成!

——家 埼

我们的原创绘本(学生篇)

绘本 1:《变成更好的自己》——文悦

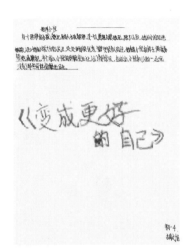

有一个胖胖的女孩,她叫小倪。她比所有女孩都胖,没有一个人愿意去跟他玩,除了(人名)——她从小的玩伴。(人名)从小就十分受人关注,处处都很优秀,受很多人欢迎,她看着小倪的样子,便准备帮她减肥,半个月后小倪的变化让人们都惊叹,在这之后小倪和(人名)一起玩,没有了那些异样的目光。

小倪和小雅是一对好朋友,小倪很胖,
小雅很漂亮,所以小妮很自卑。

加油!减肥!

坚持！坚持！

小倪变得越来越自信了。

绘本 2：《小安和小男孩》——家琦

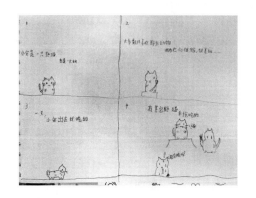

1：小安是一只野猫，也是一只妖
2：大多数不喜欢野生动物，因为
　 他们很脏，很差劲⋯⋯
3：一天，小安出去找吃的
4：有其他野猫来抢吃的
（能别抢吗）

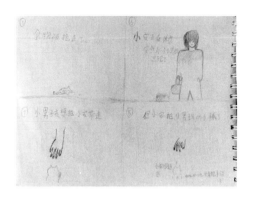

5:食物被抢走了……

6:小安正在休息,突然有一个小男孩出现了

7:小男孩想把小安带走

8:但小安把小男孩的手抓了

小安很疑惑,为什么抓了他,还要把手放下来

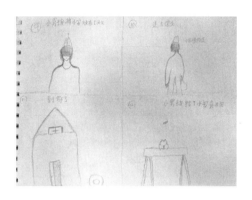

9:小男孩将小安放在了头上

10:走了很久,小安很内疚

11:到家了

12:小男孩给小安食物

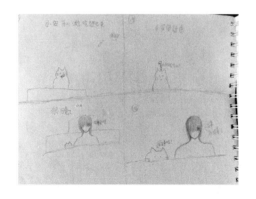

13:小安开心的吃了起来

14:小安很疑惑:为什么给我吃的?

15:很晚了,睡觉吧

16:手没事吧?

没事,消过毒了

17:嗯?
18:以后跟着我,我罩着你
19:是
20:早,干活了

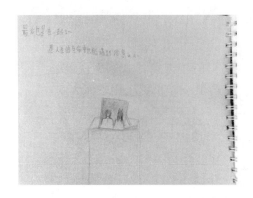

最后也是在一起了
愿人生的生命中也能遇到治愈
　之人

绘本 3:《生命》——福海

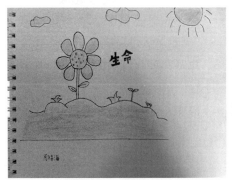

从前有几粒种子落在了土壤里，
慢慢的发出了嫩嫩的小芽儿。

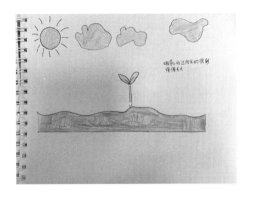

嫩芽儿经过阳光的照射慢慢长
　大。

天空下起了雨，滋润了土壤，让
　它吸收营养，茁壮成长。

嫩芽渐渐地开出了美丽的花苞，
其他的动物都过来观看，
小蜜蜂嗡嗡地飞了过来。

花苞开了变成漂亮花瓣，
小蚂蚁们悄悄的过来欣赏，
在下面还盖了一座小房子。

小花开出了他最美的样子，
一片片花瓣是那么鲜艳夺目。

立秋了,小花被一阵大风吹得直
　不起了腰。

花瓣一片片飘在空中,就连小花
　的籽儿都被吹下来了。

小花的花瓣掉下来了,
他即将要枯萎,
小籽儿撒在了土壤里,
等待着春天新的开始,
可惜小花的生命已经结束了,这
　就是秋天到来了。

绘本 4：《为什么活着》——晨曦、俊伟

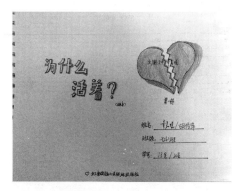
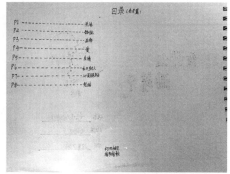

生　活

有时候我一直在想一个问题……

人为了什么而活着……

有的人为了钱，

有的人为了家人，有的人为了爱自
　　己爱的人

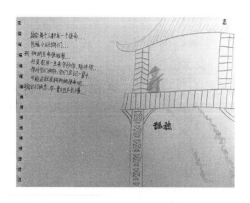

孤　独

其实每个人都有一个使命……

包括小动物们……

狗狗的生命很短暂……

但是它们用一生来守护你，陪伴
　　你……你对它们的好，它们会记
　　一辈子……可能这就是狗狗的
　　使命吧……

可能它们的忠你一辈子也不会懂……

生 命

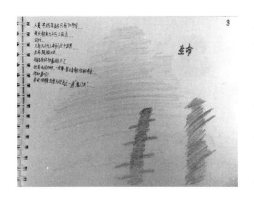

人类平均年龄只有 70 多岁……

每天都有几千万人死去……

同时又有几千万人来到这个世
界……生命既短又长……

可能有许多事做不了……

但是无论如何,一定要一辈子孝敬
你的母亲……

你知道吗? 其实你母亲也曾为你
走过一道"鬼门关"……

爱

其实……

爱一个人并不是你想象的那么简单……

你要学会关心她,照顾她,爱护她,
理解她,同情她……

爱和爱情是两种概念……

全世界有 70 多亿人口……

你们能在茫茫人海中相遇……

说明这也是一种缘分……

好好珍惜对方吧……

别让他,他对你失望……

友　情

真正的友情并不是一起打游戏，一
　起上学，一起回家。

真正的友情是你在困难的时候会
　帮你一把……

有事一起扛，有福同享，有难同
　当……

不带你走弯路。

不和你争，不和你抢，会和你分享
　自己珍贵的东西……

失败的时候会鼓励你……

真正的友情是难得的……

好好珍惜吧……

乐于助人

有些人，他总是为他人着想，不会
　关心自己……

这些人，他们以乐于助人来成就自
　己……

让自己的生活充满情趣……

终归好人有好报……

你对人们的好……

上天都会看在眼里的……

乐于助人，不求回报！

这是我们做人的底线……

心灵驿站

人的一生其实很短暂,就像一场梦

   一样……

别让生活太乏味……

你还有自己未完成的使命呢!……

完 结

生活其实很美好

跌倒了就站起来

人生难免有不幸

但一定要乐观面对

积极向上

致所爱的人

关注我,一起期待第 2 册的到来吧

虹教实验心灵驿站出版社

绘本 5:《小厨师》

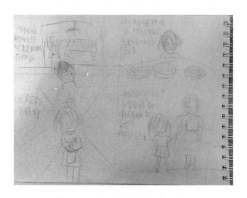

一个小女孩,她叫小圆,她看见妈妈在做饭。

妈妈喊她吃饭,她看见妈妈做了美味的饭菜。

她决定要当一名厨师。

她跟妈妈说:"我要当厨师!明天教我做菜吧!"妈妈点了点头。

第二天

早上,小圆早早的起来了,她很兴奋。

她打开衣柜选出了最适合的衣服。

来到厨房,妈妈说:今天我教你炒青菜。

妈妈说:"你先看我做一遍,到晚上你再做。"

饭,做好了,小圆全部吃掉

晚上

她学着妈妈做青菜的方法,做了一遍。

结果,做糊了

"你已经做得很好了,只是有些方
　法不对。"

妈妈安慰道,妈妈指导她做菜

她满意地吃起来他很开心

绘本 6:《她》——露露

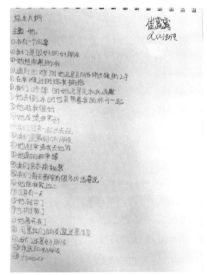

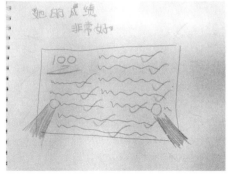

会生涯

第十二章 "看见孩子"生涯适应力家庭教育指导聚焦本源

　　家庭教育指导是生涯教育中不可忽视的一环,家校合力对于学生生涯适应力的培养起着重要的助推作用,反之将成为学生的生涯阻碍。每一年,总有不少的家庭教育书籍问世,告诉家长们他们之前所做的有失误,建议家长们用另一种教育方式,结果,我们的家长们就常常处于在具体的、矛盾的方式引导中:温柔点、严厉点;孩子哭泣时给予回应、孩子哭泣时不给予回应;给孩子制定各种规则、任孩子本性自由生长……。家长们在应接不暇中也变得更加不知所措。

　　亲子关系是一种双方关系,家长是家庭教育的主体因子,家庭教育中所存在的问题往往并不简单的只是家长的忽视和无方法,常常更多的是由于家长个人内在的问题,如个人生命哲学观、对重大生活问题的态度、对生活中"未完成事件"的解决、"自我概念"与自觉能力等所带来的亲子关系问题。这时如果只是简单而表层地指导家长如何进行家庭教育方法的完善,经常会出现不能实施到位、不持久或根本没有改变的现象。

　　分析亲子关系特性必须要了解一个重要概念:依恋。依恋理论最初由英国精神分析师约翰.鲍尔比(Bowlby)提出,强调亲子关系在个体心理发生、发展中的重要作用。他认为,在人生全过程中都可以发现依恋现象,依恋需要的满足状况对心理健康有至关重要的影响。个体和父母的依恋关系会被内化为关于自我、他人以及人—我关系的心理表征,这也就是内部工作模型(internal working model)。内部工作模型会对个体未来的社会心理与行为产生持久而深远的影响。高品质的依恋关系起着安全基地(Secure Base)的作用,能使个体以良好的状态同外部世界积极互动,促进社会适应和潜能发挥。

　　最新的依恋理论研究,根据内部工作模式的主要成分(自我模型和他人模型),将依恋分为四种类型:安全型、回避型(拒绝型)、矛盾型(专注型或纠结型)、紊乱型(情感缺失型依恋)。

依恋类型

依恋类型	亲子间的互动模式
安全型	容易获得情感,能够感受到,并能做出反应
回避型	情感不容易获得,难以感受到,不能做出反应
矛盾型	交流、感受和反应都不具有一致性
紊乱型	令人恐惧,感到迷惘、惊恐

以下是由我们团队的老师们所提供的 8 个案例的基本情况,非常鲜明地呈现了不同的亲子依恋类型,同时也让我们深刻地感受到亲子依恋类型对于孩子成长的重要影响作用。

【个案 1】

1. 个案基本情况

初中预备班男生小康,长的浓眉大眼,结结实实,看起来有点桀骜不驯。入学没多久就特别喜欢惹事生非,课堂上经常违反课堂纪律,故意制造事端和声音影响老师上课,有时还吃零食,基本不听老师教育和规劝,有时还会满口粗话。课后只要稍有不适就会和同学吵架,一言不合就用拳头解决,班级几乎所有的男孩都被他打过,同学们非常讨厌他,都不愿意和他相处。老师们采用了各种方法都无效,只能和家长沟通,结果效果不佳,孩子反而更变本加厉。

2. 亲子依恋类型分析

小康和父母的亲子关系从依恋的角度来分析,属于紊乱型。其一,小康的父亲脾气急躁,非常大男子主义,工作繁忙每周回家一次,小时候小康只要一犯错,父亲就各种谩骂,对他拳打脚踢,这种暴力式的"交流"使孩子体会不到温暖的父爱,在恐惧中也心生怨恨,迷惘中渐渐形成了"冲动型"的行事风格,不知不觉中也变得像父亲一样,认为只有拳头才能解决问题。其二,夫妻关系不佳,从小看着父母争吵,婚姻的不幸福导致了孩子没有安全感,缺乏归属感。其三,在学校和老师、同学一直有冲突,是希望引起别人的注意,来满足被需要的心理状态,也是负面情绪的一种宣泄。

【个案 2】

1. 个案基本情况

初中女生小孙,个子高高的,平时话不多,是萌萌的娃娃音,学习成绩很不理想,难一点的题目做不出会在教室里大哭,班上也没什么要好朋友。但是非常擅长绘画和热爱文学。由于学习成绩问题,在家里和父亲冲突不断,经常是爸爸在粗鲁地辱骂小孙蠢笨、无用等等,小孙常常会顶撞回去,妈妈因为同情女儿的处境,常常表现出维护小孙,这让父亲更加气愤。如此恶性循环之后,导致夫妻关系紧张,亲子关系也非常不融洽。小孙内心非常想改变这种局面,渴望温馨的亲子关系。

2. 亲子依恋类型分析

小孙和父亲的亲子关系从依恋的角度来分析,属于比较典型的矛盾型。首先,小孙的父亲是顶级大学的硕士学历,对女儿的期望值非常高,但女儿的学习成绩让他非常失望,对于小孙的学习问题父亲并不知道如何科学地应对,从最初的自己辅导孩子到给孩子报各种辅导班,但发现都不能解决问题。于是便不停地抱怨、责骂,孩子在这这样的环境下,自我价值感越来越低。加上妈妈的袒护,小孙常常处在迷茫和无助之中。好在初二的小孙自己想解决问题了,主动寻求老师的帮助。在老师的辅助下。面对父亲的埋怨,小孙不再采取顶撞的方式,同时主动提出可以培养自己擅长的绘画技能。经过和父母几次的交流之后,大家都开始尝试寻找解决问题的途径,虽然有过反复,但最后父亲开始面对现实,开始发现小孙的优势,小孙也开始礼貌地和父亲沟通,并充分发挥自己热爱绘画的优势,毕业后考入了自己理想的学校。

【个案3】

1. 个案基本情况

小亚是个安静的男孩,他在班级里沉默寡言,也没有朋友。他上课的时候,头似乎一直是低着的,偶尔被叫到回答问题,声音非常小,总是担心回答错误。小亚的父母都是博士毕业,对自己和他人要求很高,总埋怨自己的优秀基因没有遗传给儿子,对儿子的成绩非常失望,非常焦虑。为了提高成绩,给他报了很多辅导班,但是效果 也不明显,妈妈就更加着急了,甚至想给儿子去做智商测试,吃药改善记忆力等。在父母的过高期望下,小亚越发不安,对自己也没有信心,认为自己是个笨孩子。

2. 亲子依恋类型分析

小亚和父母的亲子关系从依恋的角度来分析,属于比较典型的回避型。小亚的父母对孩子的成绩抱有过高的期望,对于孩子成绩不佳的原因并没有进行客观全面的分析,只是一味责怪孩子不够聪明 ,并没有给予小亚真正需要的关心和支持。对于性格内向的孩子,需要更多的耐心和细心,而他的父母更看重孩子的成绩,对于孩子的内心情感需求完全忽视和回避。父母的焦虑对孩子产生了非常负面的影响,小亚变得否定自我,对一切丧失信心,从而在人际交往等方面也产生问题。

【个案4】

1. 个案基本情况

小艺是班级里比较特别的女生,说她特别,是因为和同学相处不愉快时,老师可以听到她发出的尖叫声,还有她不被大家看好的外形,她的一只眼睛较另一只会明显小一些,大家都不是很喜欢跟她一起玩,班级内部的人缘不是很好,她与其他班级的一名女生却是知心朋友,二人经常课间相约一起玩,要么去图书馆,要么去溜操场,两人在一起时十分开心。她平时作常是糊弄应付,可是考试之前会下功夫。老师联系家长,家长就会责骂孩子,然后回复老师很长的话并且问老师孩子需要哪里改进,但并没有按照老师的建议行动。

2. 亲子依恋类型分析

从依恋角度看,父母与孩子之间是回避型依恋关系,父母对于孩子内心真正的需求不了解,进而不能满足,孩子想要交朋友,想要学习自己的一技之长(吹笛子)来吸引更多的同学关注,父母反而不同意,父母对老师的信息轰炸更是另一种宣泄,直接间接地责备孩子,老师反映的需要家长配合的举措,家长自动屏蔽,和老师交流时一旦涉及到需要家长改变的核心问题,家长会顾左右而言其他,岔开话题。家长一系列的表现使得孩子不能真正打开心扉,在家长面前老师面前都隐藏自己的真实想法学会伪装。

【个案5】

1. 个案基本情况

初中男生小江,自开学初就不听老师指挥,在做事情的时候表现出什么事情都要做到最好,个性上争强好胜,和同学相处也不太融洽,经常和同学发生冲突。小江从小一直跟着爷爷奶奶生活,现在爷爷奶奶年纪大了,父母接到身边。刚开始,父母对小江有求必应。自妈妈怀有二胎,没有太多的精力管教孩子了。

2. 亲子依恋类型分析

小江和父母的亲子关系从依恋的角度来分析属于矛盾型依恋。父母因为从小对小江有求必应,但是这种现象在妈妈怀了二胎以后发生了改变,妈妈在怀孕以后,身体不适,爸爸又很忙,妈妈的情绪极不稳定,对小江的要求也表现出了不理会,这个时候,小江情绪常会非常激动,父母觉得小江不讲道理,但小江是害怕失去家人的爱,当小江的需求得不到满足的时候,就会表现出一些攻击性行为。

【个案6】

1. 个案基本情况

初中女生琪琪,活泼好动,在老师面前积极主动爱表现,和同学却总是冲突不断,经常和男同学打架。据同学反映,琪琪还总是拿别人的东西,说是爸爸店里拿的或自己买的,老师问起也是面不改色,一口咬定没有拿别人的。知道她平时住在补课老师家,周末才回去,父母太忙基本不怎么管她,家里有一个弟弟在上小学,由父母亲自教导。

2. 亲子依恋类型分析

琪琪和父母的亲子关系从依恋的角度来分析属于回避型。首先,琪琪的父母对于两个孩子不同的态度导致了琪琪心理的失衡,内心积聚的不满也是导致琪琪与同学关系紧张的重要原因。其次,被父母的忽视导致孩子更想获得大人的肯定,因此在老师面前,琪琪总想表现一番来获得老师的关注和表扬。除此之外,琪琪总把别人的东西占为己有,可能有零用钱不够的原因,也可能是被忽视的越久,想得到的就越多,所以以不恰当的行为占用了别人的东西,潜意识中可能还有想通过老师传达想被父母的关注的意愿。

【个案7】

1. 个案基本情况

初中男生小宋,长得很结实,平时话语不多,在班级里也没什么朋友。班级多次发生学生钱物缺失的事件,都与小宋有关,面对老师的教育,小宋常是一味抵赖。据了解,小宋从小学开始就有偷拿同学钱物的经历,喜欢撒谎,到中学后变本加厉,不仅在学校实施这样的行为,还偷拿家长的钱出去消费,有过几次离家出走无故旷课的经历,家长想尽了办法,软硬兼施,也无法改变孩子的不良行为,亲子关系越来越差,几乎形同陌路。

2. 亲子依恋类型分析

小宋和父母的亲子关系从依恋角度来分析,属于比较典型的矛盾型。小宋从小由奶奶照顾,父母在外打工,很少和孩子交流。三年前奶奶离世后他才开始跟随父母生活,父亲整天忙于工作,小宋一犯错误就破口大骂或狠狠揍一顿了事,母亲没有工作,除了生活的照顾之外,和孩子的情感交流并不多,一旦孩子犯错,只会一味地埋怨或流泪,在一次和孩子的争吵中,一怒之下将已故的奶奶送给孩子的唯一的礼物扔掉了,这让小宋和父母的矛盾越发明显。小宋通过偷拿同学和家里的钱物满足自己的同时,也有挑衅父母的动机,通过离家出走的方式一次次逼父母向他妥协。

【个案 8】

1. 个案基本情况

小何语数外的成绩总是在及格线徘徊，但是地理历史成绩却非常出众。老师们都挺喜欢小何，在班级里小何也受到同学的喜爱。疫情期间上网课，他总是很自觉，作业总是能自己先检查确保没有遗漏，有需要订正的也不需要老师一再提醒，能自觉上线重新提交。在其他同学担心上网课举手回答问题出错丢脸或者不愿意举手回答的情况下，他每节课都非常积极地举手回答问题。在对很多问题的看法上小何的看法和态度也多是积极正面的。

2. 亲子依恋类型分析

小何的表现和父母对他的关注是密切相关的。小何和父母的关系属于安全型的亲子依恋。小何的母亲在他小时候就带他一起去听老师讲四书五经，母亲和他一起学习。小何对地理历史感兴趣，父母就给他买和地理历史有关的有趣玩具和书籍，让他自己去琢磨。小何的学习算不上最好，但是父母也从不用言语指责，因为他们知道这并不是因为孩子贪玩没有努力，只是孩子的记忆能力相对逻辑能力较弱一些。他们也会适当地去引导孩子，教他怎么做，这使得小何在学习上一直保持着认真的态度。小何所反映出来的兴趣爱好也好、学习困难也好，父母都能给与一定的回应。无论是物质上的还是精神上的，他们认真关注孩子的需求。因此小江虽然成绩不是班上出类拔萃的，但是整个人的精神面貌和学习生活的态度是很令人赞赏的。

以上的 8 个案例，我们不难发现，当亲子处于不良的依恋类型时，孩子总会有这样那样的问题出现，父母总感觉用尽方法也换不来成效。但如果亲子处于安全型依恋关系时，家长和孩子能够心意相通，有效建立联结，那么出现的境况将是，家长严厉点孩子能理解你的苦心，温柔点他能感受你的关切。很多问题都会迎刃而解，孩子就像小超人，拥有无限成长的动能。这就是亲子依恋带来的魔力，也是亲子关系的本源。

所以我们在对家长生涯教育意识、生涯教育态度、生涯教育行为和生涯教育需求进行全面调查和访谈的基础上，开发有效促进家长生涯意识的觉醒、生涯指导能力的提升的《会生涯》系列。本系列内容并不同于一般的家庭教育阅读材料，而是聚焦亲子关系本源，引导家长真正的"看见孩子"，成为孩子生涯成长的引导者和助力者。其中促进家长生涯意识的觉醒是第一步，接着在典型案例的分享与具体实效的行动方案的指导中逐步提升家长的生涯指导能力,同时互动的板块有激发了更多家校的共识以及对未来教育更多的思考。最后生动真实的《我和孩子》及《我和爸妈》的故事分享中让家长在同感和共鸣中激发了更多改变的行动力。

《会生涯》规划设计负责人:徐　娟

第十三章　生涯适应力家庭教育指导案例

　　本章的家庭教育指导案例从【看见孩子】——【案例重现】——【如果是……】——【我们是这样引导的……】——【家长群的声音们……】——【对您说……】——【此时此刻】七个版块逐层推进,逐步引导家长看见孩子、反思以往、找到契机。让家长愿意看、看得懂、喜欢看、有互动、有反思、有收获,省去了专门参加培训的时间,又实现了在最需要的时刻获得及时的帮助。

　　案例的聚焦点在"看见孩子",当家长开始有了意识,逐步走向"看见孩子"之路时,其实很多的问题就已经迎刃而解了。

　　本章选取了十个生动、真实、经典的案例:

　　《放你的真心在我的手心》

　　《向左走 向右走》

　　《我不是一无是处》

　　《案中案》

　　《共撑成长蓝天》

　　《舞动的绿丝带》

　　《感化 转化 优化》

　　《爱在转角处》

　　《契机》

　　《静待　等待　期待》

　　这十个案例除了拥有精彩的主题外,更拥有打动人心的内容,向我们呈现了不一样的家庭教育指导!

放你的真心在我的手心

看见孩子

○ 孩子需要被看见、被倾听、被理解、被接纳、被认同。

○ 当孩子有意无意的传达一些信息给父母时，父母要学会解读孩子语言和行为的密码。

○ 依恋关系是一切社交关系运转的基础，父母要友好地和孩子拉近关系，形成良好的依恋关系。

○ 当问题发生时，家长需要处理的往往不只是孩子行为问题，而是一段需要完善的依恋关系。

案例重现

晚上，小毅妈妈给班主任打来电话，小毅这段时间一直不认真学习数学，也批评教育过几次了，可是一点效果都没有。今天居然说任教数学的李老师对他有成见，他本人也很抵触这位老师，甚至不想上数学课了。爸爸刚刚把他骂了一顿，差点打他。家长实在说服不了小毅，不知道该如何是好。班主任告诉小毅妈妈："我非常能理解您焦虑的心情，也许小毅真的遇到困境了，我明天会找时间和他好好谈谈的。"

第二天中午，找了一个比较安静的角落开始了和小毅的谈话，他坐在那里表情很不放松。班主任问他是不是不喜欢数学这门功课，他说他挺喜欢数学的。于是又问他是不是不太喜欢上数学课？他却很坚决地说是的。再问他那是为什么呢？他却含糊地说没什么。班主任诚恳地告诉他："老师非常想帮助你，但是我不知道自己该做些什么？你可以告诉老师到底发生了什么吗？"小毅想了一想，鼓足勇气但声音很轻地说：李老师讨厌我，对我有成见。班主任又轻轻地说道：这种感觉一定让人很难受吧！小毅的眼泪在眼睛里打转。班主任鼓励他说：讲给老师听听吧！老师一定会帮你把这个问题解决掉。

他说了两件小事，有一天上数学课他因为胃疼而趴在台子上，李老师却让他站了一会儿听课。班主任问他,那么你有没有和老师说明你趴着的原因呢?小毅说没有。班主任告诉小毅,李老师也许认为你在睡觉,为了让你提提神,所以他让你站着听了一会儿课。如果你当时和老师解释一下,也许老师就不会让你站着听课的,你说有这种可能吗? 小毅点了点头。第二件事是,他上课时叫李老师,老师却不理睬他。我再问了详细情况,原来是这样的,上课时他有个问题想提问,举起手时李老师没看到,他放下手后叫李老师,李老师看看他,但是没理他,继续讲课。班主任说,我们试想一下,如果老师看到你时,你举手并得到老师的允许后再和老师对话,我想也许老师就不会不理睬你了。否则给老师一种你是在破坏课堂纪律的错觉,所以老师不理睬你,是不是? 他又点了点头。

接下来又针对他的感受进行了疏导,然后小毅说感觉轻松多了,班主任告诉他,凭自己对李老师的了解,他决不会和一个孩子过不去的,李老师比你的爸爸还年长,怎么会故意针对一个孩子呢? 如果有必要的话,老师可以和他谈谈。小毅说已经不需要了,还说心里感觉好受多了!

班主任又告诉小毅,人生的路很长,以后也许你还会碰到类似的情况,所以要学会和人交流,学会恰当的表达自己,学会和人沟通。要把自己真实的想法告诉爸爸妈妈,那样爸爸妈妈才知道怎样帮助你。遇到任何问题,都可以积极寻求老师和家长的帮助,那样可以避免很多不愉快的。今天下午换一个心情去上数学课,也许你的感觉就不一样了。小毅开心地走进了教室。

之后班主任又和李老师简单的交流了一下,李老师对小毅内心的波澜和抵触情绪还真没有感受到,但是李老师非常理解小毅的感受,也表示会积极关注这个学生的。

晚上,小毅妈妈打来电话,她开心地告诉我:小毅回来说,妈妈,我今天和班主任老师说了很多心里话,数学课上我还举手发言了,李老师终于对我笑了。小毅妈妈说:"为什么我不能像老师一样好好听孩子说话。"班主任说:"我也是慢慢学会和孩子们有效沟通的,这是一个学习的过程。"小毅妈妈问到:"怎么学习呢?"班主任及时推荐了两本书给家长。一本是《孩子,把你的手给我》,这是一本亲子沟通的经典书籍。一本是《正面管教》,这本书可以说是教育孩子的黄金准则。

 我们是这样引导的……

首先,在和小毅的沟通过程中,班主任始终运用情绪 ABC 理论,帮助小毅调整对事件的认知。情绪 ABC 理论是由美国心理学家埃利斯提出的。A 代表激发事件、B 代表对事件的认知、评价或解读，C 代表情绪或后果。这个理论简单的说，A 只是引发 C 的间接原因，而引起 C 的直接原因则是 B。

同样的 A，产生了不一样的 C。因为不同的人的对事件的想法、评价与解释不同。埃利斯认为：正是由于我们常有的一些不合理的信念（对事件的解释、认知、评价）才使我们产生情绪困扰。当小毅调整了对老师行为的认知后，得出的结论就完全不同了。我们老师平时也可以多运用这个理论，在我们工作中，我们对学生的行为要有一个正确的认知和解读，那么师生沟通就会有一个相对顺畅的过程，更有利于问题的解决，教育的效果就会更加有效。

其次，在和小毅交流的过程中，班主任也在尝试运用萨提亚沟通模式，这是由美国首位家庭治疗专家维琴尼亚·萨提亚女士所创建的理论体系，萨提亚所建立的一套心理治疗方法，最大特点是着重提高个人的自尊、改善沟通及帮助人活得更人性化。在这个成长系统中，萨提亚借助于"冰山"这一工具，帮助成长者探寻冰山下真实的感受和期待，同时提升自我价值感，最后能形成平衡地兼顾自我、他人和情境的一致性沟通状态。

当我们在沟通的过程中尊重自己、他人与情境时，就容易培养出自高自尊、有价值感的自我。自我价值感是一种自我评估的能力，是以尊严、爱和现实的方式面对自己的能力。无论是对人自身，还是对人际关系来说，自我价值感都是非常重要的。所以在和小毅沟通的过程中，力争让他有更好的被理解的感觉，可以让他身心一致的表达自己，才有利于解决他所面临的问题。自我价值感是个人力量的源泉，在我们的教育工作中，一个首要的目标就是提升学生的自我价值感。

 家长群的声音们……

家长 A：我平时非常也关心孩子的成绩，但我更关心孩子的心理健康状态。

家长 B：我们要学会和孩子好好说话，也要学会好好听孩子说话，理解彼此的感受，增进彼此的关系。

家长 C：亲子关系出现问题时，也正是密切亲子关系的大好时机。

家长 D：在孩子的成长过程中，家长可以允许孩子在错误中学会成长。

对您说……

1. 对家长说

孩子在成长的过程中,会遇到各种各样的问题,当问题出现时,也正是我们给孩子正确价值观的大好时机。所谓小错误大道理,当问题出现时,也正是亲子交流的大好时机。记得心理学家河合隼雄先生曾经说过,作为家长,平时的表现只要及格就可以了,但当孩子出现问题或遇到困境时,家长的表现必须要一百分。这个一百分却是没有标准答案的,要具体问题具体分析。如何能在关键的时刻成为一百分家长,是一个需要不断学习的过程。

作为家长,要努力和孩子形成安全型的依恋关系,这样更容易获得情感,并能做出其恰当的反应。所以当孩子向家长发出一些求助信息时,我们首先要做的是接纳并体谅孩子的感受,哪怕这个感受是错误的,我们也必须承认孩子的感受是真实存在的。我们家长应该和孩子一起寻找问题所在,和孩子一起把那种不良的感受拿走,陪伴孩子一起走出困境,而不是简单的责骂,因为那样只会让孩子更无助,是不可能真正的帮助到孩子的。

2. 对教师说

在教育实践中,教师光有关爱和严格是远远不够的,还要拥有表达爱的艺术。要学会用关爱去打开学生的心灵,用心灵去聆听学生的心声,用智慧去引导学生的行为。

首先,在和学生交流时,要保持积极主动的心态,千万不能有消极主观的想法。要实现师生之间的有效沟通,不能让师生之间的交流成为平行线,永远无法相交,甚至渐行渐远。学生毕竟是孩子,心智还不成熟,还不能成熟而全面地分析问题。当他们感觉到老师不喜欢自己,甚至是讨厌自己时,那对于一个孩子来说该是一件多么沉重的事情啊!这种压力对孩子来说有多大是我们无法想象的。

其次,我们要带着一颗理解的心和学生交流,我们要铭记师生互动的基本原则是理解和尊重。教育家爱默森曾说过：教育成功的秘密在于尊重学生。哪怕学生的感觉是错误的，我们也必须承认学生这种感觉是真实存在的，不能简单的否定他的真实感受。当学生发现自己的感受被接纳了，同时又得到了老师的理解，他们也就拥有了面对问题的勇气和力量。当一个学生摔伤时，老师会马上去关心和照顾他的身体，其实当一个学生在情感上受伤时，老师同样要向他们提供精神上的抚慰，这样一来我们的教育工作就容易取得更好的效果。

再次，老师在和学生互动时，要学会用心倾听，要努力让学生向老师敞开心扉，达到学生把心里的所想所感勇敢地向老师倾诉的目的。正如教育家苏霍姆林斯基所说的那样，教师要善于细致、聪明、有分寸地诱导学生向教师吐露心声。否则老师就无法掌握最真实的情况，在和学生交流时，可能就是一种隔靴抓痒的感觉，问题永远都无法得到真正地解决，老师和学生的交流永远也不会产生共鸣，而没有共鸣就不会产生教育的最佳效果。苏霍姆林斯基也曾说过："在每个孩子心中最隐秘的一角，都有一根独特的琴弦，拨动它就会发出特有的音响，要使孩子的心同我讲的话发生共鸣，我自身就需要同孩子的心弦对准音调"。所以，善于倾听一定要成为教育工作者必须具备的一种品质。

3. 对学生说

首先，作为学生，我们要学会了解自己，关注自己的情绪。要知道作为中学生的自己，是身心发育、社会成熟的关键期，也就是我们常说的青春期，这是一个半幼稚、半成熟的时期。有学者称青春期为心理狂飙期，就是说这个阶段的自己情绪不是很稳定，当我们出现情绪波动或者遇到困境时，要学会自我调节，也要学会向父母或老师寻求帮助。

其次，要学会调整自己的认知，因为认知往往决定事情的结果。正如情绪ABC理论创建者美国心理学家埃利斯所说的那样，正是由于我们常有的一些不合理的信念（对事件的解释、认知、评价），才使我们产生情绪困扰。当学生对老师的行为有了认知偏差后，会让师生沟通不够顺畅，更会让自己陷入成长的困境。

　　再次,要学会调整并且正确表达自己。小毅在心理上遇到困境,但因为不能恰当的表达自己的真实想法和感受,不能得到父母真正的理解和支持,差点引起更大的困境。所以当学生遇到问题时,要学会恰当地表达自己,才有利于家长或老师一起帮助你解决问题。当然这个成长的过程需要我们老师和家长的用心倾听和正向引导。

此时此刻

　　1. 看完此案例后,您的理解要点或最深的感触是什么?

　　2. 您对未来家庭教育的方式有什么新的期待和想法?

　　3. 在家庭教育方式的改变下,您觉得孩子可能有的成长变化? 或者一段时间后,对于孩子变化的真实记录。

家庭教育指导案例设计:杜亚娟

向左走 向右走

看见孩子

○ 没有天生叛逆的孩子,只有一颗渴望得到认同的心!

○ 家长往往需要处理的并不是孩子一个看似让人烦心的行为问题,而是一段需要完善的亲子关系问题。

○ 依恋关系是一切社交关系运转的基础,即使是家庭,一旦缺少依恋关系,也不能称之为家,而不是家的地方只会让孩子逃离。

案例重现

小宇在学校里是一个懂礼貌的学生,能积极参加学校各项活动,上课发言积极,课后乐于与老师沟通,为班级服务,所有老师都对他留下了很好的印象。从他的平时表现中,很难想象阳光上进的他来自于这样一个家庭:从小父母离异,现在和父亲继母一起生活,去年妹妹出生,家庭经济条件不好,平时几乎没有零花钱。父母口中的他和学校里的他完全是两个样子。在家里,他父母对他的评价非常低,他从来都没得到过父母的表扬,父母眼中的他没有任何优点,不懂事,不体谅父母,经常和父母发生冲突,和父母说两句就吵,很少能正常沟通,有过多次逃夜的经历,但从不逃学。父母为了惩罚他,有多次不愿交午餐费的情况,需要老师反复沟通才能交齐。

平时小宇在校总能认真学习,上课积极举手回答问题,成绩保持在班级中上水平,但是从八年级第一学期开始,他的学习状态有了明显的变化。各科老师反映他上课经常走神,没以前那么积极思考了。对于语文和英语的背默,不像以前能保质保量的完成,错误率非常高,而且很少会主动找老师过关,一放学就不见人影,继母却经常反映孩子放学没有马上回家。这样反常的行为引起了老师的关注。在和小宇进行私下沟通后,老师得知,由于小宇有过多次逃夜的经历,暑假里父母怕小宇再逃夜,白天要么把他锁在房间里,要么爸爸带着他去商务楼收废纸卖钱。然而,在和父母的又一次矛盾发生之后,小宇还是逃夜了,父亲一怒之下拒绝给他交午餐费,所以本学期第一次午餐费的钱就是小宇自己卖废纸赚的。开学后,每天放学后,小宇都会花两三个小时去爸爸带他去过的地方收废纸,省的回家听父母的唠叨,因此,晚上学习和休息的时间减少了,学习明显退步了。对于别人的询问,小宇也总是表达说是这些事情是自己想要做的,并不是出于父母的要求。妈妈对于自己的这个情况也是了解的。但妈妈却说他放学不回家是在外面玩,卖废纸是借口,他从来没把卖废纸的钱带回家给妈妈。

我们是这样引导的……

　　小宇的班主任是这样引导的:

　　一是与小宇父亲的沟通。爸爸作为小宇的法定监护人是老师进行沟通和家庭教育指导的主力。在与爸爸沟通时,我没有否定家长带他卖废品体验生活带来的教育价值,而是肯定了他的做法,希望小宇能从这种生活体验中知道钱来之不易,要更努力学习,达到教育的目的。

　　然后我再提醒爸爸近期小宇的学习状态退步,希望能引起重视,共同寻找原因、解决问题。爸爸很了解孩子的行踪,却没有干预。现在令人担心的是:现在孩子学习的心思已经分散了。如果孩子觉得捡废品既可以赚零花钱,又能缓解家庭经济压力,交费时还不用看家长的脸色,而把重心转移,荒废学习,那么他的将来前途堪忧,爸爸的生活体验教育会起到反作用。小宇爸爸终于意识到对孩子的教育也要讲究方法,更要把握好生活体验的度,根据孩子自身的特点为孩子的未来做更长远的规划。最终,小宇爸爸表示会借此机会和孩子好好沟通。

　　二是继续深入和小宇沟通。首先,我肯定了他想减轻家庭经济压力的想法,然后慢慢引导他考虑未来的职业,有稳定的工作拿固定的工资,和每天几十块几十块的攒钱,过不稳定的生活之间,小宇还是希望有稳定的工作。小宇也表示不想以后都通过卖废纸卖钱来生活,希望能靠自己的手艺赚钱。经过深入沟通,他终于意识到现在好好学习是为将来创造更好的条件打好基础,人不能只看眼前的蝇头小利,并表示会摆正心态,为了自己的将来努力学习。

　　三是老师、家长、学生三方面对面的座谈。由于小宇和爸爸在家没有良好的沟通环境,所以老师请小宇和爸爸一起到访谈室进行面对面的交流。由爸爸和小宇进行沟通,老师从旁协助。爸爸告诉小宇以后好好学习,不要捡废纸了。

爸爸还说了为什么暑假要让小宇去捡废纸的原因。"你也看到爸爸平时打工有多辛苦,下班还要兼职,赚的还不多,还不是因为没文化,你不好好学习,只能和我一样吃苦。"当说到爸爸的辛苦时,小宇的表情告诉我们显然他能理解爸爸的辛苦,也是想为爸爸减轻负担的。但是亲子间长期的沟通不畅让两人都误解了对方的初衷。经过老师的协调,爸爸对小宇说出了心里话,希望他知道生活不易,能好好学习,以后过上更好的生活,也体会到小宇想为家庭减负的心思。爸爸也表达了对小宇的期望,希望他把书读好,以后找个好工作才能真正解决问题。小宇也明白自己退步的主要原因在于心思分散了,并在老师和家长面前保证以学习为重,先提升自己的竞争力,才有更多选择的机会。

老师、家长和学生终于就此事达成了共识。虽然小宇的家庭中仍然存在许多矛盾,但经过这次家班共育的成功沟通,他终于又开始认真学习了,对自己的学习目标也更明确了。

家长群的声音们……

家长 A:我关心孩子的成绩,但我也关心孩子的心理状态。

家长 B:通过沟通,除了让孩子能够理解我们做家长的心情外,还要从孩子的角度,去考虑他们的感受,去理解他们的心情。

家长 C:亲子关系出现问题时,不能仅仅就是解决问题,化解矛盾,更重要的由此关注到孩子更多的心理需求,了解孩子的成长发展。

对您说……

1. 对家长说

家庭教育没有固定模式。当孩子犯了错误之后,家长正确的做法是在惩罚的同时让孩子学会补救,而不是做无意义的处罚,一味地苛求孩子并不能带来好的教育效果。当孩子的行为发生问题的时候,身为父母,应该看见:你要处理的不是一个行为问题,而是一段关系问题。人类发展心理学家把教养的根基称为"依恋"关系,这种关系决定了孩子的原生关系。如果亲子关系不够牢固,教养很容易出问题。作为父母,我们要清楚自己的定位,做一个灵敏的捕捉者,不仅要看到孩子说出来的需求,还要学会去理解孩子内心的真实需求。家长应多关心、了解自己的孩子,寻找最适合自己孩子的教育方式,把话说到孩子心里去,使亲子沟通在和善、坚定的氛围中进行,才能真正起到教育的效果。

2. 对教师说

有效的亲子沟通能力是亲子关系融洽的重要基础。亲子沟通问题是家庭教育指导面临的主要问题。班主任作为最容易融入学生学习和生活中的角色,有必要成为改善亲子沟通情况的引导者。作为班主任,在与学生、家长沟通时可以分步进行。对于类似小宇这种较特殊的家庭,可以采用"各个击破"的方式,平时关心学生的生活和心理健康,多与家长进行正面的沟通,赢得家长和学生的信任,也利于班主任工作的开展。在亲子存在矛盾时,与其一开始就坐下"三方会谈",不如先深入了解家长和学生真实的想法,分析他们行为背后真正的目的,经过一定铺垫之后再进行面谈,使家班共育工作更有效、融洽。

3. 对学生说

学会感恩和理解会减少很多亲子沟通的问题。在和父母有矛盾时,有技巧地表达自己的意见,使问题得到解决,是非常重要的。孩子首先得有感恩和理解之心,知道父母生气背后的是担心自己未来的发展,理解他们对自己的殷切期待。孩子的成长需要大人的正确引导。在充满变化的世界中,孩子要想成为自己生涯发展的主人,应该积极培养个人竞争力,不仅要有专业技能,还必须具备通用技能,提高自身的综合素养。中学阶段是生涯探索阶段,学生要正确认识自我,充分挖掘自己的学习潜能,学会正确规划自己的未来,才能将自己的梦想和未来的职业联系起来,更加主动地选择自己想要的生活。

此时此刻

1.看完此案例后,您的理解要点或最深的感触是什么?

2.您对未来家庭教育的方式有什么新的期待和想法?

3.在家庭教育方式的改变下,您觉得孩子可能有的成长变化? 或者一段时间后,对于孩子变化的真实记录。

家庭教育指导案例设计:张　玲

我并不是一无是处

看见孩子

○ 对孩子来说,家庭环境类似母亲的子宫。母亲的子宫是孩子的第一宫殿,家庭环境是孩子的第二宫殿。

○ 打骂不能解决孩子的教育问题,只能宣泄父母的急躁情绪。永远不要对孩子说,他比别的孩子差。

○ 良好的依恋关系是家庭和睦的基础,孩子在父母身边寻求的保护和安慰得到充分回应时,家才能带给他们温暖。

案例重现

小王六年级刚进来时是一个学习能力较强的孩子,姑娘个子高高的,平时不太说话,也不是班级中很活跃的一份子,加上语数外三科成绩都良好,不太需要老师操心,所以平时并没有获得过多的关注。

开始关注她是因为她的考试成绩不错,但是回家作业有时候会有拖欠现象并且偶有上学迟到现象发生。起初不太理解小王为何会有这种现象产生,一般学习成绩不错的孩子在老师的印象中不太会有作业拖欠的情况产生,早上也是能按时到学校上课的。但是她的屡次拖欠及迟到让我明白了这并不是偶然的现象。跟小王的父母沟通过后我发现小王的学习状态和我想的并不相同。

平时小王在学校能认真听讲学习,上课也能积极举手回答老师的问题,成绩也在班上属于良好。但是小王的父母却反映小王在家做作业非常拖拉,作业经常做到晚上十二点还没有写完,导致第二天早上精神不济上学迟到。在沟通中我了解到小王平时做作业时手机都是在她身边的,这点引起了我的关注,我想着可能是她作业做的慢的重要原因,于是我跟她的父母讲了手机的管控问题,希望他们对孩子接触手机的时间做个规定。母亲也点头答应试试。

不料这种情况在六年级第二学期更加明显。小王的学习情况明显变化。她上学迟到的次数越来越多,上课时也经常睡着,作业不能完成并且数学成绩明显下降。班级同学也会在班会时或者早晨收作业时提到小王的情况,班级同学甚至封她为班级的"睡神"。这种变化让我意识到了事情的严重性。我跟小王进行了一次谈话。从她的话语中可以感觉到她在家中很少受到父母正面的表扬,更多的是一些负面评价,这让小王心里很不舒服。加上母亲生了二胎,更多的精力放在了妹妹身上,她觉得自己被忽视。我再次联系了小王的母亲,希望她能到学校里来好好地沟通一次。母亲反映自己也很无奈,小王这学期玩手机的现象更加严重,收了手机就闹,不做作业甚至威胁不上学进行反抗。她也不知如何是好。

我们是这样引导的……

小王的班主任是这样引导的:

一是与小王沟通。小王在沟通过程中表达了自己总是很沮丧,因为母亲总是觉得她在学校的成绩很差,出门家庭聚会的时候提到她也会跟别人说自己学习不好,这让她很不开心不能接受。首先针对这点我先肯定了小王的成绩,表示对她在学习上的认同。事实上六年级第一学期她的成绩是属于班级里良好的。"你没有很差,你挺好的"。小王需要的就是一句肯定。随后我提出了这个学期她的几个问题:1)上学迟到现象频繁 2)数学成绩明显下降。对于这两点事实小王是承认的。说到原因时她自己也意识到手机影响了自己的学习,但是她又不能控制自己。针对这点我拿班级其他同学接触手机的时间跟她的进行了对比,让她认识到她每天接触手机的时间的确是过长,并不是父母对她要求太高。小王从五年级开始学画画,父母也非常支持送她出去学,这说明父母对她的良好的爱好是支持的。在与小王沟通的过程中我的初衷是让她认识到 1)自己在老师眼里是不错的,自己并不是那么差。2)父母对于她手机的管控是正常现象,每个家庭都有,并且她的确玩手机时间过长导致学习成绩下降。3)父母是支持她的爱好的,不是只关注她的学习。

　　二是我再跟小王的母亲进行了沟通。我跟母亲说了小王在学校的学习情况,让小王的母亲认识到小王在学校的学习成绩其实还是不错的,适当的鼓励对于她来说是必要的,不然一直被批评差孩子就会变得差。再者由于妹妹刚出生没多久,母亲关心小的多些很正常,但是这并不代表大的孩子不需要关注。小王正处青春期,非常需要父母的关注和沟通,希望母亲在她的身上花多些时间。关于手机的问题:小王的母亲在刚开始给她使用手机时因为正值五年级暑假所以并没有控制,这导致了小王出现手机成瘾的现象。我跟小王母亲分享了一些班级其他家长如何管控孩子用手机的例子,具体的时间规定以及对应的措施都进行了分享,希望能有切实的可行性。

　　三是老师、家长、学生三方面对面的座谈。老师请小王和妈妈一起到访谈室进行面对面的交流。由小王和妈妈进行沟通,老师从旁协助。1)小王的妈妈对于一直说"她成绩差,什么都不好"这件事向小王道了歉并且向她承诺以后不会再这样批评她。小王妈妈对小王说在老师这边了解了她的成绩以及这个成绩的排名,明白了自己一直因为女儿拖沓这件事主观认为女儿没有可取之处,这是一种偏见。小王在这个过程中也认识到了自己的拖沓是母亲认为自己成绩不好的重要原因之一。2)小王的妈妈也向小王表明自己不是不关心她,工作的同时家里还有一个婴儿要照顾,很多时候她精力不济,也希望大女儿体谅一些,今后会尽量多多地关心她。这些话妈妈没有对小王说过,小王也表示能谅解母亲的不容易。3)对于手机的使用我建议她们写一份承诺书,双方共同定一个时间段并且严格遵守,小王跟母亲讨论下来暂定了 40 分钟。这个时间彼此都有认同,小王也表示自己会努力控制自己,把拉了的知识内容补上。

　　老师、家长和学生终于就此事达成了共识。虽然小王要从没有限制到一天只有 40 分钟接触手机这个改变很难一次成型,但经过这次家班共育的成功沟通,她上课时认真了,作业少交、迟到的现象也有减少。

 家长群的声音们……

> 家长 A:小王喜欢画画的话是值得鼓励的,有爱好是件好事情。
> 家长 B:小王可能需要适当的鼓励,一直打压孩子会让她们丧失信心。
> 家长 C:强制没收手机不解决问题,还是要和孩子沟通。

 对您说……

1. 对家长说

　　很多孩子的行为并不只是表面我们看到的那样,每一种行为背后都隐藏着原因,这是孩子心中症结所在,只有找出这个症结我们才能真正地和孩子取得沟通。我们看到的只是冰山的一角,冰山下面蕴藏的是孩子的渴望与期待,也是孩子心理的需求。强制的对于行为禁止可能带来的是更加强硬的反抗。此外,手机的正确使用和引导是一个非常重要且漫长的过程,父母必须引起重视,在开始让孩子使用手机时就要有严格的时间控制,一旦放开一次孩子的手机管控将成为很大的问题。

2. 对教师说

有效的亲子沟通能力是亲子关系融洽的重要基础。亲子沟通问题是家庭教育指导面临的主要问题。班主任作为和学生接触最多的教育工作者应该发挥桥梁的作用,促进学生家长间的有效沟通。班主任从两边同时着手,同时了解学生行为背后的需求以及家长所面临的困难,找到当中的"沟通错误"并且正确地向彼此传达意愿与信息,使沟通情况改善。很多时候,失败的沟通可能也源于表达或理解的过程中出现差错。

3. 对学生说

我们成长的过程中总会遇到各种困难,事实上当你踏入社会后,每天你也会遇到不同的困难与挑战。在这个过程中我们如果能遇到前辈给予一些建议是很棒的事情。在与父母发生矛盾时不要急着让情绪掩盖了自己的理智,尽量准确地、清楚地表达自己的想法和需求才能更好地解决问题。在沟通的过程中也要体会到一点:父母所提的要求一定是为了孩子的发展考虑的,你可以有不认同的地方,但是你要学会正确冷静地表达,而不是用吵闹解决问题。

此时此刻

1. 看完此案例后,您的理解要点或最深的感触是什么?

2. 您对未来家庭教育的方式有什么新的期待和想法?

3. 在家庭教育方式的改变下,您觉得孩子可能有的成长变化? 或者一段时间后,对于孩子变化的真实记录。

家庭教育指导案例设计:金艳雯

案　中　案

看见孩子

○ 没有天生会说谎、盗窃的孩子,我们要给他一个完整、温暖的家呵护他、引导他。

○ 家长只靠打骂不能解决问题,这样只会把孩子越推越远。与孩子坐下来敞开心扉地沟通,聆听孩子的心声,真正"看见"他并承认自己的教育失误才能修复亲子关系。

○ "看见"就是回应,在亲子关系中回应像一缕光照亮孩子的世界,让孩子感受到了被爱、被理解、被看见。只有建立在依恋关系上的教养技巧和行为管理才是有用的。

案例重现

星期一下午放学后小力神色严肃地对我说:"我放在台板里的手机不见了!"这时有热心同学帮他打电话,但手机已关机了。

小赵说:"上次秋游时小浩借了我的手机玩,下车后说还给我了,但我没有拿到啊! 后来他手上就出现了跟我的那部一样的小米 4 手机。他原来有部三星的,他爸爸不让他玩手机游戏就收掉了。"我说:"你怎么能证明他手上的小米手机是你的呢?"他说:"只要他开机,手机里的序列号和我家里的手机盒子上的号码一样的就能证明是我的了!"我让他第二天把手机盒带来。"对了! 以前他还偷过小洲的 30 元钱。被许老师查出来了!"一个学生补充到。

第二天因为雾霾,没有出操,我就利用早自修在班级里说了有同学财物丢失的事。我回到办公室没多久,小力竟然拿了他的手机来找我了! 说手机找到了,有人写了纸条说是和他开玩笑的,手机放在黑板报前面的桌子台板里。接下来我就要处理小赵手机的事了。

第二节下课我开门见山地对小浩说:"听小赵说你现在用的小米 4 手机是

他的。"他立刻说："小米是我妈妈的！她的手机坏了让我帮她修,修好了她就放在我这里了。她买了苹果6。""那么,小赵有证据证明手机是他的,你有没有呢?""有的！……"他说了一通关于游戏的内容。我说："你们两个人利用中午时间去谈吧！把结果告诉我。"放学前我问了小赵,他欣喜地告诉我号码对上了,一模一样！放学前我把小浩留下来问他要回小赵的手机,他却不肯交出来。理由是他妈妈的小米盒子上也有号码可以对上的,下周一带来。经我再三劝说他答应把手机放在我这里保管。

到了下周一他一进教室就主动地跟我讲他妈妈出差了,其实他妈妈在家。最后他还是在我的教育下除去了密码把手机还给小赵了。

在2016年4月的一个凌晨12点,小浩的父亲突然打电话给我。第二天早上,小浩的父亲又来学校找我,原来小浩破译了父亲的手机密码,分好几次转了他父亲支付宝里的钱共1600元借给一个朋友,他父亲来校希望得到我的帮助。在调查过程中小浩只肯说对方是外校的,钱是借给他的,十天半个月就会还。前一天半夜他爸爸已经审问过他了。在共同教育的过程中小浩的爸爸情绪激动,踹了儿子几脚被我及时劝阻了。他也提到小浩在小学时拿同学东西的事,我对他整整教育了一节课。半个月后我问起此事,小浩回答我："他会还的！"

小浩回家不做作业,在学校也无精打采的。上课经常睡觉,经常生病。一生病就发烧,就要请几天假。不生病的日子在校下课与同学聊游戏。小浩有被父亲打后不敢回家住到同学家好几天的经历。

后来我了解到:小浩小时候由祖辈抚养,直到小学四年级才回到父母身边,但父母感情不和。父母离异后,母亲为了给孩子一个完整的家又与父亲复婚,婚姻维持了六年又破裂了,他的母亲由于身体原因及经济条件差无法单独抚养儿子。小浩归父亲抚养,小浩曾一个人住在老房子里。据小浩说父亲不管他学习的,下班回家自己也忙着打游戏。后来父亲找了个后妈,照顾他生活起居。但小浩不太接受年轻的后妈,很有抵触情绪。

我们是这样引导的……

小浩的班主任是这样引导的:

班级里发现两名学生手机失窃且怀疑对象均为小浩时,先在班级里进行提醒,以免再次出现类似情况。当小浩听了班主任在班里的讲话后主动交出了小力的手机并留了字条说是"开玩笑"后班主任并没有继续追究。当班主任确信小赵的手机也是小浩拿的时候,没有直接找家长告状。(因为以前处理过两起班级失窃案都是因家长打孩子打得很厉害,孩子事后死不承认自己偷了钱财。)而是掌握了确凿的证据后开门见山地找小浩谈话。当小浩继续撒谎时班主任要求小浩拿出小米手机确实是他自己的证据来。小浩面对铁证混淆是非,不断地采取拖延战术。班主任耐心等待他的"证据"并及时与小浩的母亲联系弄清事实真相。当小浩的拖延战术失效时,他只好无奈地交出手机。

当小浩破解他父亲的手机密码并擅自转出 1600 元给他的朋友时,他父亲主动找我求助。我不计前嫌(之前小浩父亲把我的电话拉黑,我无法向他反映孩子的学习情况)在繁忙的初三教学工作中挤出一节课的时间配合家长进行教育。为了保护小浩的隐私,我带父子俩到政教处对面的空房间里谈话并阻止了小浩父亲对他的粗暴行为。

小浩学习态度极不端正:上课睡觉,多次公然顶撞班主任,回家不写作业。我每天盯着他补好前一天的语文作业,往往要到放学前才补好,放学留他下来背默,但他总是打点折扣,如少默写一项默写内容。我两次约他父亲来校(并没有提及他顶撞我的事,以免其父亲认为我约他就是向他告状的):一次是期中考试后,面对很不理想的成绩我与他们父子俩谈话交流;另一次是我在区里阅卷结束后五点多赶回学校与他们父子俩沟通小浩的学习状况及创造机会让小浩与父亲坦诚交流。当小浩谈到自己的委屈时痛哭流涕,我在同情他遭遇的同时也不由得生出了"哀其不幸,怒其不争"的感叹。

一次小浩又因顶撞了他父亲发生了父子冲突后,小浩离家住到同学家里。我得知这个情况后劝说他向父亲认错并回家。同时也劝他父亲原谅他,但他父亲一直在气头上不肯原谅。我再打电话与他母亲联系,希望他母亲让他过去住一段时间。后来他外婆接了电话向我倾吐了一番苦衷后请求我与小浩的姑姑联系,让她向小浩父亲求情。无奈之下我只好照办,在外"漂泊"了十几天的小浩在姑姑的帮助下终于回到了自己的家。

我在处理小浩的"案中案"和与他父亲的沟通中运用了贝克的认知疗法。我和他父亲对小浩的行为问题达成认知解释上意见的统一。力求使小浩发展新的认知和行为来代替适应不良的认知和行为。用新的认知模式取代原有的认知模式。目标是改变有关自我的认知。突发事件发生后,我采取了积极的态度去处理,从头至尾我的情绪平和,处理有理有据,让事实说话。与家长和学生进行了正面的沟通。动之以情、晓之以理、尽力而为。

家长群的声音们……

家长 A：我觉得父母一旦发现孩子有盗窃行为就应该及时制止，问清原因并严肃教育。让孩子从小就树立正确的观念。

家长 B：我认为原生家庭对孩子有很重要的影响，家庭和睦、夫妻恩爱，孩子才会对父母说心里话。平时有问题，亲子间要多沟通交流。

家长 C：我们做家长的要学会倾听孩子的心声，孩子犯错不要一味责骂孩子，自己也要想想教育方法对不对。家长也要学习，比如阅读、听讲座，了解孩子的心理需求。

对您说……

1. 对家长说

　　家长身为孩子的监护人有义务管教好孩子，对孩子从小就要关心，平时就要以身作则。亲子关系中，对孩子要有及时回应，让他感受到被爱、被理解、被看见。亲子之间的世界就有了丰富而高质量的互动关系。当孩子出现行为问题时，家长要处理的其实是一段关系问题。家庭一旦缺少依恋关系，也不能称之为家。身为家长一旦发现孩子犯错时要重视问题，以免恶习难除。当班主任与家长电话联系时不应该回避，要勇于直面孩子身上的问题，和学校一起共同面对、合力解决。平时应耐心地聆听孩子的心声，使亲子沟通顺畅地进行，孩子一旦依恋父母，亲子关系就得以归位。要建立"安全型"的亲子依恋关系，让孩子愿意为了父母而努力。

2. 对教师说

亲子沟通是否顺畅是家庭亲子教育是否成功的一个重要标志。班主任平时与学生接触时间长,比较熟悉学生的在校表现,可以通过与学生谈话了解他们的真实想法。与家长沟通过程中了解家长的困惑与诉求。分析行为背后的深层原因。当发现亲子沟通存在障碍时,教师可以成为改善亲子关系的润滑剂。向双方传递正面的信息,让双方多换位思考,增进亲子间了解。寻找一个合适的机会三方坐下来谈话,敞开心扉畅谈,力求消除隔阂,融洽亲子关系。教师也可以向家长提供一些家庭教育方面的书籍以指导家长更好地进行家庭教育。

3. 对学生说

身为一名初三学生,努力学习是自己的本分。不管自己的家庭情况如何(这不是自己能改变的)都要把学习放在第一位。父亲脾气暴躁,不过问自己的学习。自己更要清醒地认识到今后的路要靠自己走。不能贪图一时的快乐沉迷于虚拟世界而荒废了学业。与其抱怨父亲不倾听自己的心声不如先做好自己,拿出良好的学习态度来再与父亲沟通。父亲没收你的手机是为了让你收心学习,你应该理解父亲的一番苦心,做个自律的人。初三面临毕业,即将进入高一级学校,不久的将来还将踏入社会,在竞争日益激烈、科技日新月异的今天不仅要有过硬的专业技能还要有良好的沟通能力,坦诚和控制情绪是沟通的重要因素。端正做人做事的态度,规划自己的未来。今后可以主动选择想要的人生。

此时此刻

> 1.看完此案例后,您的理解要点或最深的感触是什么?
>
> 2.您对未来家庭教育的方式有什么新的期待和想法?
>
> 3.在家庭教育方式的改变下,您觉得孩子可能有的成长变化? 或者一段时间后,对于孩子变化的真实记录。

家庭教育指导案例设计：虞　薇

共撑成长蓝天

看见孩子

○ 如果星星知道自己背负着愿望,它一定会努力地闪烁。孩子如果能够受到家长和老师的持久关爱和理解,也一定会绽放自己的色彩。对于一些特别的孩子,学校和家庭要加强沟通和配合,拿出足够的耐心和宽容,让他们摆脱困扰,重新找回自信和快乐,收获成长和喜悦。

案例重现

教过我们课程的老师都认识小 M 这个男孩,身材偏瘦,动作灵活。他很聪明,但是手脚的动作速度却远远超过大脑运转的速度。有时候,老师一不留神,他就开始讲话,去惹别人,而且很容易发脾气。因此,他的位置一直在教室的最前排,是各科老师重点盯防的"VIP",也是班主任需要花费大部分精力去关注的同学。

在六年级时,下课后孩子们就会来投诉他:"老师,小 M 拿我东西去玩了,他还打了我……"。班级一半左右的孩子都向班主任告过他的状,班主任也批评过他多次,但总是没有效果。每次跟他谈话的时候,他都会向老师承认错误,可等不到下节课,他又去惹别人。虽然人很聪明,但是上课时的精力过于分散,导致他的成绩也不是非常出色。

针对小 M 的在校情况,我也曾多次与他的父母沟通。小 M 的妈妈是个很重视教育孩子的家长,对他要求很严。但是性格有点急躁,很容易就会对 M 大发雷霆,经常因为学习问题母子二人产生矛盾。班主任约母亲来学校面谈,她也总说自己工作忙,没有时间。通过小 M,我侧面了解到:妈妈不是没有时间,而是不想来学校面对老师,不想被老师"批评"。因此,如何寻找突破小 M 父母的心理防线,共同帮助小 M 成长,对班主任来说,是非常重要的一关。

我们是这样引导的……

小 M 的班主任是这样引导的:

通过多次和他妈妈谈心,妈妈终于对老师敞开了心扉:原来小 M 患有多动症,必须依赖药物才能稍微控制自己的多动。也许小 M 已经尽力去控制自己,但是效果并没有达到家长和老师的期望,所以有时候也会自暴自弃,放任自己。知道了他的这些情况,找到了症结所在,班主任也开始反思自己之前的处理方式,对待特别的孩子,应该用加倍的耐心和呵护去陪伴他,应该积极取得家长的支持,一起努力。

然后与孩子的爸爸进行了一次交谈,让他不管怎么忙也要抽出时间陪陪孩子,不能让妈妈一个人总是陪伴孩子学习。身心疲惫的母亲失去耐心,批评孩子也是在所难免的。只有父母的共同参与,不断的鼓励才能让小 M 树立信心。因此,我和小 M 的父母约定,决定从习惯养成入手。在家给小 M 开辟一个相对独立的、没有干扰的空间学习;尽量让他独立做完一件事情,把桌上的其他物品收起,以免对他造成干扰。尽量让他在固定时间内去做事并养成良好的习惯。并且将每天晚上的表现情况,通过微信发送给我,第二天进行及时的表扬。很多时候,与小 M 妈妈的沟通中,可以感受到母亲在饱受挫折时,几乎要绝望放弃和不断挣扎的内心世界。因此,对于小 M 在学校的点滴进步,班主任会及时通过微信分享给他的父母,让他们看到通过自己坚持不懈的努力,孩子也在慢慢进步,给小 M 的父母一些信心和动力,鼓励他们不要放弃,和老师一起坚持下去。

其次,如何赢得孩子的信任,拉近师生的距离,对小 M 重塑信心、在学校里面改进自己是极为关键的。所谓"亲其师而信其道",教师的情感是左右课堂气氛的关键,教师对学生信任、亲切的感情流露可以缩短师生双方在空间和心理上的距离,使学生得到自我肯定和心理满足,从而接受教育。小 M 很喜欢表现自己。他看到自己小组的组长工作不负责,就向班主任自荐当组长。于是班主任借此机会拉近与学生之间的距离。首先赞赏了他的勇气,并鼓励他好好珍惜机会,证明自己。有了责任在身,小 M 也会注意自己的言行,调皮捣蛋情况有所改善。有时候课堂上,遇到自己会的题目,小 M 会高高举起自己的手,这个时候老师就会把机会让给他,在他回答正确后,给与赞扬。小 M 也渐渐尝到了认真听讲的甜头,上课越来越专注。

 家长群的声音们……

> 家长 A:每个孩子都有自己的特点,家长要耐心陪伴,才能静候花开。
>
> 家长 B:家长是孩子最重要的支持,我们一定要永远坚定地站在孩子身后,陪伴他们的成长。
>
> 家长 C:要多和老师沟通。孩子有问题不可怕,可怕的是无视问题,拒绝和老师合作,只有家校合力,才能帮助孩子健康成长。

对您说……

1. 对家长说

动因大体上分为两种,内部动因和外部动因。外部动因是学生为了外界的实物奖励或者情感上的表扬而去做一件事,而内部动因无关任何外部奖励,而是学生自我奖励。从长远来看,内部动因是更持久的,但是在学生自我评价长期偏低的情况下,这时可以通过外部刺激来促使他进行自我要求。在渐入佳境后,再让其对自我性格、爱好、能力方面进行审视,自我认识,进而对自己的学业有一个规划,逐渐脱离对外部奖励的依赖,形成自我奖励系统。一个孩子的成长过程,离不开学校教育。然而学校教育没有家长支持与合作,也难于成功,因此学校和家庭是一对不可分离的教育者。学校教育需要家长的支持,家庭教育需要学校给予科学的指导。只有学校教育与家庭教育步调一致、相互补充、形成合力,教育才能成功,为孩子的健康成长撑起一片蓝天。

2. 对教师说

现在家校沟通的手段很多,也许不一定要采取面谈的方式,因此可以根据每个家庭的特点,采取不同的沟通方式。比如通过微信分享班级的活动,或者为家长发出的一些家庭教育的朋友圈等点赞,慢慢拉近与家长的距离。通过多种方式与家长谈心,才能取得家长的信任,从而为后面的家校合作做好铺垫,让家校共育工作更有效、融洽。

3. 对学生说

学会感恩和理解会减少很多亲子沟通的问题。在和父母有矛盾时,有技巧地表达自己的意见,使问题得到解决,是非常重要的。孩子首先得有感恩和理解之心,知道父母生气背后的是担心自己未来的发展,理解他们对自己的殷切期待。孩子的成长需要大人的正确引导。

此时此刻

1. 看完此案例后,您的理解要点或最深的感触是什么?

2. 您对未来家庭教育的方式有什么新的期待和想法?

3. 在家庭教育方式的改变下,您觉得孩子可能有的成长变化? 或者一段时间后,对于孩子变化的真实记录。

家庭教育指导案例设计：李婷婷

舞动的绿丝带

看见孩子

○ 每一个孩子都是一朵花,只是花期不同而已,我们要做的就是"静待花开"。

○ 家长往往需要处理的并不是孩子一个看似让人烦心的行为问题,而是一段需要完善的亲子关系问题。

○ 尝试增强自己的同理心,凡事多站在孩子的角度和立场上想一想,进而才能与孩子妥善沟通,平复孩子的逆反心理。

案例重现

　　班级有位小万同学，个子高高的，长腿成就了她跑步快的特长，善于表达使她成为校话剧社成员，可是具有很多闪光点的她成绩却不理想，自小学时没有形成良好的学习习惯，在学期末接待家长时，家长表示对孩子很无奈，讲话孩子都不听，有时母女两人会吵起来，孩子有时也会对妈妈撒谎等。在这之后我比较关注这位同学，对于小万的成绩落后，我想了很多办法对她进行教育，但效果只能维持短短几天，反反复复很多次，可就在这个时候，又发生了一件事，她在与同学打闹中抓伤了同学的脖子，受伤的同学当时就出现了四道伤痕并伴有血迹……

我们是这样引导的……

　　班主任是这样引导的：

　　班主任老师首先带受伤同学去校医务室初步检查，之后我联系了双方家长，通过电话和微信联系家长的过程中，了解到小万同学的家长再次表示自己一度束手无措并且能感受到家长对孩子的嘲讽和不信任，看来家长与小万同学之间存在不小问题，发现问题我们就要解决，我当时立即决定家长第二天到校，与其沟通。

　　妈妈来到学校，我们没有直接讲昨天的伤害事件，而是我与她聊了平时他们的相处，妈妈讲了她与孩子发生矛盾的两件事：第一件事，有一次妈妈听到女儿讲脏话，实在没忍住，一巴掌打了她。第二件事情是开学前一天孩子补作业，妈妈气的撕了她的作业本。

　　班主任老师与孩子进行了一个小时的聊天，希望小万渐渐学会控制自己的情绪，并建议妈妈回去读一下《正面管教》、《孩子，你慢慢来》、《孩子的宇宙》这一类的书，而针对本次打架划伤事件也妥善处理，希望家长回去不要打骂孩子，而是与她沟通，孩子犯错误是教育她的好时机，家长和老师都应该抓住这个机会。

　　结合《别让小情绪害了你》、《自控力》、《积极情绪的力量》等书在自身情绪管理方面对我的影响，针对这两个场景与家长阐述了自己的观点并与家长达成共识。

　　与家长会面的第二天，我跟小万同学谈心，她眉宇间露着微笑的跟我说，妈妈说了，要用一种崭新的方式与我交流，我们都要有耐心，都要学会控制自己的情绪，如果再发生以前类似的事情，大家先各自冷静下来，然后再处理事情。我听后很欣慰。家长从心底里接受了班主任的建议并付诸行动。

　　就在这次教育之后，小万同学在班级的参与度有明显提高，可见星星之火已经燎原，这不就是我一直苦苦寻找的教育契机吗？

　　初中阶段是学生生涯探索阶段，在这个阶段，家班共育的生涯规划教育能让学生充分了解自己，正确认识自我，挖掘潜能，选择更适合自己发展的方向，学会正确规划自己的未来。家长和老师要齐心协力，共同协助中学生进行生涯探索。

　　在学习正面管教理念时，我们明白学会有效沟通不仅是你说什么，而是你说的话是怎样被接收的。

　　在教师与家长、教师与学生、家长与学生沟通时也要注意控制自己的情绪，看到事情积极的一面，并进行正面的沟通，使家班共育向积极、正确的方向发展，最终产生好的结果和积极的影响。

　　当孩子觉得你理解她们的观点时，她们就会受到鼓励。一旦她们觉得自己被理解了，也会更愿意听取父母的观点，并努力找出解决问题的方法。班主任在这个过程中将理论传达给家长，像一条舞动的黄丝带一样连接了家长与学校之间，家长和孩子之间，这条黄丝带连接了温暖，传递了友谊。

 家长群的声音们……

家长 A：好的，李老师，谢谢您，等孩子回来我和他商量一下。（尊重孩子）

家长 B：我前段时间太焦虑了，你的心态比我好很多，妈妈应该向你学习。（欣赏的眼光）

家长 C：针对这件事，我暂时不做评论，你自己先讲一下为什么这么做。（给孩子话语权）

对您说……

1. 对家长说

　　在赢得孩子的过程中,我们一定要注意说话的语气。孩子往往都是观察力的专家,而我们说话的语气往往最能准确地表达出我们言语背后的感觉。只有以友善、关心和尊重的态度对待孩子时才能赢得孩子的合作,孩子们只有在感受到你的倾听之后,她们才会更可能听你的。

　　建议家长做到以下4点:第一、要表达出你对孩子感受的理解。一定要向孩子核实你的理解是对的。第二、要表达出你对孩子的同情,而不是宽恕。同情并不表示你的认同或者宽恕孩子的行为,而只是意味着你理解孩子的感受。这时,你如果告诉孩子,你也曾有过类似的感受或行为,效果会更好。第三、告诉孩子你的感受。如果你真诚而友善地进行了前面两个步骤,孩子此时会更愿意听你说了。第四、让孩子关注于解决问题。问孩子对于避免将来再出现这类问题有什么想法。如果孩子没有想法,你也可以提出一些建议,直到你们达成共识。

2. 对教师说

　　亲子关系是否融洽是一个家庭的重要基础。亲子沟通问题是家庭教育指导面临的主要问题。班主任作为孩子生活和学习的连接者,有必要成为改善亲子沟通情况的领路人。作为班主任,在与学生、家长沟通时可以分步进行。对于类似小万同学与家长关系紧张这类现象,可以采用"软硬兼施、各个击破"的方式,一方面,平时关心班级学生的学习和心理健康,另一方面,多与家长进行正面的沟通,传授一些沟通技巧给家长,使家长避免无助感,赢得家长和学生的信任。再者就是,及时"检验阶段成果",促进双方的沟通有所改进。

3. 对学生说

　　将课堂上学习到的《情绪与自我》、《情绪与他人》和《情绪与自我价值》运用到实际问题中去,学会控制自己的情绪,与家长进行正面沟通。了解父母是世界上最爱你的人,也许他们的处理办法和语气令你不舒服,但是初衷却是好的,尽量与父母能够平心静气谈问题。遇到问题学会求助,借助外力解决问题,也是一项重要的能力。

此时此刻

　　1. 看完此案例后,您的理解要点或最深的感触是什么?

　　2. 您对未来家庭教育的方式有什么新的期待和想法?

　　3. 在家庭教育方式的改变下,您觉得孩子可能有的成长变化? 或者一段时间后,对于孩子变化的真实记录。

家庭教育指导案例设计:李肖霞

感化、转化、优化

看见孩子

○ 每个孩子都是一颗花的种子,只不过每个人的花期不同。

○ 通常情况下,孩子出现了一些问题,我们不该只想着及时去管教孩子,而是应该想着如何有效去处理关系,处理问题。

○ 与父母关系疏离的孩子更容易受伤,是因为他们失去了天生的力量源泉和自信心,没有了抵御伤害和疼痛的情感屏障。

案例重现

我班有个学生小Z,本质老实并不坏,但是习惯极其懒惰,好吃懒做。每天上课要么无精打采,要么搞小动作,影响别人学习,下课却和同学追逐、打闹;作业几乎每天不做,即使做了,也是乱涂乱写。经常不是任课老师向我反映,就是学生向我告状。于是,我一次次找他谈话,希望他能遵守学校的各项规章制度,认真学习,按时完成作业。可他开始是一副爱理不理的样子,后来口头上虽然答应了。可过后他又一如既往,毫无长进。更加让我头疼的是,当我和家长沟通情况时,家庭教育的不配合让我工作很难开展。由于学生学习情况非常差,数学、英语考试几乎每次只有个位数,乘法口诀,英语字母表都背不出,已经和现在的学习完全脱节。我想要和家长反映现实情况,母亲完全敷衍,还嘱咐他回家骗他爸爸说自己每门课都60分,不要让他知道,不然爸爸要打他。母亲为了防止我和他父亲取得联系,想方设法不让我和他爸爸告知情况。有了母亲的帮腔,家长接待时,他妈妈和我说他爸爸腰不好来不了,学生却和我说他家长要去打麻将没空来。

我们是这样引导的……

根据《阿德勒和德雷克斯的心理学理论》,我尝试着这样进行分析、教育:

1. 要深入了解和分析后进生,并做到因材施教,因人而异。教师要广泛、深入、细致了解后进生,才能做到对症下药、有的放矢。并且不能局限于班级,要把了解的范围拓宽到家庭和社会;要了解后进生的过去、现在,判断他们发展的动向;还要了解后进生的优点和缺点,对于后进生的优点要及时给予肯定,帮助后进生树立自信心和自尊心;对于后进生的缺点要严格地进行指导教育。

2. 要帮助后进生学习处理在人际关系上的问题。问题有:和家长对立关系;在班级中没有地位;师生关系紧张;他们经常生活在受人歧视和嫌弃的阴影里,他们得不到应有的尊重和关心,久而久之,就与同学和老师在心理上产生对立情绪。有句话说得好:亲其师,信其道。针对这种情况,教师要用自己的热情去打动他们、感染他们,关爱他们。同学的帮助对一个后进生来说,同样是必不可少的,同学的影响有时甚至超过老师。同学之间一旦建立起友谊的桥梁,他们之间就会无话不说。通过同学的教育、感染,促进了同学间的情感交流,努力为后进生创造一种民主、平等、宽松、和谐的氛围,在转化后进生工作中就能达到事半功倍的效果。但是,在给予他们关心爱护的同时,又要向他们讲明道理,认识自己的不足,教师要循循善诱,并对他们提出一定的行为要求。

3. 要善于发现后进生的变化。老师、同学和家长的关心爱护能使后进生获得积极满意的体验,获得温暖、信心和力量。后进生一般比较自卑、内向、孤僻,甚至有种玩世不恭的心理,就更需要教师、同学和家长对他们的关心爱护。有关资料表明,同学受表扬越多,对自己的期望就越高,学习就越努力。反之,受到表扬越少,同学随之产生的自我期望和努力就越少。因此,同学需要教师不断的鼓励,尤其是要善于发现捕捉后进生的闪光点,并不失时机地进行鼓励和表扬。

4. 要持之以恒。反复教育是转化后进生的难点。后进生在行为上的突出特点是容易反复。通过转化,使我感觉到,在目前"后进生"转化工作中,一方面需要我们对他们倾注更多的爱心和耐心,更多的是真诚和宽容,另一方面还需要我们老师采取科学合理的方法。

家长群的声音们……

家长 A：我觉得我们作父母的要对孩子多一些赏识，坚信"好孩子是夸出来的"。不要一天到头觉得孩子这也不好，那也不好，相信每个孩子都肯定有他的优点，纵然是一个思想差，学习成绩不好的学生，他在某一方面都肯定会有闪光点。我们作为家长要及时发现孩子的闪光点，给孩子多一些鼓励，让孩子相信"我能行"。树立信心是建立良好亲子关系的第一步。

家长 B：我们作父母的要用发展的眼光去看待每一个孩子，对孩子有一颗宽容之心。鲁迅先生说：一滴水用放大镜来看，也是一个大世界。孩子在成长的过程中，不犯错误是不可能的，关键是我们如何帮助他们通过错误而养成良好的习惯，当孩子犯了一些小错误的时候，我们每次都应该换位思考，假如我们是孩子，我们又会怎么办呢？在这一次次的思考中，如何教育孩子的办法就会应运而生，和风细雨的教育才能起到"随风潜入夜、润物细无声"的效果。

家长 C：在教育孩子时，我个人一直主张不能搞"一刀切"，不是一种教育方法就能适应所有的孩子，别人教育孩子的方法不能直接拿来已用，因为每个孩子都有自身的性格特点。在教育孩子时要多思考、多换位、多交流沟通、多鼓励、多引导。找到适合自己孩子的教育方法。

对您说……

1. 对家长说

在家庭中，要给予孩子更多的关注。多一些陪伴和交流，如果家长长期处于不负责的态度和行为中，久而久之对孩子的影响非常大。学校教育需要家庭教育的支持和配合，家长对孩子最好的教育，就是自己的言传身教。同时要帮助他树立目标和信心，而不是一味的隐瞒或者欺骗，这样只会让问题越来越难解决，从而恶性循环。

2. 对教师说

为了有针对性地做工作，我决定先让他认识到自己的错误，树立做个受人喜欢的人的思想。于是我又一次找他谈话，谈话中，我了解到他心里十分怨恨班里的小 Y。我一想，让他认识错误的机会来了。我轻声问他："你为什么会怨恨小 Y?"他不好意思地回答："因为她常常每天都问我讨要作业。"我顺着问："那她为什么每天都要找你呢，针对你吗?"他说："因为我上课不听，也没按时完成作业。""你已经认识了自己的错误，说明你是一个勇于认错的孩子，但是，这还不够，你觉得应该怎样做才好?""想改正错误吗? 想做一个受他人欢迎的同学吗，你要怎样做才好呢?""我今后一定要遵守纪律，团结同学，认真完成作业。""那你可要说到做到哟!""好!"虽然改变的过程有时让我觉得完全看不到尽头，而且有时有反复，可当他只要交了作业时，我就及时给予表扬、激励他。使他处处感到老师在关心他。他也逐渐明白了做人的道理，明确了学习的目的，端正了学习态度。接下来，为了提高他的学习成绩，除了在思想上教育他，感化他，我特意安排小 Y 坐在他前排，目的是发挥邻桌的力量。事前，我先对这个女同学进行了一番谈话：为了班集体，不要歧视他，要尽你自己最大的努力，耐心地帮助他，使其进步。该同学满口答应，并充分利用课余时间或课堂时间帮助他。当然，有时这个同学也会产生一些厌烦情绪，说他不太听话，不太乐学。此时，我就跟她说：要有耐心，慢慢来。后来，他取得进步时，除了表扬他，我还鼓励他们说，这也离不开同学们的帮助，特别是小 Y 的帮助。希望小 Z 能慢慢进步!

3. 对学生说

学会感恩和理解会减少很多亲子沟通的问题。在和父母有矛盾时，有技巧地表达自己的意见，使问题得到解决，是非常重要的。孩子首先得有感恩和理解之心，知道父母生气背后的是担心自己未来的发展，理解他们对自己的殷切期待。孩子的成长需要大人的正确引导。在充满变化的世界中，孩子要想成为自己生涯发展的主人，应该积极培养个人竞争力，不仅要有专业技能，还必须具备通用技能，提高自身的综合素养。中学阶段是生涯探索阶段，学生要正确认识自我，充分挖掘自己的学习潜能，学会正确规划自己的未来，才能将自己的梦想和未来的职业联系起来，更加主动地选择自己想要的生活。

此时此刻

1. 看完此案例后，您的理解要点或最深的感触是什么？

2. 您对未来家庭教育的方式有什么新的期待和想法？

3. 在家庭教育方式的改变下，您觉得孩子可能有的成长变化？或者一段时间后，对于孩子变化的真实记录。

家庭教育指导案例设计：毛嘉莹

爱在转角处

看见孩子

○ 没有天生叛逆的孩子，只有一颗渴望被理解和宽容的心！

○ 家长往往需要处理的并不仅仅是孩子一个看似让人烦心的行为问题，而是一段需要完善的亲子关系问题。

○ 所谓教育，就像是陪一个人经历一场与困难挑战的旅程，这个时候，学校，家长和孩子之间的关系，就是战友，为了同一目标，肩并肩一起努力。

案例重现

作为七年级中途接班的班主任，我第一次去小坤家家访的时候，眼前出现的是一个身高160cm，体重150斤的小胖。通过与爷爷奶奶的交流，得知孩子父母离异后，孩子一直跟着他们生活。老人们可以照顾孩子的起居饮食，但是在孩子学业辅导方面完全是爱莫能助，家长反映孩子平时沉迷游戏无法自拔，学习成绩不理想，老人们对孩子暑假之前的英语和数学补考成绩表示担忧。临行，年迈的奶奶爷爷送我到门口，而电脑桌前的小坤只是象征性地和我挥了挥手，双眼仍紧盯着电脑屏幕。

开学第一周，开始收暑假作业，语数外三门学科，他都只完成了不到四分之一的内容。我和他进行了第一次谈话，面对我的询问，他要么点头，要么摇头。最后和我说了一句："我懒得做。老师，你也别逼我做作业了，我最讨厌的事情就是做作业，没有之一。"语气坚定而漠然。

我约谈孩子的父亲，他开诚布公地和我说，由于自己已经再婚，因此对孩子的教育也是心有余而力不足。加之孩子基本上从出生以来就一直跟着老人生活，他的想法和老人们的想法有时相左，很难完全按照自己的意愿去教育孩子。话语间，满是对孩子的愧疚与对现状的不满。

开学第二周，任课老师反映小坤有时候上课睡觉。为了避免此类现象的发生，我刻意给他安排在第一桌，以便于老师能够时时提醒他。让大家感到意外的是,对于老师善意的提醒,他竟然置若罔闻,照睡不误。做作业也是完全看自己的心情和作业的难易程度。语文和英语的抄写能够基本完成,数学计算题勉强完成,应用题彻底放弃。体育课基本自动休假,躲在厕所里用手机打游戏。(据同学反映,他上交了一部没有卡的手机,另外一部有卡的留在自己手里。)经过教育没有改善。

六个星期之后,家长开始经常给孩子请假。家访得知他经常打游戏到深夜,早上不能按时起床。家长无奈只有给孩子请假。他的生活状态基本是昼夜颠倒,每个星期做三休四。

我们是这样引导的……

多元智能理论认为,每个学生都是独一无二的个体,他们与生俱来就各不相同。而我们在教育过程中要尊重个性差异,采取适合每个孩子的方式。所以我在和小坤沟通的时候,从对彼此的要求谈起。我们分别向对方提出三点要求。

他对我的要求分别是:

1. 不可以当着同学和其他老师的面前批评他。

2. 允许他课堂睡觉。

3. 允许他偶尔不来学校。

而我对他的要求是:

1. 不来学校的那天必须明确写出何时做了何事。

2. 来学校的时候必须保证 10:00 之前到校。

3. 语文作业必须保质保量完成,英语作业中的单词默写必须合格。数学计算题力争全对,应用题可以选做。

这样的和平共处的方式持续了差不多近一年。我了解到,他不来学校的日子基本上就在家里打游戏,睡觉。我问他毕业后的打算,他说没有想法,还是混日子吧。面对这样的回答,我除了隐隐的忧虑,还有一种恨铁不成钢的无奈。但是我们能够彼此兑现承诺,也算是彼此给以对方最大的安慰。也许,他的生活需要的是一种外力,来触动他内心最柔弱的所在,才能幻化成他的改变。

一年后,爷爷的离世,让他很是伤心。我第一次在他的脸上读出了失落和伤痛。也许,这是一个机会。于是,一天放学后,我问他:"想爷爷了吧?"他动情地点点头。接着,我又抛出了第二个问题:"你觉得爷爷最大的心愿应该是什么?"他说,"应该是我能懂事听话吧,按时上学。"紧接着,第三个问题"既然这样,那么,你打算怎么做呢?"他低下头,想了想,然后鼓足勇气说:"其实,我也不想做学渣,可是我没有毅力。我也想要变好,可是我坚持不下来。我也不知道该怎么办……"语气中透着明显的无助和伤感。

于是,我告诉他,自我要求是我们每个有行为和责任能力的人必须去面对的一个问题。目前,你也许不能明确地清楚自己想要什么,但是你务必要清楚地知道自己不想要什么。因为自己不要的就是自己的底线。他告诉我,"老师,我不想要的是混吃等死。"

我说,"我们就从不混吃等死做起。我们给自己设立目标。并且需要严格达成这个目标。你愿意和老师一起来制定这个目标吗?"他犹疑地望着我说,"我行吗?""没有尝试,怎么知道自己行与不行呢?"良久,他轻轻吐出三个字"试试吧!"

于是我和他一起制定了如下目标。

短期目标:每天坚持来学校,不迟到。认真完成三个学科的作业。数学几何题必须做。可以有一个学科的作业偷懒(那个时候已经开始开设了物理课)。

中期目标:期末的时候要语文和物理及格(因为物理是新开学科),英语在50以上,数学在40以上。基础的几何题证明题要会做.

长期目标:中考能够进入他所希望的学校,去学习汽车修理专业,然后通过三校生高考,取得本科学历。

为了能够保证目标的达成,我又请来了孩子的父亲和奶奶,进行了三方会谈。会谈的结果是孩子和父亲与奶奶形成约定。譬如,每天作业完成后要拍给父亲看,父亲需要核对本班的群里的备忘录内容进行检查,包括古诗的背诵。如果有不会做的题目,需要在奶奶的监管下上网问同学。不可以直接照抄答案。上网游戏时间只能限于周五晚上2小时,周六3小时,周日2小时。由奶奶监管。

前面三个月中的实施过程比较艰难,孩子有固态萌发的时候,平均下来是每两周一次。后来,逐渐频率降低。

两年来,我们三方不断反思,不断实践,再反思,再实践,经过大家的不懈努力,他如愿考入了他所钟情的学校,开始学习他喜欢的专业。

今年教师节,他来看我,他说,"老师,感谢你对我的宽容和理解……谢谢你帮我完成了心愿!"我告诉他"其实,你最应该感谢自己,感谢自己当初的不放弃,更要感谢家长,感谢他们的不抛弃。"

 家长群的声音们……

家长 A:我的孩子也很喜欢打游戏,但是我会关注他打什么游戏,和谁一起玩。

家长 B:现代社会中,让孩子放下手机已经不现实了,在他能够完成我给他布置的任务的前提下,我会选择和他一起打游戏。这样总是比他和陌生人在一起玩让我放心。

家长 C:我喜欢在周末天气好的时候,带着孩子去户外,或者去博物馆图书馆,把他从手机里解救出来。

 对您说……

1. 对家长说

一直以来,家长被誉为孩子的第一任老师。但是家长和老师最大的区别是,家长作为老师在自我成长过程远没有学校老师拥有那么多的再实践的机会。而身为独生子的小坤的父亲,从小也是在父母百般呵护下长大。因为深知自己离异带给孩子的无形伤害,在教育孩子方面,明显底气不足;加上孩子一直有爷爷奶奶作为坚强后盾,爸爸在教育孩子方面没有足够的话语权。

家长应该明确自己作为监护人的职责,和长辈沟通,在孩子教育方面取得共识。要做到责权分开,不能因为婚姻的不幸所产生的愧疚而失职。应该和孩子敞开心扉,倾听孩子的诉求,并且对孩子提出明确要求。在父子之间产生矛盾之时,可以求大同,存小异。但是在原则方面不能无条件退让。

2. 对教师说

　　孩子从小到大,听到的最多的就是说教。尤其对于像小坤这样的孩子。道理,他不是不懂,就是做起来难如登天。孩子更多的时候需要的是被倾听,但是被倾听的前提是师生之间必须建立起充分的信任的关系。而如何破冰,才是解决问题的关键所在。

3. 对学生说

　　学会自律是你强大的开始。一个人要做到自律,必须对未来有清晰的规划,明白自己想要什么样的生活。要给自己制定短期,中期和长期目标。当清楚知道自己的计划之后,自然而然地会在内心给予自己压力,开始慢慢变得自律。

 此时此刻

　　1.看完此案例后,您的理解要点或最深的感触是什么?

　　2.您对未来家庭教育的方式有什么新的期待和想法?

　　3.在家庭教育方式的改变下,您觉得孩子可能有的成长变化? 或者一段时间后,对于孩子变化的真实记录。

家庭教育指导案例设计:田　薇

契　机

看见孩子

○ 每粒种子都想破土而出，每颗蚕蛹都想破茧而出，每个孩子也都想长大成为一个有用的人。有时候，他们需要一点点外力的引导和鼓励，让他们不要在他们最美好的时光浑浑噩噩地度过。

○ 家长需要处理的不是孩子一时的闯祸，而是长期以往亲子的相处沟通问题。

○ 父母是孩子的第一个老师，孩子对父母的依赖多过于任何人，父母的评价和态度对孩子的自我评价也非常重要。让孩子感到被爱、被肯定，孩子才能茁壮成长。

案例重现

小源是一个懂事的孩子，这是我第一次家访后他给我留下的印象。当我走进他的家时，他主动去厨房帮他妈妈和我倒了一杯水，然后就在一边看看电视。六年级开学后，我发现他上课积极举手回答问题，乐于参与班级各项活动，有很强的班级荣誉感。但是好景不长，从六年级第一学期开始，他就经常忘带各种作业，到后期他的学习状态也有了明显的变化，各科老师反映他上课经常走神打瞌睡，没以前那么积极思考了，作业情况更是糟糕，几乎每一天都会有作业没带或者没做，交上来的作业也是敷衍了事。这样反常的行为引起了老师的关注，在第一次家访后我就得知他的家庭颇为特殊，他父亲在他三年级就离开了他们，母亲又要看店没时间管着他，母亲对于孩子缺失父爱这一点非常在意，总想补给他更多的母爱，所以颇为溺爱。

在他频繁说忘带作业后，我先找了他进行私下沟通，他承认说作业都在书包里，但是都没有做。因为晚上妈妈一直不在家，所以他一回家就看电视，等妈妈回来了，他不敢告诉妈妈作业没写完，所以骗妈妈已经做好了，而妈妈并不会检查就催他睡觉，他就早上来学校偷偷补一点。在交谈过程我提到了家里只有一个大人,妈妈工作辛苦,他是否应该更加懂事管理好自己？提到了妈妈,小源顿时泪如雨下,哭着答应说以后会养成好习惯,请同学和老师督促他。但是每次谈完,又是好景不长,小源只能坚持几天,老师晓之以理动之以情,奖励和惩罚都收效甚微,我和他妈妈也多次沟通,他妈妈对孩子教育也很重视,把店面给别人照顾,自己找了个上下班时间相对稳定的工作,但是她依然对孩子比较溺爱,孩子的学习和作业情况依然比较差。长久以来,他妈妈仿佛对孩子失去了耐心,就更是撒手不管了。

　　一次课间,有个同学来找我,说被老鼠咬了。我先把他送到医务室联系家长,在沟通中我了解到是小源托同学买了一只小仓鼠带来了学校,同学们觉得很新奇就一起玩,不慎被受惊的小仓鼠咬了一口。我马上找小源来了解情况,他害怕地直掉眼泪,说买仓鼠的事情妈妈不知道,他害怕小仓鼠在家会饿死,就带来学校。小源的妈妈知道后果然非常生气,赔偿了被咬伤的同学后严令禁止小源继续养仓鼠。

我们是这样引导的……

　　小源的班主任是这样引导的:

　　一是与小源沟通,让其知道带宠物来学校是不对,这些事情应该第一时间和家长沟通,如果是合理要求,家长一定会同意的。做错了事要承担责任,现在出了事,还是家长为他解决,所以不应该和妈妈置气。小源表示能理解妈妈,但是失去小仓鼠他很难过,也不知道该怎么办。

　　于是我提出由我来替他养,我可以定期拍照片和小视频给他看,但是他必须要兑现他以前的诺言,即使没有妈妈监管也要好好学习认真完成作业,等他的表现较好妈妈不生气了,他可以提出把仓鼠接回家里。小源同意了,于是我当着他的面打电话给他妈妈,安抚了他妈妈的情绪,我们在小仓鼠的去向上达成了共识。接下来的一段时间,小源的学习上课表现都比较稳定,我们都很欣喜地发现了他的转变,对他进行了多次表扬。

　　二是与小源妈妈再次深入沟通,和她肯定了小源的转变,但是也提出了隐忧,小源孩子心性,经常三分钟热度,家长近一年也为他付出很多,甚至换了工作,也是希望他能越来越好。最后小源妈妈提出会和小源再沟通,并且会多观察孩子的日常生活。

　　老师、家长和学生终于就此事达成了共识。虽然小宇的家庭中仍然存在许多矛盾,但经过这次家班共育的成功沟通,他终于又开始认真学习了,作业和上课情况好了很多,在新的一学期里,基本没有作业不交的情况,对自己的学习目标也更明确了。

对于初中生来说,生涯教育刚刚起步,重点在于认识自我和学业规划。自我认识也就是自我认知,对自己的性格特征、兴趣爱好得有所了解,对自己的沟通表达、情绪的调节、性格方面、能力等等各个方面都要清晰的认识。学业规划也就是学业规划,对自己的内动力提升有所了解。

在学习正面管教理念时,我们明白学会有效沟通不仅是你说什么,而是你说的话是怎样被接收的。很多时候我们和学生沟通不顺畅,是因为我们双方都在谈话前就有了固定的立场,老师和家长苦口婆心学生却听不进心里,久而久之彼此都失去了信心和耐心,孩子的想法很单纯也很固执,那么就需要我们蹲下身来,与他们心贴心地交流。

 家长群的声音们……

家长 A:孩子的良好习惯要从小培养,需要花费大量的时间和耐心,但这也会是孩子受益终生的东西。把家长的身份作为我们的第二职业,不断学习和磨合,让孩子更好地长大。

家长 B:希望是像钻石一样珍贵的东西,这句话也同样适合教育。一时的决心是简单的,长期的执行却很难,但是我们也永远不能放弃。

家长 C:有时对孩子的严与爱让我有点困惑,总想把世界上最好的都留给他,有时他闯祸又实在气不过。面对孩子大概要"温柔而坚定,执行力与爱并存"。

对您说……

1. 对家长说

当孩子犯了错误之后,家长正确的做法是在惩罚的同时让孩子学会补救,而不是做无意义的处罚,一味地苛求孩子并不能带来好的教育效果。孩子的成长需要家校共同教育,毕竟孩子多数时间是待在家里,教育也是一个迂回曲折的过程,不是一次教育就能看到效果,家长需要做好打长期仗的准备。如果家长都放弃了,那么孩子又该何去何从呢?

青少年期的学生对自我认识和评价大多来源于周围的人,家长也占很大一部分。如果家长的态度是失望甚至放弃,孩子很容易对自我评价过低,对孩子的成长更是伤害。

那么如何帮助学生养成自律性呢?

动因大体上分为两种,内部动因和外部动因。外部动因是学生为了外界的实物奖励或者情感上的表扬而去做一件事,而内部动因无关任何外部奖励,而是学生自我奖励。从长远来看,内部动因是更持久的,但是在学生自我评价长期偏低的情况下,这时可以通过外部刺激来促使他进行自我要求。在渐入佳境后,再让其对自我性格、爱好、能力方面进行审视,自我认识,进而对自己的学业有一个规划,逐渐脱离对外部奖励的依赖,形成自我奖励系统。一个孩子的成长过程,离不开学校教育。然而学校教育没有家长支持与合作,也难于成功,因此学校和家庭是一对不可分离的教育者。学校教育需要家长的支持,家庭教育需要学校给予科学的指导。只有学校教育与家庭教育步调一致、相互补充、形成合力,教育才能成功,为孩子的健康成长撑起一片蓝天。

2. 对学生说

　　学习和生活重要的是要有一个目标,不然就像没有灯塔指引的船只,只会迷失在大海之中。浑浑噩噩地度过初中生活,还是正确认识自我,主动地规划和选择自己的未来生活? 相信每个人心中都有了答案。有句话是,如果你瞄准月亮,即使错失,你也会落在星辰之间。给自己设立一个目标吧,在努力的路上,你会收获更多美好。

此时此刻

　　1. 看完此案例后,您的理解要点或最深的感触是什么?

　　2. 您对未来家庭教育的方式有什么新的期待和想法?

　　3. 在家庭教育方式的改变下,您觉得孩子可能有的成长变化? 或者一段时间后,对于孩子变化的真实记录。

家庭教育指导案例设计：沈洋洋

静待　等待　期待

看见孩子

○ 每个班上或许都会有个"奇怪"的孩子，那如何让他适应班级呢？

○ 家长和老师往往需要处理的并不是孩子一个看似让人烦心的行为问题，而是一段需要完善的亲子关系问题。

○ 父母不应只是孩子的保姆，更应该是孩子终身老师，是监护人也是管理者，是引路人也是支持者。

案例重现

第一次发现凌同学的不同是在新生军训时，教官在训练站军姿，班级里虽然也有动来动去的同学，但不像他一样，完全停不下来，甚至一会就变成双手抱胸站，在接受指令时也是一样，比其他同学慢，并且非常随意，我只能不断提醒他，但是一会后就"打回原形"。在军训时，他和我的第一次交流是他来告状，说戴同学无故打他，并很疼。随后我找了戴同学，了解后发现是凌同学先踢的他，他才回了手，并且有班级其他同学作证，并且戴同学给出了非常重要的信息说，他小学就是这样，老是撒谎、打人，大家都知道。

在开学后没几天，坐在凌同学周围的同学也来说，他总是骂人，还转过去骂戴同学和其他男生。我去找了凌同学谈话，他说后面男生骂他，他才骂的。当我说周围女生都证明没有人骂他，才开学几天，大家都不认识，不见得所有女生也是包庇。他回答："是的，他们都是一帮的，针对我。他们都在撒谎。"此时，我发现他或许真的有些问题。我和年级组长朱老师找了他小学的同班同学——姚同学询问具体情况，她说确实他小学就是这样，动不动就骂人，还打过老师把老师气到了，并且好像有吃药控制。

至此为止，发生的都是口舌之争，而在周二的一大早，问题真正爆发了。当时我还在食堂吃早饭，其他老师跑来和我说我班级的学生打起来了，朱老师已经赶过去了。我进教室时，场面已经控制了，打架的是凌同学和以前和他没冲突的靳同学,朱老师在控制凌同学,他一边哭一边吼,完全控制不住自己。了解过后知道,事情只是因为凌同学给靳同学起绰号,两个人起了口舌之争后上升到了大打出手。

除此之外,渐渐地,各个任课老师也发现他的"奇怪",如:上课不听讲,一直做自己的事,嘴里碎碎念,体育课也因为他站不好全班同学罚站,因此慢慢同学之间也开始不太喜欢他,把他做的事放大化。

 我们是这样引导的……

班主任是这样引导的:

首先,先在班级里(凌同学不在)对班级学生说:让同学知道凌同学确实比较冲动、易怒,因此不要对他有任何语言上的可能产生矛盾的话,也尽量不要去谈论他,不要把他做的事扩大,对他宽容一些,理解一些。若听到他在说谁,不要和他产生冲突,向老师报告。

其次,找对凌同学单独沟通,让他明白,同学之间相处,无论发生什么,动手打人一定是错误的,要学会控制自己的情绪,不要和同学发生冲突,有问题及时找老师。并且,既然不想让其他同学嘲笑你,那首先自己不能嘲笑别人,给其他人取外号,改正自己的行为习惯。尊重是相互的,要站在他人的角度考虑问题。

最后,和家长进行沟通。反映凌同学在学校的表现,包括行为习惯和学习态度。对他的一点点进步给予肯定,并且希望家长能和孩子多进行交流,了解他的想法(因为通过凌同学的语言也有表示出周末在家也不出去玩,表现不好爸爸会打他)。学习方面从抄写开始,先把字先端正,并且能按时交作业,上课时能跟着先记笔记,老师写在黑板上的能抄下来;行为习惯方面先要求做好个人卫生,减少和同学的冲突。

经过近两年的时间,学生与他也习惯了彼此的存在,找到合适的相处模式,与凌同学从普通交流开始,慢慢改善,他虽然还会产生矛盾,但确实比之前好很多,能和平相处。

《孩子,把你的手给我》中写到:父母可以帮助孩子成为一个品质高洁的人,一个有着怜悯心,敢于承担责任和义务的人,一个有勇气、充满活力、正直的人。语言就像刀,它们能够带来痛苦,即使不是身上的痛苦,在感情上也会留下很多痛苦的伤痕。其实在平时的生活中我们应给与孩子指导而不是批评,批评和评定性的称赞是双刃剑,两者都是在给孩子下判断。因此凌同学从小就表现的很有攻击性,这和他受到的家庭教育息息相关。

家长群的声音们……

家长 A:你能告诉我今天整件事的过程吗?（给孩子话语权）

家长 B:如果我给你起绰号,你会怎么样?（让孩子换位思考）

家长 C:孩子的行为不是无故产生的,我觉得可能需要寻求心理医生的帮助。

……

对您说……

1. 对家长说

如果在一个人成长的过程中,重复地经历创伤得不到修复,随着时间的累积,旧仇新伤会继续增加孩子与父母重新建立好关系的困难,让孩子在爱与恨之间撕扯,长期经受自我冲突的折磨。同时,两代人长期处于一种无法相互理解的状态,彼此相亲却又无法靠近,纠结而痛苦,则会成为"像敌人一样的亲人"。家长应多关心、了解自己的孩子,注意说话的语气,只有以友善、关心和尊重的态度对待孩子时,才能赢得孩子的合作;寻找最适合自己孩子的教育方式,给予他一定的理解和陪伴,而不是选择包庇或者忽略这些问题,若发现孩子有问题,要正视,可选择寻求医生的帮助,同时也要和老师及时交流,而不是隐瞒。

2. 对教师说

班主任作为最容易融入学生学习和生活中的角色,有必要成为改善亲子沟通情况的引导者。作为班主任,在与学生、家长沟通时可以分步进行。平时关心学生的生活和心理健康,多与家长进行正面的沟通,赢得家长和学生的信任,也利于班主任工作的开展。在亲子存在矛盾时,与其一开始就坐下"三方会谈",不如先深入了解家长和学生真实的想法,分析他们行为背后真正的目的,经过一定铺垫之后再进行面谈,使家班共育工作更有效、融洽。

3. 对学生说

同学之间要互相尊重。尊重是人与人之间最起码的相处之道,俗话说"敬人者,人敬之"。同学之间要称呼姓名,切忌给人取"绰号",特别是对于有缺点的同学更加不能以此来嘲笑人家,而应该给予他人力所能及的真诚和帮助同学之间要互相谦让,同学之间每天相处,难免会磕磕撞撞或者意见不统一,这时就要懂得谦让、克制自己,不要一意孤行,更不能粗暴的动手打架,而要以理服人,用文明的方式解决问题。同时,我们也应学会宽容,金无足赤,人无完人,每个人并不是完美的,都会有自己的缺点与不足,都会在不经意间犯错误,这时,就需要我们学会懂得宽容。

4. 对社区说

很多家庭中,亲子关系需要学校和社区的帮助。社区可以多关心特殊家庭,调解家庭矛盾,注意孩子的异常情况。并以讲座、公告、亲子活动等形式进行家庭教育指导。

此时此刻

　　1. 看完此案例后,您的理解要点或最深的感触是什么?

　　2. 您对未来家庭教育的方式有什么新的期待和想法?

　　3. 在家庭教育方式的改变下,您觉得孩子可能有的成长变化? 或者一段时间后,对于孩子变化的真实记录。

家庭教育指导案例设计：刘禹卿

第十四章 亲子互动故事《我和孩子》

　　本章选取了十三篇由学生家长亲笔撰写的亲子互动故事,发自真情实感的故事让人感动,更让人感动的是家长们积极参与、准时递交的热忱,不会电脑的家长就用手写,不会手写的家长就用语音,一个个生动的亲子故事展现在我们的面前,可能没有华丽的辞藻、巧妙的对仗,有的是真挚的回顾、朴实的真心。《我和孩子》已经不仅仅是一个简单的故事,它开启的其实是家长与孩子的心灵联结通道。

　　《我和孩子》的故事模板主要包括四个板块,具体版块和内容和写作引导语如下:

　　【看见孩子】学会解读孩子语言和行为的密码,孩子行为背后真正想表达的内容,比如:希望被倾听、被理解、被认同等。

　　【事件重现】用清晰、客观、生动的话语描述你和孩子的亲子故事,避免主观评价。

　　【我们是这样引导的】分享你们的教育经验和理念,如果能体现教育学、心理学的理念将更好。

　　【分享故事后,孩子的感想】写完故事后,请把故事读给孩子听,或是交给孩子看,请孩子写一写他们听后或看后的感受。

　　分享给家长写作的模板,表面上看可能只是为了更方便家长的书写,其实它是在引导家长写作的同时也让家长在不知不觉中领悟了亲子互动的要领。所以很多家长反馈,在写完故事后好像顿悟了些什么,对家庭教育好像又有了新的理解。因为篇幅的关系,这里只能选取其中小部分的故事,并没有特别的选择标准,也只是随机从各年级中抽选,因为每一篇的亲子故事都是最佳故事!

我和我的"吕猴子"

【看见孩子】

"吕猴子"是我的女儿小吕,我们时而是一对温馨的母女,时而是一对互不说话的小冤家。她经常会跟我分享一些学校里的小趣闻,有时候我都些许觉得她烦,烦她在家话多,相反在学校里反而很安静,但是她还会不停的盯着我讲,长此以往,我也乐于接受。

【事件重现】

记得有次放学回来"吕猴子"跟我说:"妈妈,我觉得某某同学好辛苦呀,他不但周末有课外班,周一到周五也有,这样的话他一点属于自己的玩乐时间都没有了,他不会觉得辛苦,不会觉得很累吗?"我对她说:"每个人有每个人的生活方式,只要他自己觉得能接受,能应付的过来就行,我们也要尊重他的这种学习态度,并且这种刻苦的精神也值得我们去学习。"听完我说的话后她想了想说:"我觉得我还是幸运的,我没有被学习安排的满满当当,我还能劳逸结合的拥有自己的玩乐时间,我还能拥有属于童年的那一小段快乐!"

【我们是这样引导的】

很多时候大多数家长都会拿自己的孩子和别人家成绩特别优异的孩子相比较,起初我也是这样的,经常会说,你看人家某某同学这次考了多少分,为什么你就不能考这么高?作为父母的确是希望她一切都很好,但是用这种比较的方式给她压力真的合适吗?这样只会增加孩子的逆反心理,所以良好的沟通方式真的是一门技巧。

【分享故事后,孩子的感想】

我最不喜欢妈妈拿我和成绩优秀的同学比较了,老妈同学,你要改变哦,我也会改变哒,未来我们一起越来越好。

老师的话:看完小吕家长写的和孩子的故事,觉得这是一个最有趣亲子故事。从妈妈给女儿取的小名中就能感受到母女之间的相处特别有趣和谐,像朋友一样的相处模式使得亲子之间没有距离感,并真正走进孩子的内心,同时妈妈不断调整自己的教养方式,值得所有的家长学习。

我和孩子

【看见孩子】

似水流年,孩子从小小娃娃,已经成为了 12 岁俊俏的少年,儿时乖巧,听话,顺成,已经脱变成了"自主"式的思想,和大多数孩子一样,磊磊对自己产生了强烈的兴趣,热衷于思考自己的优点,缺点,特点,显得"自恋",同时又经常夸大自己的缺陷,因为自己不够"完美"而沮丧。他也总是希望得到他人的承认与尊重,希望脱离父母的约束,渴望独立。学习如此,生活也如此,所谓的青春期"叛逆"。

【事件重现】

曾记得今年暑假,我和他爸爸每日都在外工作,他独自在家,考验他是否有足够的自律能力,与预期有些出入。贪玩是孩子的天性,在外工作一天加上天气炎热,身体疲惫,回到家检查孩子作业,没有完成,还沉迷玩游戏,无法接受,并对他进行教育,当然包括"打骂"。青春期的孩子更有叛逆心理,我们之间发生了不愉快。冷静后,我意识到了事情的严重性,如果不能理智的去解决矛盾,很容易误导孩子,甚至影响孩子一生,思考后,我和孩子坐下来正面沟通,认识彼此行为的过错,相互道歉,和理解,正面沟通了孩子贪玩及我脾气太大,沟通无效的方式,通过我两友好的沟通,我们彼此认识了错误,在我生气时候,没吃饭,他还主动去做我爱吃的菜,叫我一起共进晚餐,为我做一些力所能及事,这也是他懂得和关心他人的天性,也许正因专家所说,孩子善良和体贴是遗传基因,因为在平日的生活中,爸爸是一个非常细心体贴照顾我们一家人的,也许这就是言传身教,潜移默化给到了孩子。

【我们是这样引导的】

通过上面的事情,我们彼此都认识了很多,平常需要多沟通,以身做教,多陪陪孩子喜欢做的有意义的事情,打骂只是一种手段,不能解决根本的问题,与孩子之间多分享生活中美好的故事,多进行实例事件和孩子探讨想法,我相信只要我们付出了父母的爱,彼此信任,多给孩子肯定,就会得到孩子的理解和认同,让我们所有的父母都真诚奉献出我们的爱心,共同携起手来,重视家庭教育,做一个合格的家长,开创孩子光辉灿烂的明天。

　　教师的话:故事非常地生动,写的都是生活中平平淡淡的事情,但是描述非常地生动,孩子和同龄人玩耍的时候难免会产生摩擦,家长的处理方式对于孩子的心理会产生重要的影响。同时,在疲惫一天过后,家长在工作中也会产生许多情绪,如果情绪得不到良好的消化,也可能带着这种情绪影响到亲子之间的关系。家长和孩子都在相互交流的过程中不断完善自我,增进自我,家庭关系才会更加和睦。

相互尊重

 【看见孩子】

　　时光飞逝,一眨眼的功夫,原先还趴在我身上睡觉的曦曦已经长大了,不知从什么时候起,开始有小秘密了。孩子长大了,需要得到尊重,作为家长,更应该尊重孩子的想法和隐私,这样她才会愿意和你沟通、交流、和你分享秘密。

 【事件重现】

　　今年由于疫情的关系,曦曦外出活动的时间少了,学习之外只能在网络上和同学聊天、组团打游戏。组团打游戏是团队合作进行,因此会和一些网络上的人组团打游戏聊天。由于是女孩子,作为妈妈对曦曦和谁聊天,聊什么,哪里认识等比较在意。一次曦曦在和人家聊天,她妈妈一定要看她在和谁聊天,曦曦不同意,因此发生争执。事后我和孩子妈妈沟通,孩子的隐私应该得到尊重,孩子和我们是平等的,不能因为是父母就有权逾越。同时我也对曦曦进行沟通,告诉她网络的危害性,告诉她妈妈前面这样做是有些不妥,但是妈妈也是因为担心才会这么做,曦曦最后也表示理解。开学第一天,送曦曦去学校的路上她问我今天会不会有人找我一起打游戏?我说:"如果是你的同学或和你年龄一样大的,今天也开学不可能找你。如果这个时候找你打游戏的你觉得会是多大年龄的？还有正常情况下你上学我们都要上班，这个时候还找你打游戏的会是什么人？你自己想想，这样的人以后是否有必要继续联络。"她的回答："明白了"

【我们是这样引导的】

　　我觉得尊重是相互的，即便不能和孩子做到朋友般的交流，至少也要平等交流。处于青春期的孩子，大多都很叛逆，我们要多倾听他们的心声，要从孩子的角度去思考去理解，让孩子感受父母对她的爱，时不时可以给予一个拥抱，让孩子感受这种被爱的滋味。同时我们要给出分析意见让孩子自己去分辨，这样她才会愿意和你交流，不要去压迫式的交流指导，这样会适得其反。

　　教师的话：青春期的孩子需要父母把孩子当做成年人来看待，希望能够得到对等平等的沟通，包括对于孩子网络交友的问题，一味地反复唠叨可能会使孩子走得更远哦。

从"随行者"到"领路人"

【看见孩子】

　　从小到大，不管长途旅行还是短途旅行，儿子一直是一名忠实的旅游"随行者"，而我也从来没有想要听听他的想法，所有行程我一手包办。直到有一天，当我得知和儿子年龄相仿的同事的孩子，出游前会自己定计划，做功略，制定属于他的"完美行程"，我羡慕不已，脑海里顿时浮现出一个词儿——"别人家的孩子"。回到家我便将这事儿告诉了儿子，本以为儿子会沉默不语，没想到他确是这样回答："其实我也行，只是你没给我这个机会！"听完他的话我沉默了，心想：儿子长大了，作为父母，应该在给予爱的同时，学着适当的放手，有意识地去培养他的独立性，给他创造独立成长的空间。

【事件重现】

　　那年的暑假，我把全家的出游计划交到儿子手里，第一次承担行程安排重任的他表现得非常积极，那股兴奋劲儿让我至今难忘。为了这个"第一次"，闲

暇之余儿子便开始做攻略,他从各大旅游网站中列出自己心怡的机票和景点,根据各景点之间的路线选择合适的住宿,过程中时不时会征询一下我的意见,并结合我给的预算加以比对,忙得不亦乐乎。几天后所有项目经过他的筛选被制定成了一张完整的行程表,无论从行程安排、酒店住宿、景点甚至就餐地点、注意事项(包括目的地天气情况,当地风俗,饮食习惯,生活用品等),可谓是面面俱到。看着这张表,我暗暗窃喜,心想:这些功课不就是我平时出游时做得吗?原来儿子一直都看在眼里记在心里,是我太小瞧他了!我摸了摸儿子的头,称赞道:"你真棒!"就这样,我们开启了一次从"随行者"到"领路人"的旅行历程。

 【我们是这样引导的】

看似简单的一次出游,其实涵盖了计划、预案、实施等多个让孩子得到锻炼的机会,作为家长我们应该多支持,多鼓励。通过这件事让我深刻领悟到孩子的独立性是需要"放手"培养的,"放手"让儿子成为家庭出游的"领路人";"放手"让我和儿子的关系更像朋友;"放手"更意味着让孩子在遇到问题、解决问题时积累更多的宝贵经验,让孩子在实践中得到更多的锻炼。从小培养孩子的独立性,鼓励孩子自己解决困难,减少对父母的依赖,今后走出校门踏入社会才能轻松应对,才会走得更远。

老师的话:妈妈从羡慕别人家的孩子到鼓励自己家的孩子,从事事包办到放手让孩子去尝试,孩子从"随行者"变成了"领路人"。爸爸妈妈也收获了前所未有的惊喜。在实践过程中,孩子获得了知识和成长,大大提升了自我价值感,这正是我们教育的主要目标。

爱唠叨的妈妈

 【看见孩子】

子潇在我眼里一直是个长不大的孩子,他身上的缺点一大堆:动作慢、爱磨蹭、思想不集中、字难看、自理能力差、没有运动细胞……而我,对于他的缺点也是不遗余力地打击,经常会把他的缺点提出来说一说,为的是时时刻刻督促他,提醒他,希望他能改正。但是随着他年龄的增长,他从一开始老老实实听我说,慢慢开始有不耐烦的表情,然后是偶尔反驳我两句,到现在,他学会了自黑,"对啊,我就是这样的呀。"

 【事件重现】

国庆节第一天,子潇很严肃地来找到我和他爸爸,希望和我们谈一谈,这是从来没有过的事情。他说他觉得妈妈对他管的太多了,特别是晚上学习的时候。虽然他有独立的房间做作业,但是妈妈一直在旁边唠叨个没完,对他做的事情都不满意,嫌他动作慢、嫌他字难看、嫌他握笔姿势不对,连他是靠着书桌的左边坐还是右边坐也要管。他说妈妈这样不停地说他,一个是打乱了他学习的思路,让他没办法静下心来思考。更重要的是,妈妈的唠叨严重打击了他学习的积极性,反正有妈妈管着,他完全没有主动学习的兴趣。他希望我们能给他一点自己的空间,让他自己管理自己,他觉得自己是可以的,希望妈妈能信任他。

 【我们是这样引导的】

进了初中,孩子真的是长大了,他有了独立的思想,不在是一个依附在妈妈身边的小宝宝。平时总是说教、唠叨、批评、跟其他孩子对比,会让他越来越不愿意和我交流,长此以往,或叛逆或自卑。

作为家长,我觉得首先需要认识到自己权威逐渐降低的现实,我们不能再用对待小孩子的那套方法去教育他,家里不再是爸爸妈妈的一言堂,我们要学会适度放手,把孩子视为独立的个体,需要给他自己思考和独立解决的机会,给孩子更多的空间。

 【分享故事后,孩子的感想】

子潇说,他知道妈妈唠叨是对他的爱,希望他好。他会努力学会自我管理,他也相信自己能够做好。我们可以相互理解相互体谅。

注:书写故事的过程中欢迎多与老师沟通。

老师的话:当我们强调孩子的缺点时,我们的目标是希望孩子改正这些缺点。当过度强调时就成了负强化,也许目的和效果就可能背道而驰了。当我们尝试着正面管教时,把犯错误作为一个成长的机会时,也许我们离目标就更近了。幸运的是成长中的孩子选择了温和的叛逆方式,和家长大胆地沟通一次,妈妈也及时反思自己的教育方式。在交流和反思中,有及时的倾诉有理性的倾听,于是亲子之间携手成长了一次。

一起学习,一起成长

 【看见孩子】

很多孩子在步入青春期之后就会不愿意和父母多交流,总觉得与父母之间有代沟,每每意见相左就会导致不被理解不被认同。反复几次之后,你就会发现小时候那个知无不言言无不尽的小麻雀消失了,那些曾经投射在你身上信任且依赖的目光也不见了,取而代之的不是"沉默是金",就是争执不断、矛盾升级,最终伤了彼此的心。

我也是众多"焦虑忧心"孩子前途的母亲之一。在陪伴儿子成长的过程中,我一直在反思在总结,对处于不同年龄段的孩子,用什么样的教育方法才是最有效的。就像孩子在学习如何成长一样,我们也在学习如何为人父母。我一直很鼓励 MC 同学多多分享他身边的一切,不论好的、坏的、开心的、难过的、焦虑的、得瑟的,whatever,只要他愿意都可以告诉我。妈妈这里有一个大收纳箱,可以并且愿意无条件接纳他的一切。在接纳的过程中,我也会分享我的观点和意见供他参考。当然我不是把自己的观点和决定强加给他,而且尝试着找到一种他比较能接受的方法来告诉他影响他,让他发自内心地认可和接受。就目前来看,这样的沟通方式还是比较有成效的。我们之间不能说亲密无间,至少他还是很愿意跟我分享他的大部分心事。

 【事件重现】

随着社会科技的发展,手机的使用率越来越高,让父母们忧虑的事情也随之而来:孩子沉迷于打游戏怎么办? 可以说,这个问题让绝大多数的家长很头痛。我曾经也是,一看见他拿着手机一副 24 小时便利店年中无休的样子就来气! 为了这事好话坏话说尽,各种奖惩都试过了,可是几乎都不起作用。

　　于是乎我开始冷静下来,尝试着从孩子的角度去看待玩手机游戏这个问题。为了弄明白他如此沉迷游戏的原因以及能跟他有更多的共鸣,我尝试自己去玩这款游戏。这一尝试居然真的收获不小,当中的各种曲折就不细说了,我只想说原来并不是所有的游戏都是那种我们认为的不动脑子无聊打发时间的玩意儿,在某种程度上来说,有些游戏还是很锻炼人的。更甚者,游戏中用到的技能在我看来完全可以利用到工作学习中去。

　　带着这样的发现,我迫不及待地拉着 MC 同学开始讨论他的游戏,在看到他的游戏分数排名之后,更是大大夸赞了他一番并且虚心讨教各种技巧。在短暂的吃惊之后,MC 同学很快激动兴奋起来,头头是道地开始给我讲解,还拿出了他从网站和大神直播间摘录下来的游戏攻略。看着他充满自信的笑脸,听着他有条不紊的技巧讲解,欣赏着那些归纳条理清晰的攻略,我忽然就笑了。原来他比我想象的要棒啊!在肯定了他的能力之后,我明白我更要做的是如何引导他将这些游戏中锻炼出来的能力运用到学习工作中去。

　　这场谈话的最终,我们也默契地达成了一致,在他能快速有效地完成所有课业任务后,可以定时地玩一会儿游戏。如果他愿意地话也可以带一下我这个菜鸟妈妈一起玩。他大声欢呼理解万岁,同时也解答了我最初的疑问:他开始接触这个游戏是为了能融入到同学们中,能有共同的话题。所以我理解了,玩游戏其实是他与人交际的一种方式。

【我们是这样引导的】

　　代沟的产生是由于缺乏有效的沟通。无疑父母都是爱孩子的,但是我们对孩子表达爱的方式对了吗? 当孩子的观点和意见与我们相左时,我们与孩子沟通的方式是有效的吗? 孩子不是父母的附属品,他们有自己的想法,有自己解决问题的方法,他们在一步一个脚印地学习独立成长。现在的孩子学习压力绝对大于过去的我们,所以除了平时督促孩子抓紧时间学习以外,请一定不要吝啬对他们的称赞! 在面对这样的学习压力和强度之下,他们远比过去的我们表现得要好!

　　孩子小的时候需要的是父母的呵护,等他们步入青春期之后,更需要的是朋友般的理解和支持。我们不妨尝试着做孩子的朋友,多换位思考,找到问题的根源所在,然后用孩子可以接受的方式提出建议。当然什么方式才是适合自家孩子的就取决于父母对孩子的了解程度了。如果平时有时间,不妨多陪一下孩子,尝试他们所喜欢的活动,融入他们的世界,相信在改善亲子关系的同时你还可以有不小的收获哦!

 【分享故事后,孩子的感想】

我认真地看完了妈妈写的内容后最大的感触就是我很庆幸能出生在现在的温暖家庭里。平时他们总是唠叨我,我以为他们只喜欢别人家的小孩呢!原来我错了!他们是爱我的!他们可以为了帮助我,为了改善亲子关系而尝试各种可以了解接近我内心世界的方式,哪怕是尝试着接触原本永远也不会与他们有交集的那些领域。我很感动,很想紧紧拥抱他们告诉他们,我也非常非常爱他们!为了这份爱,我下定决心一定会尽全力好好学习,决不辜负他们的付出和良苦用心!

我和孩子

 【看见孩子】

现在她这个年龄正处在叛逆期间,所以有些时候我知道她做的事是内心需要被我们认同。我们有时是无话不话的好朋友,她会把学校发生的有趣的事放学后和我一起分享,我会耐心的倾听;而有时我们是母女,会训她、教育她。

 【事件重现】

有次带她出去正好经到一家 DIY 木工店,她提出想自己尝试做一样木质成品放在家里展示,我们果断的说你这个不行那个不行,环节中有钉子,榔头、钜子等等,万一你弄伤自己……,不让她有反驳的机会,直接否定了此事,当看到她的沮丧、无奈时,我们的心也软了,想着危险的环节让爸爸和她一起做吧,于是也就让爸爸带着她一起去尝试了。但到了真的尝试了,我们才知道我们小看她了,她全程基乎在 DIY 木工店的老师的教导下全部自己完成,且不要她爸爸帮忙,包括我们认为相对"危险"的环节,她也处理的很好,等她拿着成品出来时,我们其实是在自省的。后来她和我们说:"我已不是小孩子了,你们一直不让我做你们自认为"危险"的事,我想自己做些什么事来得到你们的认

可,你们都不听我的解释直接否定我,我有时觉的很委屈,有时会顶撞你们,你们就会骂我,所以电视里常说在叛逆期的孩子一般不太愿意与父母过多交流,平时聊天话题也会和家人越来越少,因为他们觉得和大人没有共同语言,会嫌妈妈啰嗦,嫌爸爸烦等等"。她说"不是我不想交流得到你们的理解,其实是你们武断了我的的想法。"

 【我们是这样引导的】

听完她对我们说的那番话,我感慨颇深,有时想想我们一直把自己认为安全的危险的事情强压在她的身上,让她干这、不干那的,我们以为是为她好,但其实对于她而言并不是这样的。其实我们作为父母只要告诉她这件事的利与弊,我们不可能帮她做好每件事,也不可能帮她预侧每件事的结果,所以还是要靠她自己去面对、解决的。现在的她在学校遇到些什么事都会回来和我们说,分享在学校的欢乐,而有些她觉得处理不好的,会听听我们的建议,在潜移默化中让她学会以后遇到此类事情她自己会怎么处理。之后在实践尝试这个环节我觉得我们在告知她如何在安全的前提下也要学会放手,相信她,这样才能让她真正的成长。

 【分享故事后,孩子的感想】

看到妈妈写的这个小故事,让我想起了当时我做木工前他们对我的质疑,到最后我拿着我自己通过 DIY 木工店老师指导后独立完成的成品后他们对我的惊讶及赞许。我也知道很多事爸爸妈妈都是为我好,怕我受伤,才不让我做这做那的,但我想让他们知道,我可以自己很好的完成,他们操心我能明白,但有很多事我想自己去尝试一下,不一定做到完美,但我会最大可能的保护好自己,不会让他们担心的。希望他们能理解我,认同我。

老师的话:孩子进入青春期之后,变化的不止是孩子,家长的教育方式也必须要发生变化,那样才有可能跟上孩子成长的节奏。当然也会收获孩子成长的惊喜,更会收获亲子关系融洽的喜悦。故事中的孩子通过自己的努力,给家长和自己带来了惊喜,亲子之间的交流让彼此更了解对方,也知道怎样的表达方式才会让亲子关系更温暖更融洽。

我和孩子

【看见孩子】

从孩子开始上学到现在已经 7 年了,我也整整陪读了 7 年,孩子不管是生活上还是学习上都是我给他安排好,什么事情都是按照我的要求做,是个很听话的孩子。

【事件重现】

去年学校组织社会实践活动,我帮他整理好所以东西也他说了一遍什么东西放在什么地方,可是活动结束回到家我打开书包一看除了牙刷什么也没动过,我问他回答我的都是不知道找不到,当时我也开始意识到了我的孩子自己几乎什么都不会做。其实是我自己的问题帮孩子做的太多始终不肯放手去相信他,甚至于我不在的时候他自己都不会自己拿主意,什么都要听从我的安排,他对自己也没有信心怕做错了被我说。

【我们是这样引导的】

现在放学回家路上我们都会一起交流沟通,起初都是我先问问题,现在渐渐的都他自己先开口询问我自己的一些想法和做法是否正确,做的好的我会给他表扬和肯定,做的不好的地方我会给出建议告诉他道理。

教师的话:小王是个很听话的乖孩子,看似让家长省心不少,但是他不会自己拿主意。家长凡事包办剥夺了孩子自己选择的机会和实践体验能力。原因在于家长不信任自己的孩子,不敢放手。久而久之,小王也因长期生活在家长的羽翼下缺乏自信。要改变小王就要先改变家长的做法,幸好家长意识到了这一点,也在积极地作出改变。给孩子试错的机会,孩子的潜力如海面下的冰山,只待家长去发现……

孩子的期待

【看见孩子】

如果一旦有人稍微惹到她，哪怕只是言语上的不和，她也会立刻放大嗓门，用或强硬或无所谓的语气和态度进行响应。她所有的言行举止，就是要让人知道：她是一个如此厉害、不可以被随便招惹的人。

【事件重现】

10月1日既是国庆也是中秋佳节，入夜后孩子照常返回房间。半夜孩子妈妈经过房间时发现孩子房里的灯还亮着，就推门进去查看孩子。才发现孩子还在玩着手机游戏，就提醒可以睡觉了。一开始孩子还回应说马上睡觉，但是后面又提醒了几次，直到凌晨4点，孩子开始不耐烦地顶撞起妈妈："今天是假期！不用你们管！"孩子妈妈严厉批评了孩子并且强行没收了手机。

【我们是这样引导的】

第二天和孩子交流，让孩子明白我们并不是强制她做什么事情，而是希望她在正确的时间做正确的事情。并且重要的是我们担心她的身体情况，如此熬夜对身体健康十分有害。

其实通过孩子的表现，我们深刻反省自己"是不是我们给予孩子的关注不够？"因为之前很长一段时间，我们和孩子是分开居住的，虽然隔三差五可以见到，但是没有真正的陪在身边。我才发现女儿原来已经长大了，这个长大的过程中她养成了什么习惯，是什么脾气，我竟然有些模糊。可能是我们不太称职，我印象中的女儿是一个懂事不太需要去操心的孩子。可能就是因为这样，我们将更多的经历放在了工作、事业之中。可能在孩子长大的过程中一步步会给我们暗示，渴望被关注，而我们可能一次次忽略了这些暗示。而当现在发现孩子不再是那个不需要操心的孩子时，我们会怀疑是孩子变坏了。真的是这样吗？还是我们造成孩子的一步步变化？现在我们已经做出调整能和孩子在一起，一开始可能还是有各种不适应需要磨合，但是我们相信一切都会变好。

教师的话：小徐的家长怀着复杂的心情反思自己的教育方式，其实他们的教育失误在于曾经忙于工作和事业，与孩子分开居住了很长一段时间。而分开的那段时间正是孩子身心发展的关键期，家长错过了最佳教育期。缺少家长陪伴的孩子是孤独的，手机游戏自然成了最好的伙伴。幸好家长意识到了陪伴的重要性，尽力弥补。"孩子是天生的宽恕者"，希望为时不晚，亲自关系早日修复！

私人空间

 【看见孩子】

孩子进入了青春叛逆期，变得越来越寡言少语，就喜欢自己一个人关在房间里，学习成绩也不好，我非常地焦虑。一次看到她画画的机会，我知道了她内心忧郁，希望得到别人的认可。

 【事件重现】

曾经有一段时间，我每次只要想到孩子的学习成绩就会非常的难受，怕她以后无法自立。因此只要孩子做学习以外的事情，我就会非常的焦虑，恨不得她把所有的古诗词、英语单词、数学定义全部都塞进她的脑子里面，这种焦虑也潜移默化的影响了孩子的精神状态，她跟我一样陷入了焦虑之中。她每次看着我发火的时候，那想说啥又不太敢说的样子看着令人头疼。

有一天我进到孩子的房间，看到她又在鼓捣什么东西，顿时火气上来了，正准备过去教育的时候，我突然发现她很专注的在做一件事情，这是以前我没有见过的状态。她认真专注的状态影响了我，我顿时也一下子平静了下来。我慢慢走过去看到她正在画画，画的是人的眼睛，非常的有层次感，但是却很忧郁。孩子慢慢进入青春期，感觉平时大大咧咧的孩子已经有了少年的形态，但是却没有朝气蓬勃的精神面貌，看着眼睛我感觉出孩子不是很开心。于是我和她坐下来像朋友一样交谈了起来，这么气氛祥和、地位平等的交谈好久没有出现过了，我突然发现孩子长大了，有了自己的想法，希望有自己的空间，不希望时时刻刻被父母盯着,相互之间都觉得非常的累。孩子如果为了讨好父母而伪装自己的确是很痛苦的,我不希望她那么压抑自己。经过交谈,她也有点理解了父母的苦心,我也觉得应该给她独立的空间。我们约法三章,每天可以玩,但是要先把所有的作业做完、保证运动,然后可以做自己喜欢的事情,在保证眼睛有充足的休息的前提下,游戏每天可以玩半小时。我不再时刻提醒她,她自己要做好计划,如果谁违背约定就做一个月的家务。在这之后,我没有再每天那么严厉的盯着她,但是她的作业完成情况反而比原来更好,我得到了休息,孩子也更开朗了,她碰到问题也愿意跟我说了,亲子关系也比以前更和谐了。

 【我们是这样引导的】

经过这件事情,我明白了亲子之间的沟通方式是很重要的,学会相互倾听,明白彼此的不易,才能更理解对方,一起成长。

教师的话:小吴的妈妈是位职业女性,对自己要求颇高;对孩子的学习和身心健康也毫不懈怠。对孩子有较高的期待使得她面对竞争日益激烈的社会产生了焦虑情绪。一次偶然的机会使她重新认识了孩子,发现了孩子情绪的低落。家长与孩子在祥和的气氛中促膝相谈,平等交流。尊重孩子的想法,给与她一定的私人空间是家长对孩子的理解与爱。而"约法三章"则培养了孩子的契约精神和责任意识。该放手时就放手,父母的爱其实就是一场体面而缓慢的退出。

游泳比赛

 【看见孩子】

从幼儿中班开始半专业学习游泳的儿子一直是一个阳光男孩,通过游泳学习和比赛让他身上有一股拼搏的劲。随着学业的加重,有时他也会疲倦,力不从心。这时的他最想要的或许就是要我去倾听他当时的想法,能得到我的理解。但往往作为妈妈的我会忽略这一点。

【事件重现】

这是发生在一次全市青少年游泳比赛上的事,因为赛前儿子和他的那些伙伴们为了能在比赛上赛过其他区的对手,放学后大家都刻苦训练,训练强度非常之大。儿子也是信心满满的想在比赛中战胜自己游出好成绩。当时我也一直会嘱咐他你要注意这注意那,其实不经意间的言语给儿子施加了压力,为了能证明自己的努力他自己也给了自己压力。比赛日当天上午个人第一个项目成绩不如人意,儿子回到看台上等候下午比赛的这段时间,我忍不住埋怨了他比赛时的大意和轻敌,成绩太不理想了。儿子听了我的埋怨后说下个项目我一定会努力比好的。到了下午,就在发令枪响之前的一秒钟站在跳台上的儿子抢跳先入了水,同时儿子也就被取消了这个项目比赛的资格。回到更衣室的儿子泪流满面,看台上的我突然恍然大悟,站在跳台上的他当时背负着多大的压力,太过紧张才会发生这样的事。

【我们是这样引导的】

有了这事的发生,我立马做了换位思考,当时我是不是不应该在他比赛失利后对他太多的埋怨,或许一个拥抱几句安慰更能给予儿子重新振作的力量来游好下午的比赛。我和儿子有了一次意味深长的谈话,我也说到自己做的不妥的地方,后面的每一次比赛我们不再看重名次,而是每次尽自己最大的努力去战胜自己,那就是成功。

【分享故事后,孩子的感想】

儿子现在每每想到这事都会说:"感谢这件事的发生,让我和妈妈之间不但是母子,现在更像是好朋友,我愿意和妈妈去分享身边的事情,遇到困惑我愿意和妈妈去沟通解决。"

教师的话:日益繁重的学业和巨大的体力消耗使得小何力不从心。小何的母亲又给比赛发挥不理想的儿子施加了压力,导致儿子下午的游泳比赛发生了抢跳事件被取消比赛资格。的确,小何的母亲当时做法不妥。如果家长抓住教育时机,做出最有利于孩子身心发展的反应。比如拥抱安慰一下,为他减轻思想包袱。那么小何下午的比赛可能会发挥出良好的水平。幸好小何母亲反思了自己的做法,相信她会和儿子一起成长!

我们是你最好的朋友

【看见孩子】

一转眼,我们家的小男孩已成为了一名朝气蓬勃,高高大大的初二学生。人人都说青春期的孩子叛逆难懂,可是在我们家,身为父母的我们和你之间却是交流无碍。在家中,每天我们会选择在最温馨的共进晚餐时间,畅所欲言,你会及时将学校里发生的事分享给我们,有快乐也有烦恼,及时沟通、感同身受、理解万岁。虽然我们是父母,却更想成为你最好的朋友。

【事件重现】

姚胜嘉从小热爱音乐,身为妈妈,我一直支持他学习钢琴,可是随着年龄增长,初中的学习任务也更加繁忙。平时他有时候回到家中,在做作业间隙,偶尔会弹一小会钢琴,有时弹得是古典音乐,也可能是流行歌曲。上个月的一个周末,我发现他偷偷拿手机在网易云音乐平台上开通了 VIP 会员,并且充值了三个月的资费。结果当天被我发现,因为我们平时对他手机一直管控,他怕被我批评,在情绪上也有所抵触,吃晚餐时,他一直低着头,一言不发。我问了他为什么要充值,他告诉我:"妈妈,我想将自己弹奏的、改编的钢琴曲视频发布到平台上,和他人分享我的音乐"。确实,音乐是美好的,音乐是共通的,不能剥夺孩子的爱好,这也是孩子释放压力的一种方式!我非但没有批评他,反而自此以后,我和他爸爸经常会在他弹奏钢琴时,默默站在一旁,录下他弹奏过程的视频,主动上传至各类音乐平台,当孩子看见在音乐平台上自己拥有了听众粉丝,并获得了他们的认可,也算实现了他小小音乐人的梦想,心情也变得十分愉悦,孩子的学习也更有动力了。

【我们是这样引导的】

当孩子有兴趣爱好时,千万不要扼杀,一定要正确引导,鼓励他,赞美他,给他自由发展的空间。他会变得更加开朗,乐于和父母交流,我们是他最好的听众,两代人无隔阂,家庭亲子关系也会更加融洽,成为无话不说的好朋友。

【分享故事后，孩子的感想】

在我用手机注册网易云音乐平台时，其实心里是很不安的，因为没有经过父母的同意，结果出乎意料，妈妈非但没有责怪我，反而给与我鼓励，并且将我的钢琴弹奏视频推送至更多的音乐平台，音乐让我拥有更好的记忆力和理解力，更让我学习充满自信，事半功倍，感谢父母对我的理解，对我音乐爱好的支持。

老师的话：胜嘉的妈妈把孩子对音乐的热爱作为正向的引导，发现孩子充值开通了网易云 VIP 账号，并没有一味责怪，而是和孩子一起分享成功的愉悦，这样和谐的亲子关系能让孩子自己感悟并激发学习的动力。

倾听真正的声音

 【看见孩子】

看见他不停闪动着双眉，笑嘻嘻的搓着双手迎到门口来，我的内心有了少许的不满和猜测。心想他肯定是又有什么很高的要求，准备让我买东西了。

 【事件重现】

那是一次出差回来较晚的夜里，并已经忘记是自己生日的一次经历。拖着精疲力竭的身体推门而入，他兴奋地迎到门口冲我嘻嘻笑着，我残忍的忽视掉他那笑容和准备张开的口，用我惯有的严厉和有点不耐烦的口气问道："做好作业了吗？"他愣了愣，摇了下头，面部有些尴尬和委屈，将要说的话生生的憋了回去，低下头背过去了双手。"这么晚还没写完，你到底在干什么啊？天天磨磨蹭蹭，做事一点也不像一个男孩子。这么晚不睡，身体怎么吃得消……"如走了火的机关枪，将他"扫射"进他的屋里去了。等我洗好澡出来，他拿着和妹妹做的精美礼物和生日卡送到我手中说："妈妈，祝你生日快乐！永远年轻！你辛苦了。这是我和妹妹费了很长时间精心准备的礼物，希望你喜欢。"原来他等到这么晚，还在赶着作业是满心期待的准备为我献上礼物啊！而我读错，误会了他表情的含义，先入为主的观念打破了他精心策划的惊喜和

祝福。也深深地伤害了他那稚嫩,纯洁的心灵。惭愧内疚和悔恨的泪水夺眶而出,顺着脸颊止不住的流。猛地将他搂到了怀中不停地重复着:"对不起,对不起……。"他却憨憨的一笑安慰着我说:"妈妈,没事,没事,那都不算事……。"

【我们是这样引导的】

现代社会如一只超速旋转的风火轮,用无数有用无用的信息强行碾压式地灌输给我们。错误的人生观,价值观,学习无用论等的引导和教育,不仅麻痹着我们成人,更多的时候是在肆无忌惮的侵蚀着稚嫩如芽的孩子们。某种意义上说,我们也都是孤陋寡闻,毫无经验可言的。在工作中,经过时光,经验的打磨,我们可能算是专业或者成为专家。但是,在引导孩子方面上,我个人认为很多的时候与其说是父母引导着孩子,不如说是纯白如雪的孩子们,用他们的温柔和善良包容,感化,治愈着我们高高在上,自以为是,冰冷的心。

从更多的亲子之间发生的事上来看,我觉得我们做父母的真的不必高高在上,伪装自己很懂的样子。也不必过于羞愧,更不必为自己找借口,可以坦诚的告知孩子,我们也是头一回做父母。自然就不会有 100% 绝对对与错的道理。所以,非常需要他们陪着我们共同探索,探讨和研发出适合我们独特的"家庭教育指导手册",创造出和谐的亲子氛围。

当然,做父母的不应该以先入为主,打压式,或强势灌输自己期待的梦想和目标为孩子的方式去管教孩子。而是应该学会遇事先冷静,平和自己的心态,多观察,多发现孩子们的真正诉求和期待。并能以言传身教,以身作则为指导根基,陪着他们一起为生命找到意义,发现到他们真正热爱渴望的梦想和目标。我觉得这才是当下父母和孩子们非常紧迫的共同任务。而不是一味地认为和要求成绩第一,出人头地,金钱至上的错误理念为引导方针。

每个人都要有一个自我的意义系统,包括行为和认知准则:勇敢,自信,友好团结,自强不息,自尊自爱等。我们做家长的更不应该以自我的目标和意义,去左右孩子探求和渴望追逐自己梦想的道路。应该将驶入未来这艘远航船的舵,信任并自信的交到他们手中,我们只做他们的副舵手,坚定不移的陪伴和支持着。并能在他们需要帮助和支援的时候,第一时间的指引和指正他们回归到正轨。这是我个人的指导理念和愿望,希望能和孩子共同努力,一起达到。

【分享故事后，孩子的感想】

没能看到妈妈预想的激动，兴奋，开心的表情，还被狠狠地骂了一顿，虽然我很难过伤心和委屈。但如果再发生这样的情况，我依然会选择给妈妈惊喜，让她开心。只是我不会再颠倒主次，什么是应该先做什么是后做，或者提前准备好。

当然，我也非常能理解，谅解妈妈对我的态度。因为，我知道她骂我是为我着急和担心。但是，我还是希望她能真的信任我有能力完成自己该做的事，而且能负责任的做好。

教师的话：家长对待孩子不能只看表面，更要要关注孩子的心灵。心灵是一个人最真实、最柔软的地方。"在那里"，所有的善良与爱都会轻易地让人感动。沟通就是心灵的相通，如果心灵不通，那真正的沟通就不存在。心与心之间的距离是这个世界上最近的距离，但如果你不用心去沟通，就可能成为世界上远的距离。

第十五章　亲子互动故事《我和爸妈》

本章选取了十篇来自预备—初二年级孩子所书写的《我和爸妈》亲子故事，同样写作前给到孩子们一个模板，也同样这是一个暗藏"小心思"的模板，它同样包括四个版块：

【事件重现】用清晰、客观、生动的话语描述你和家长的亲子故事，避免主观评价。

【我想让家长知道的】写出自己的当时的感受和内心真正的想法；表明自己的行为背后的意义，如：希望被理解、被认同、被重视等等。

【如果是现在的我】如果再发生类似的情况，你还会像当时那样做吗？会不会有不同的处理方法？

【分享故事后，爸妈的感想】写完故事后，请把你的故事拿给爸爸妈妈一起分享哟，请爸爸妈妈书写一下他们看完后的感受。

它指引孩子们客观描述，引导孩子在表达真实内心的同时也暗暗回顾和思考自己行为背后的情绪和想法，同时运用情景联想的方式让孩子再有一次亲子互动的联想，在联想中再开启一次亲子分享互动。

本章中的十个故事同样没有刻意的筛选，随机从各个年级进行抽选，故事可能稚嫩，言语可能简单，但一颗颗真挚的心灵却让人深深感动，还有什么比"看见孩子"更加美妙的事情呢！

我最不爱听的一句话

【事件重现】

"籽籽，你又在磨磨蹭蹭了！能不能快一点啊！"房间里又响起了妈妈怒气冲冲的吼声。唉,我这个人是个慢性子,做什么事情都是慢条斯理,从小爸爸妈妈就嫌我做事太慢。于是,不知道从什么时候开始,这句话就成了爸妈的口头禅,不断地在我的耳边响起,我的耳中早就被磨出了老茧。而这也成为了我最反感的一句话。

这不就在国庆里的第二天,我正在写数学作业的时候,被一道题难住了,正当我手托腮帮苦思冥想的时候,妈妈悄悄地来到了我的身边,见我迟迟没有动笔,以为我在开小差,便气愤地对我大吼:"籽籽,你又在磨蹭了,能不能快一点啊!你这样子什么时候才能写完作业啊!"妈妈火冒三丈的样子,吓得我直掉眼泪,已经想好的解题思路,也被吼得飞到了九霄云外。妈妈训完话后,继续做饭去了,我只能重新思考。过了一会儿,爸爸过来了,看见我只写了一点点,就语重心长地教导我:"宝贝,你真是太慢了,爸爸当初写作业的时候,可是一会儿就写完了,你能不能抓紧时间啊……"在爸爸没完没了的唠叨中,我耳朵里的老茧越来越厚,脑袋也快炸了,根本没有心思写作业。

【我想让家长知道的】

亲爱的爸爸妈妈,当你们冲我大吼,催我快点的时候,我很想对你们说,其实,我写作业慢,是因为我正在思考问题,而不是在开小差。虽然小学里我做事情喜欢拖拉磨蹭,但是我进入中学后已经长大了,这些缺点我开始一点点改正了,请不要总是用老眼光看待我,你们这样不断催促我、打击我,反而激起我的逆反心理,影响我做事的速度。

【如果是现在的我】

如果再发生这种情况,我想直接告诉爸爸妈妈:"籽籽,你太慢了,能不能快一点!这句话是我从小到大听得最多的一句话,也是我最不喜欢听的一句话。爸爸妈妈,我真的希望以后你们能够给我一些鼓励的话语,给我一个宽松的学习和生活环境,多一点宽容和理解,我会以更大的进步作为回报。"

老师的话:看完籽籽写的和家长的故事,觉得这是一个最有趣的亲子故事。字里行间用可爱的笔触写了一个非常形象的家庭缩影,爸妈一直用语言要求孩子抓紧时间,这种叨唠让孩子越来越逆反,反而影响做事的速度,孩子发自内心的呼声希望家长多一点宽容和理解,这其实也是当今很多家庭的现状。所以特别请家长要注意教育方式,根据孩子的个性特征调整自己,静等花开。

我和爸妈

【事件重现】

有一次,妈妈在烧菜,让我一个人乖乖写作业,待会过来检查作业,我听了妈妈的话并开始努力的写作业,想给妈妈一个惊喜。突然,我遇到一个英语单词,我不知道是什么意思,就拿妈妈手机上的百度翻译去查,我查好后刚放下手机,妈妈就正好走了进来,她以为我拿手机在玩游戏,二话不说,直接揪着我的耳朵打了我一巴掌,我十分委屈,跟妈妈说我是在查单词,妈妈火气又上来了并说:"你装什么装,我马上开手机看一下,看你装到什么时候",但是,当妈妈打开手机看到我真的在查单词时,她又辩解道:"那也不能用手机查,我们以前都没有手机,都是通过查字典解决!"于是妈妈喋喋不休的找出英汉字典教我怎么查字典……听了妈妈的话,我十分的伤心……

【我想让家长知道的】

这件事后,我十分伤心,因为我其实在查英语单词,我希望家长可以弄清楚事情的真相再做决定。

【如果是现在的我】

如果是现在的我,我会自己查字典,并且如果要用手机,我会先征得爸爸妈妈的同意,或者在学校询问老师或同学!

【分享故事后,爸妈的感想】

孩子对不起,妈妈不该错怪你,以后一定先问清楚事情的原委再做评判!在这里,真诚的跟你说声:对不起,妈妈错了,请你原谅妈妈!

老师的话:看完博涛写的和家长的故事,觉得这是一个最值得家长反思的亲子故事。现在有很多家长缺乏对孩子的信任,往往用有色眼镜来评价孩子的行为,放大孩子身上的缺点不断地进行强化,所以也就导致亲子关系越来越糟糕,这是一种最差的教养模式,会带给孩子的不被尊重和理解,导致最后亲子关系的破裂。

一百分

【事件重现】

有一次,学校里面数学考试,总分是 112 分,我考了 100 分,是全班第三名。晚上我得意洋洋地拿出来给爸爸签名,脸上笑眯眯的,心想,我这次考了全班第三名,爸爸一定会很开心,会表扬我的。我把卷子给爸爸,爸爸看了果然很高兴。"嗯,不错,考了 100 分,总分多少?""112 分,我考了全班第三名呢!"我说话的语气十分得意。旁边的妈妈听到后,脸一下子板了起来。说道:"112 分才考了 100 分? 前两名是谁?""第一名是小红,第二名是小明。"我被妈妈的声音吓到了,声音很小。妈妈听了之后说:"你看人家小明,每一次考的都比你好,你什么时候能超过他?"爸爸看我头低了下来,好像很伤心的样子,拍了拍我的肩膀说道:"112 分考了 100 分本来就不高,妈妈说你两句,你咋还这么委屈?"我在睡觉时,想着妈妈说的话,想着想着,一颗颗晶亮的泪珠从我的脸庞滑落下来……

【我想让家长知道的】

(写出自己的当时的感受和内心真正的想法;表明自己的行为背后的意义,如:希望被理解、被认同、被重视等等)

我当时十分委屈、难过。我认为我考了第三名,爸爸妈妈一定会很高兴的。我高高兴兴的跟父母讲,我想让平时为我学习而操劳的父母开心开心。但是父母不但没有表扬,还一直批评,而且小明一直是我学习上的竞争对手。听到妈妈那番说辞,使我饱受打击,我当时只是想得到父母的一些表扬和鼓励。

【如果是现在的我】

(如果再发生类似的情况,你还会像当时那样做吗? 会不会有不同的处理方法?)

　　现在的我是不会那么想的,因为我觉得父母那样说也是为了我好。父母一直都十分关心我们的成绩,父母觉得我们的成绩没有别人好时,当然会有一点不开心,更何况112分考100分,以百分制的卷子来说,也就只有差不多90分而已,还是有进步空间的。妈妈的那范说辞,从我的角度,是对我的打击;但是从妈妈的角度上来说,却是对我深沉的母爱。正如人生不能只有顺境,必须要顺境和逆境结合。母爱如海,是深邃而又难懂。

 【分享故事后,爸妈的感想】

　　听完你的故事后,作为父母的我们深感愧意。事情过后,立马认识到错误,跟你道歉,道歉之时,发现你流泪了,委屈中含杂着感悟,说明你长大了。望子成龙之心,父母皆有,但是要注意方式方法,应该多一份理解和鼓励,不能打击你学习的信心。

　　老师的话:当我们觉得考的好想要被赞扬的时候,父母这个时候觉得我们没有其他同学考得好,我们还有很多的进步空间,我们被批评了。我们站在不同的角度,产生不同的感受,同时也有不同的行为表现。当我们开心的时候,被批评时很难过的时候,想要被赞扬的时候,选择你喜欢的方式告诉爸爸妈妈吧,只有表达,我们才能知道对方的想法,看到彼此的需求。

妈妈流泪了

 【事件重现】

　　周末的一天,做着作业的我,肚子饿了,于是大步流星去厨房看妈妈都烧了啥好吃的,正要推厨房的门,我被眼前的一幕震惊到了,看到妈妈背着我正一边切菜一边默默擦着眼泪,此刻的我思绪一下纷乱起来……

　　妈妈到底怎么了,什么事会让妈妈这么伤心呢,平时也没听她说起过呢?难道是弟弟太调皮?还是因为我的成绩让她担忧?还是因为她的腰疼病又犯了?想到这里我的眼眶湿润了,妈妈为了这个家,为了我们付出太多了,她的心酸平时还不让我们看见,现在独自在厨房流眼泪,我却无能为力。

正猜着妈妈为什么会哭,她切完菜,转过身看到了站在厨房门外的我,"妮妮,你吓我一跳,是饿了吗? 呀! 怎么哭了,是题目不会做吗?"妈妈一脸疑惑地看着我。真奇怪,妈妈的表情看起来并没有什么不开心呀,可是刚才明明是在擦眼泪,我把疑虑告诉了妈妈,妈妈"噗"一声笑了,她擦着我脸上还没干的眼泪说:"给你科普一下,我的大宝贝,洋葱里面有种物质会呛眼睛,刚才妈妈在切洋葱,一下被呛到了,所以就变成你刚才看到的擦眼泪了,哈哈哈,所以是不是应该多学点知识,要不然将来会闹很多笑话。""知道了,妈妈。"虽然闹了笑话,但原来妈妈不是因为不开心的事情擦眼泪,我破涕为笑和妈妈抱在一起笑了半天。

 【我想让家长知道的】

当时看到妈妈擦眼泪的样子,我的脑袋一片空白,心里急得像热锅上的蚂蚁,却不知道该怎么帮助妈妈,都急哭了,想想自己真的很可笑,还没搞清事情真相就展示了自己束手无策的一面,没有知识的自己真会闹笑话,但是作为"小棉袄"的真心还是很可爱的。

 【如果是现在的我】

如果是现在的我,不会站在厨房门外发呆,会勇敢打开门,无论妈妈是真的遇到不顺心的事擦眼泪还是遇到切洋葱擦眼泪,我第一时间应该先了解情况。爸妈爱我们是付出所有,对我们来讲爸妈就是我们的全世界,他们的快乐悲伤会有我们造就的因素,我想努力成为他们骄傲和快乐的因素。

老师的话:细致的观察,贴心的感受,温暖的结局。孩子通过妈妈的举动,想象了很多,思考了很多,多么细腻温暖的孩子。通过和妈妈的倾心交流,了解了真实情况,也学到了小知识。及时有效的沟通多么美好,消除了顾虑,升华了亲子关系。

互相理解

 【事件重现】

借着暑假期间,我在 QQ 上加入了一个学习群聊,我本想着能向同龄群友交流学习、改善自身不足、规划时间管理;向学姐学长们请教问题。我一直是瞒着妈妈,认为她很死板,被她知道肯定会把这个群聊退了。在这个期间,我认识了很多朋友,与大家讨论问题我感到很满足充实。渐渐的,我们从学习聊到生活以及一些兴趣爱好,在我不知觉中,慢慢沉迷于手机,但是我又高兴于能结识新朋友以及了解知识。

　　瞒得过初一,瞒不过十五。"大个子吃饭啦!""诶!马上马上"我正聊得兴起,不忍与大家告别。"吃饭啊!""诶,人呢?""快过来吃饭!"一连喊了好几声,还不见我人影,妈妈好奇地朝我门口探了探,撇见我兴致勃勃地敲着字,眉头一皱火速趁我不注意夺过我的手机,还没来得及调换页面的我心中一跳,暗道大事不妙。看着近在咫尺微微蹙眉的妈妈,空气中弥漫着火药味,"这些都是谁? 是学校同学?""不是不是,这些他们……""不是就别给我找借口,天天浪费时间玩手机。"她二话不说,火速把我好友都清空,把群退了。我红着眼,心里委屈得不得了。

 【我想让家长知道的】

　　我内心充满了委屈。我原来就是为了学习才加入这个群聊,到后来也说我浪费时间,为什么别的同龄家长能让孩子玩,而我却不行。我希望妈妈能多关心我,而不是绝然果断地帮我决定。

 【如果是现在的我】

　　如果是现在的我,大概就不会这样了。妈妈给我报了一对一的老师,所有不懂的题目可以和老师交流清楚,没必要把时间精力花费在手机和聊天上。

 【分享故事后,爸妈的感想】

　　妈妈也不是一根筋的人,以后有什么想法,首先得跟我沟通,我认为做法是正确的,接触的朋友价值观一致的,我是会同意的。

　　老师的话:信息时代结交朋友的方式丰富了,表达自己的途径也多元了。新的方式新的途径会给我们新的体验和收获,但同时也带来更多的挑战和风险,这些都需要我们去甄别去把握。就像妈妈说的那样,如果及时有效的沟通,也许矛盾就会化解了。

我和爸妈

【事件重现】

想必各位都有被父母逼着去做某件事的时候吧！我也不例外。对我来说看书应该是一种享受。每当我读一本新书,收获一份知识的时候,心中那份快乐之情是无法用语言表达的,但做做过的题目就是一件令人非常痛苦的事了！

但是,就这样的一个我,一个爱看书的人在完成所有作业后,竟被强迫地做错题！当时的我是一百个不情愿,一万个逆反,连翻都不想翻一下那本错题本,内心里就只有"一天到晚逼着我读书！读书！读书！好讨厌！我就不看,我就不做！"于是我就这样不会的题依旧不会,不懂的依旧不懂的循环下成绩自然也是没有提高的,甚至陷入了低谷期。

【我想让家长知道的】

那时候我就一直在想:既然老师都教了我们,我也是学会了啊,错题也都订正过了,为什么还要做?！母亲一直盯着我的成绩,一点都不理解我每天上学很辛苦,只想做完作业的时候能够安静的看看课外书放松一下,难道这都不行吗? 我希望母亲能够明白我的想法！能够想办法让我的爱好和做错题不重复。

【如果是现在的我】

然而事实上我错了,如果当时我听了母亲的话认真的去做错题,将错题真正的弄懂,学会扑捉漏网之"鱼",那么我的成绩自然便不会像现在一样差。现在的我终于懂得了母亲的良苦用心,我会让自己静下心来仔细想母亲让我做的事究竟是为什么,如果不懂的话就去问她,因为我相信母亲让我做的每一件事都是为了我好！我会把自己的爱好和做错题安排好,把它们错开来,这样既保持了爱好,又把成绩弄上去了。

教师的话:明同学的爱好是阅读,而母亲则要求她错题再订正,这样就产生了亲子冲突。作为家长爱子心切可以理解,但做法值得商榷。家长也要理解孩子的学业负担重,完成作业后进行课外阅读既是放松也是另一种方式的学习。家长可以用商量的语气与孩子沟通,取得孩子的理解,这样效果会更好。明同学是个善解人意的孩子,事后反思自己也愿意接受母亲的要求。

我和爸妈

【事件重现】

有一次,爸爸即将过生日,我想要给他一个惊喜,我抬头看见挂在墙上的一幅毛笔字,想起爸爸平日里很喜欢一边哼着歌一边练字,于是我下定决心在爸爸过生日的前两天攒钱买一支钢笔送给他。我蹦跶地跑到妈妈那儿,问:"妈妈!一支钢笔多少钱呀?""20块左右吧"妈妈思索着回答道。我心想:20块啊,一天攒10块,两天就能买到啦!"妈妈,做一次家务多少钱呀?"我歪着脑袋问。"一块钱!"妈妈同样面带微笑地看着我。

从那一刻起,我的脑袋里好似有一个储蓄罐,每完成一件家务就会想起"叮咚——"硬币掉进去的声音。我抢着做家务,扫地、洗碗、叠被子、晒衣服……甚至还创造机会帮妈妈跑腿。每次做完一件家务就满头大汗,但是我没有放弃任何一个能攒到钱的机会。

就这样,在爸爸过生日的前一天晚上,我手里抓这那20块钱去新华书店买了一支我梦寐以求的钢笔,想着爸爸收到礼物时的惊喜模样,我兴奋极了。

第二天早上,我满怀期待地跑到爸爸的房间里,两只手一起把钢笔奉上,并对他说了一句:"爸爸,生日快乐!"我满怀喜悦,希望能看到一个与平时不一样的爸爸,因为爸爸每次都是板着脸的。谁知,爸爸接过钢笔,只是淡淡地说了一句:"谢谢。"我的身体僵住了,就站在那里不动,过了没一会儿,眼睁睁的看着爸爸十分欣喜地接过弟弟随手折的纸飞机,抱着弟弟出门玩儿了。我心里憋屈得很。妈妈看着我,伸手把我抱在了怀里,我抱着妈妈,豆大的眼泪从我的眼眶里流出,紧接着"哇——"一声就哭了。

【我想让家长知道的】

我当时十分委屈、难过。我辛辛苦苦地做家务攒钱给爸爸买生日礼物,我希望让平时忙于工作与我交流不多的爸爸高兴高兴。我希望看到一个与平时板着脸、不苟言笑的不一样的爸爸，想让他知道我是他的贴心小棉袄。

　【如果是现在的我】

　　如果是现在的我，不会那么做了。因为我现在很了解我爸爸的性格，他不太善于表达情感。每逢爸爸过生日，我会给他一个大大的拥抱，说一些鼓励的话。表达我对他的理解和支持，因为爸爸工作很辛苦。父母的爱就像树一样，可以让我们依偎乘凉，但有时，他们当树太久，也忘了，原来自己是一棵会说话的"树"。

　　老师的话：小吴满怀热情地给父亲准备了生日礼物，却只得到父亲一句淡淡的"谢谢。"父亲对弟弟的态度又让她非常伤心。父亲平时工作繁忙，学习基本都是母亲管的。善良的小吴是个贴心的"小棉袄"却遭到了"不公"的对待，心里自然憋屈。家长在收到孩子为自己精心准备的礼物时并没有"看见"孩子一颗火热的心。"儿童的世界不同于成人的世界。成人虽然都从儿童走来，却难以回到并真正理解儿童世界。"如果不能"走进"儿童世界、理解儿童，那么他所表达的爱未必是儿童所需的。

妈妈的第三只眼

　【事件重现】

　　（用清晰、客观、生动的话语描述你和家长的亲子故事，避免主观评价）

　　妈妈进我房间经常不敲门，有时，我在写作业，她冷不丁的出现在我身后，把我吓得三魂丢了七魄。有时，我在房间里看书，她也无声无息地走进来，总像在监视我。更有时，我坐在桌前发呆，她更是劈头盖脸地对我一顿数落，督促我快点完成作业。我烦了就索性锁上门，这个动作她可厌恶坏了，又说我磨洋工，扬言要把锁卸掉。这时的妈妈就像是长着第三只眼的"神兽"，不知疲倦地挖掘蛛丝马迹。

　【我想让家长知道的】

　　（写出自己的当时的感受和内心真正的想法；表明自己的行为背后的意

义,如:希望被理解、被认同、被重视等等)

我希望妈妈懂得尊重我。

我已经长大,不再是"小孩子"。我也需要自己的空间,就像是蜗牛壳一样,虽然小,却安心。大人们总是会说:"小孩子家就爱瞎折腾,小孩子家懂什么,不管还得了……"如果妈妈相信我能管理好自己,给我空间。只需适当地督促我,我想我应该不会比现在差,我会用行动感谢她的理解。

 【如果是现在的我】

(如果再发生类似的情况,你还会像当时那样做吗?会不会有不同的处理方法?)

现在我会想办法让她也"体验"下,进她房间不敲门她会怎么想?她应该也会觉得自己被人打扰冒犯的。同时,我也不会再赌气锁上门,因为这样会让妈妈觉得我在对抗她,还是先跟她开诚布公的谈心,我相信她应该会被我的真诚打动能更加理解我。

 【分享故事后,爸妈的感想】

我很赞同我儿子能对我提出自己不满的想法,人无完人金无足赤。做家长也应该虚心接受孩子的批评和意见,不以养育者自居,要将心比心,换位思考。多理解青春期孩子的一些情绪,合理引导他安排作息时间。适时适当的放手,去建立更平等更融洽的亲子关系。

老师的话:黄子恒同学写出了很多同年龄阶段孩子的心声,希望家长给孩子一定的自我空间,不要再事无巨细全程"监控",家长适时适当放手,或许会达成事半功倍的效果。

我和爸妈

 【事件重现】

在我上小学三年级开始,每个休息日都要去上书法班。可是每次一到周末,我就觉得这天是休息日,有时候会不想去上课。记得有一次,我起床晚了,眼看就要迟到了,妈妈一阵阵的催促声把我无情地拉回了现实。"妈妈,我这周作业很多,就暂停一次吧!"我试探着问。"不行!"妈妈斩钉截铁地回答。此时我特别不满。"不能偷懒。"妈妈严厉地说,"这周休息了,你下周也会想休息,时间一长,你的书法水平会退步的。"见妈妈一脸严肃,毫无商量的余地,我只好乖乖起床穿好衣服,乖乖去上课了。

可那一天,我心里特别不开心。心里总想着,每次都是枯燥的练习书法,简单而重复的过程让我心生厌倦。而且别的小伙伴都在玩耍,我凭什么要在这里练字呢?这简直就是一场折磨。

就这样一连几天,我都冷着脸,不肯和妈妈说话。但是妈妈却丝毫不介意我的态度。反而一回来就坐在电脑前不知在弄什么。我特别好奇,轻轻地跑过去偷瞄了下,原来她在整理照片呢。我看到里面有很多我练习书法的照片,从我开始学书法到后来每一次得到老师的圈点和讲评不同字迹的照片。其中还有一组照片是我伏案练字的样子,照片旁边还有妈妈特别的评语,看到这些我惊讶极了。此时我心里的抱怨似乎也烟消云散了。

 【我想让家长知道的】

刚开始我被妈妈催促着去上课的时候,我的心情特别的气愤和压抑,总觉得凭什么每个休息日我要去上课练字,而别的小伙伴就可以在外面玩耍,我心里就觉得特别不公平。到后面还连续几天跟妈妈怄气。但是当看到妈妈搜集我平日里练字的照片还有那些评语,我心里感动极了。我就觉得那是妈妈对我的用心良苦,而且我的书法也确实越来越好,我心里特别感谢她对我的督促。

 【如果是现在的我】

如果是现在的我,我想我不会再像当初那样跟妈妈怄气了。我觉得只有勤奋才能达到自己想要的目标。妈妈严厉地督促我,是希望我能懂得任何事情都要学会坚持。

 【分享故事后,爸妈的感想】

孩子长大了,虽然会有自己的想法,但是只要跟她悉心沟通,有些事情孩子还是能够理解的。作为家长我们只要言传身教,潜移默化,这样可以让孩子在日常生活中懂得人生的很多道理。

老师的话：小悦妈妈在处理亲子矛盾时，没有采取说教或是训斥等方法，而是在看似不经意间让孩子自己体会到学习书法的获得感和重要性，用心良苦，同时也达到了教育的目的。

我和父母之间的小故事

 【事件重现】

"陈婧颖这次考的这么差。你的心思到底有没有花在学习上。"暴跳如雷的声音在我耳畔响起。"婧颖，这次考差了没关系，下次努力就好了。"这边却又是温和的声音鼓励着我。哎，那个河东狮吼的是我妈妈，而那个温润的声音就是我爸爸。

说起来也奇怪，他们明明是夫妻。对于我学习成绩的态度却截然不同。这次考试我因为太胸有成竹，都没有检查就交上去了。成绩自然而然不是很好。走在回家的路上我既忐忑又不安，心里有一种不祥的预感。我完了，这次考这么差，就算是老爸也救不了我了。妈妈肯定会赏我一顿"竹笋炒肉"。此时的我多么希望路能变长一些，不要让我这么快就走到家。太阳灼热的光芒照耀着我，好像是对我的无情讽刺。花花草草高傲的抬起头，似乎对我的冰冷蔑视。这一切都是那么的不美好，这一切都是那么的黑暗。

果然，再长的路终究是有尽头的，我在家门前来回走动，可就是不愿意进去，在经历了一番自我安慰后，我这才犹豫不决的走进去。一进家门，妈妈变笑脸盈盈地问我："婧颖这次考了几分?"望着妈妈的笑脸，我想起了自己的分数。不禁羞愧地低下了头说："95分。"老妈一下子阴沉的脸，正想发火时，老爸出场了。老爸温柔的鼓励我说："一次失败总是有的。失败是成功之母，只要你下次努力总会考得高分的。"说完又对老妈说："你也不要生气了，她既然已经知道错了，就会改正的。"老妈原本能滴出墨汁的脸缓了下来，却照样火冒三丈，仍然是怒不可遏。她对我大声吼道：先去房间里好好反省。我叹了口气，只好从命。

我不明白为什么两个人对我的学习成绩，态度完全不同呢。但我明白，无论是爸爸还是妈妈,他们都关心我,希望我能成为人中之凤,这些全部都是他们对我的爱呀。

【我想让家长知道的】

曾有一个人说过一句话"人们对一切都会厌倦,除了对理解。"是啊,我们对于理解说近也近,说远也远,我希望有人来理解我,我并不是一个无所不能的神,并不是可以一直胜利,并不是可以没有情绪化。我只是一个平凡的普通人,我也会失败,我也会有情绪变化。人都有失败,俗话说失败是成功之母,我也在成功的路前进,我对他们的理解远远超过了他们理解我,我伤心,我委屈,我难过,可是没有一个人可以让我倾诉。我把这些话压着在我的心中,在别人眼里我是一个活泼的女孩,十分坚强,可我并不像外表这样坚强我的内心脆弱没有人知道我只是受了一点点的小委屈就会哭的那种人,这些都是伪装,你们把这些打击我的话丢给我,我一个人承受不了啊,可是你们没有发现。假如有一天我失忆了,你们不要提起我的过去,因为我是一个活在黑暗的人,见不到光明的理解,我是一个脆弱的人坚强不起来,我只是想当一个被理解,又坚强的人。

【如果是现在的我】

如果是现在的我,不会那么做了。因为我现在很了解我爸爸的性格,他不太善于表达情感。每逢爸爸过生日,我会给他一个大大的拥抱,说一些鼓励的话。表达我对他的理解和支持,因为爸爸工作很辛苦。父母的爱就像树一样,可以让我们依偎乘凉,但有时,他们当树太久,也忘了,原来自己是一棵会说话的"树"。

【分享故事后,爸妈的感想】

我感到很欣慰,因为你愿意敞开心扉和我们说出自己内心最真实的想法,我们之间的思想肯定有差异,我们都在求同存异的路上前进着。

老师的话:文字细腻优美,在你的描写过程中,可以看到你和父母之间的关系其实是非常和谐的。人们对一切都会厌倦,除了对理解。外表你是一个坚强的女孩,但是你也有失败的时候,所以你需要父母的支持。同样父母是一棵高大的树,可以让你挡风遮雨,但是也会有疲劳的时候。所以我们要尝试打开心扉,把彼此的想法进行分享和交流,相信你们的关系会更加和谐。

后　记

完成《有戏的"荟"生涯》书稿后，我深深吸了一口气，没有如释重负，而是更加感触与激动，因为这已不仅是一份书稿，而更像是一部精彩无比的电影，三年来带领种子团队的点点滴滴，一幕幕浮现在眼前。

平面之问

2018 年的 9 月，我成为了上海市第四期"双名工程"虹口区"种子计划"中学德育团队的领衔人，这个团队将肩负着一个与区域其他团队所不同的重要任务，那就是要从操作和实践的角度帮助区域内一所被列入初中"强校工程"的学校不断推进德育工作，从而促进学校整体的发展、教育品牌的形成以及社会影响力的彰显。在充分的调研和论证中，确定了以"生涯适应力"为统领，教育、教学齐头并进，通过"生涯教育"促进学校整体发展的"强校工程"推进策略。

宏伟的目标让人斗志激昂，具体的实践又令人千头万绪，"从哪开始？开始做什么？怎样去做？如何做得更好？……"一连串的问题需要抽丝剥茧。

1 位政教主任、1 位大队辅导员、1 位年级组长、1 位学校青年班主任工作室负责人、5 位班主任（主科教学），9 位老师都来自于同一所学校（所要助力的强校）、都身兼两到三个工作角色、都是学校德育工作的核心成员，这是我们种子团队的成员组成。

"高配"的团队构成平面图，看得出学校的重视与用心，但在其中也隐约透露着不可忽视的问题：第一，团队成员来自同一所学校可以更集中开展项目探索，但同时也面临着基础薄弱、背景单一、拓展难度大的问题；第二，成员们虽都是学校德育骨干但都身兼多职,工作量常常处于满负荷状态,很难有更多额外的时空间投入到新的领域;第三,成为团队的一员更多的是因为被学校指定而非主动意愿。如何将弱势进行转化? 如何提供时空间的保障? 如何充分激发团队动力? 这些都是急需解决的问题,也是能否将这条助力强校之路走顺、走好、走远的关键。

"颜色调配"中的生命力孕育

团队中的王老师擅长德育活动的组织,陆老师在团体辅导与个别咨询上有着丰富的经验,杜老师倾心于亲子沟通的研究,李老师喜欢琢磨班级管理的有效性,谈老师的活动实施新颖独特,金老师的课程设计总有让人惊喜之处……。

9位种子老师,都有着德育工作经验,但每个人的工作背景、专业特长和兴趣爱好却不尽相同,如果采用大部队行军,可能会出现步伐不同、节奏不一致的状况;如果让老师们聚焦在自己轻车熟路的德育工作板块,可能又会带来固步自封的问题;如果将老师们调配到全新的德育领域,又缺少成长的时间和专人的引领。那怎么才能让所有成员在专项研究和全项统筹能力上都获得提升呢?

"1+2+3"团队建构:团队分组是再寻常不过的事,但在这种寻常中却可以挖掘出非常。首先根据种子项目行动的重点方向和内容,将团队划分为"内生涯"、"外生涯"及"家庭教育"三个小组,然后请种子成员根据各自的教育特长、工作背景及自我研修关注重点加入其中一组成为主力队员,同时也自动成为其他两组的辅助成员。每一年种子成员所在的主力组和辅助组进行轮换,三年下来,所有种子成员都积累了三个小组的主力队员和辅助队员的经历,在潜移默化中让每位成员实现了即是专才又是全才的发展。

平面的分组可以做到人以类聚,强化专项,但往往会限制全项的动态发展,运用这种"1+2+3"的团队动态建构,一项主力、两项辅助、三项发展、多种组合,"主"与"辅"、"一"与"多"、"先后"与"同时",既强化了优势,又转化了弱势。这就好似不同色彩的流动融合与有序渐进,蕴含着勃勃的生机!

"若隐若现"中的适应性增强

第一次的团队成员会谈中,大家紧张又迷茫,虞老师说,"我有多年的班主任工作经验,让我管管班级我还是有信心的,生涯教育我不是十分了解,还是很迷茫啊。"谈老师说,"我以前参与过区域生涯活动设计的编写,有一些了解,但是对于'生涯适应力'还是刚刚听说,我是班主任又是主科老师,今年有两个班级的教学任务,不知道有没有时间去了解。"高老师说:"我们的孩子太需要发展生涯适应力了,我是理科学科,不知道能不能在学科上促进孩子生涯适应力的发展?"

团队的老师们对于生涯适应力并不了解,也没有丰富的生涯教育经验。大家都隐约感觉到好像很重要,但却不知道该如何去面对,对于现实实践也存有很多的顾虑,不知能不能做? 不知怎么做? 不知有没有时间做?

"若隐":对于不具备相关专业知识和技能的团队成员,大多人可能会首先想到开展大量的专业理论培训,但却容易忽略背后的衍生问题:"时间何来? 兴趣度何来? 质量保障何来?"。所以首先让团队老师们根据自己的兴趣点自愿选择加入到对学生、教师、家长三大群体的观察队伍中来,在观察任务单的引导下,开启 2 个月的"隐性观察者"之路。在这个过程中,每一位老师是倾听者、记录者、发现者也是思考者,引导老师们用具象、体验、感性的方式记录下:教师的基本现状、优劣势、兴趣点、储备值、行动值;学生们在课上、课下、活动等各个方面的具体表现;家长群的特点、需求、对于家庭教育指导的期望等……。在观察中老师们有激动、兴奋,也有遗憾和困惑,更多的是不由自主的思考,隐性观察者的身份让老师们在自然的教育情境中感受到教育更多的独特性,激发了更多教育的敏感度。

"若现":在观察者之路后生涯适应力的系列主题研修活动适时开始了,从"解惑关键词"开始,到"遇见生涯"、"一起'读'生涯"、"未来视野下畅谈生涯"、"个案视野下的内外生涯"……,同时辅以精心配备的书籍,团队老师们生涯教育的知识在快速积淀,生涯教育的意识也越来越强烈。渐渐地,团队老师们已经主动利用各种缝隙时间开始"案例分析"、"读书会谈"、"调研分享"……,这是关注带来的发现,更是发现带来的积极践行意识!

在这条"若隐若现"的线条勾勒进路中,老师们逐步学会了在正常的教育教学工作中聚焦教育情境,关注教育实践问题,在对自己或他人的教育教学工作观察和探究中不断提高自身的教育行动反省和分析解决问题的能力,逐步形成"行动研究"的思维模式,更深刻地体会到教育的价值及自身的责任,形成更强烈的教育动力和使命感。这条进路中没有额外的工作负担产生,不需要另辟蹊径的时空,有效实现"在教育中研究,在研究中教育",老师们教育的适应力和创造力在不断增强!

"大胆剪裁"中的可持续力激发

2019 年 2 月,学校正式启动了《促进学生综合素质发展的初中生涯适应力课程开发》龙头项目研究,依据生涯适应力构成的四要素(生涯关注、生涯控制、生涯好奇和生涯自信)和三范畴(自我认识、社会理解和生涯规划)来构建生涯适应力专题课程,初步形成了由生涯认识力课程、生涯理解力课程和生涯规划力课程构成的课程架构。有了完备的框架,接下来最为关键而紧要的一环就是需要一群课程内容的开发者和实施者了。

"何为种子?"自然是要以星星之火成就燎原之势,此时种子团队的老师们首当其冲要成为开发与实施的先锋队,如何让先锋队率先吹响号角,并带领学校的老师们一起弹奏起优美的大旋律呢?

首先要让团队老师们理解和认同学科课堂是实现学生生涯适应力提升的重要路径,把据课堂中育人功能发挥的重要基础,引导他们根据观察者所积累的宝贵经验将学生课堂的心理需求进行类型化分析,并尝试设计能够有效满足这些心理需求的情境活动,同时和身边同学科或不同学科的老师共同分享和讨论,将这些情境活动在课堂中加以运用,记录反馈效果,再次优化,最终形成多个能够有效促进学科德育课堂的情境活动。在这个过程中团队老师们以及身边的伙伴们都深刻地感同身受到德育与学科的"一体共在"。

接着,带领团队老师们投入到生涯适应力课程的实践探索中:每周深入不同年级倾听由情绪力工作室的专业老师所带领的"情绪力"课堂,学习体验型课堂的实施要素;尝试着和情绪力实施课程的老师合作,完成课程中某一个活动的带领和实施;2 人一组,在进行了主题的背景学习、活动设计的 1 对 2 的督导后,开始其中某一主题课程内容和活动的设计和实施;同课异构结束后再次进行督导和完善,最终形成各自完善的活动设计。团队老师们一步步从学习者——参与者——设计者——实施者,生涯适应力课程的设计和实施能力在不断加强。

课堂情境活动大胆创新尝试＋体验体现式生涯适应力课程实践,这些匠心独运的"大胆剪裁"让团队成员们不仅自己在不断前进,同时也带动了身边的老师们,无论是班主任还是学科教师,无论是年长还是年轻教师,在她们的感染和带动下,这些老师们都纷纷主动加入到生涯适应力课程的探索和实施中来。不到一个学年,学校四个年级的生涯适应力课程目标就已清晰,课程内容在不断完善,课程实施也从外借力量迅速转化为内在队伍,四个年级通过学科渗透、德育活动、综合实践和 PBL 等多种实施途径的生涯适应力课程已日益完善、有序实施,这是让人振奋的可持续力的激发!

立体之形

《有戏的"荟"生涯》是我们种子团队三年的研究和实践成果,它已不仅仅只是一个项目成果,它其实更是一个完备的中学生生涯适应力培养体系,有目标、有内容、有途径、有方法、有评价。我至今都还记得当时构思本书框架的过程,不停推敲,反复琢磨,寻求最佳论证,看着"汇生涯"、"慧生涯"、"绘生涯"、"会生涯"四个系列名称的诞生,就像看着四个襁褓中粉嫩的婴孩,激发起无限让他们变得更加美好的愿望和动力! 于是三年来的每一刻都本着让它变得更好的目标,不断丰富不断完善,带着团队老师们一遍又一遍的调整修改,一次又一次的研讨深入,历经一个个寒暑春来、个中滋味,现在回想起来每一刻都觉得异常珍贵。

我要感谢虹口区教育学院对我的信任,给予了我这样一次带领种子团队助力"强校工程"的宝贵机会,我院的党总支书记汤国红和德研室的领导、同仁们三年来给予了我不断的引导、支持和帮助。同时还要特别感谢我的团队成员们,来自虹口区教育学院实验中学的九位"女神"级德育精英:陆贤、王丽丽、杜亚娟、李婷婷、谈晴、张玲、金艳雯、高馨、虞薇,还有一位特聘的可爱美丽又能干的心理老师曲倩倩,三年中我们一起同心协力,怀着教育者无私的情怀与真诚热切的愿望在提升学生生涯适应力之路上不断探索着、实践着、带动着。还有在我们种子老师们带动下率先加入到项目探索之中的青年教师和学科教师们,你们的积极加入也让我们的探索更加丰富而动人。

　　三年来,虹教实验的全迅校长全心投入、一心为学生发展着想,办好家门口好学校的情怀深深感染着我,也是我不断前进的动力。在强校的过程中,全校长带领的"种子计划"管理团队和我的"种子计划"德育团队并肩作战、密切配合、互为支撑,全校长无条件信任、热切期盼和全力支持也是《有戏的"荟"生涯》诞生的重要保障!

　　我们三年的种子项目在不断演化和生长、开花与结果,发展出更多的可能性。希望通过此书可以激发更多德育创新实践的思考,唤醒更多教育活力的种子!

徐　娟

2021 年 10 月写于虹口区教育学院北区

图书在版编目(CIP)数据

有戏的"荟"生涯/全迅,徐娟著.—上海:
上海三联书店,2022.
ISBN 978 - 7 - 5426 - 8000 - 6

Ⅰ.①有…　Ⅱ.①全…②徐…　Ⅲ.①大学生—职业
选择—研究　Ⅳ.①G647.38

中国版本图书馆 CIP 数据核字(2022)第 251185 号

有戏的"荟"生涯

著　　者　全　迅　徐　娟

责任编辑　钱震华
装帧设计　陈益平

出版发行　上海三联书店
　　　　　中国上海市漕溪北路 331 号
印　　刷　上海昌鑫龙印务有限公司

版　　次　2023 年 1 月第 1 版
印　　次　2023 年 1 月第 1 次印刷
开　　本　700×1000　1/16
字　　数　426 千字
印　　张　25.25
书　　号　ISBN 978 - 7 - 5426 - 8000 - 6/G · 1663
定　　价　98.00 元